羽生城をめぐる北武蔵争奪戦

髙鳥邦仁

まつやま書房

序章　羽生城と忍城の激突

北武蔵に位置する羽生城《はにゅう》（埼玉県羽生市）は、沼や湿地で守りを固めた天然の要害だった。北に利根川、西と南に会《あい》の川、東には浅間川が流れており、羽生領はいわば輪中のような形で川に囲まれていた。ただ、羽生城の遺構は消失しているため、詳細な構造やその縄張りについては不明と言わざるを得ない。

隣接して存在するのは忍城《おし》（同県行田市）である。忍領を治めるのは成田《なりた》氏であり、相模国の北条氏の政治的関与を受けず、着々と勢力を伸張した地域的領主（以下、国衆で統一）であった。忍城もまた天然の沼や湿地を利用して築かれた城で、天正十八年（一五九〇）に石田三成らの水攻めにあったことはよく知られている。豊臣勢の猛攻を受けても落ちず、水攻めで城が浮かび上がったと噂され、「浮城」の異名を轟かせた。

羽生領と忍領は、会の川を隔てて隣り合っていた。羽生城と忍城はいわば指呼の間にあった。戦国期において利根川の一流路であった会の川が領域を分け、羽生城と忍城がそれぞれ土地を治めていた。しかし、その川が象徴するように、両城の間には深い溝が横たわっていた。川を

隔てて火花を散らし、時には干戈を交えた。上杉謙信が関東出陣を果たさなければ、おそらく両者は対立することはなかっただろう。しかし、羽生城は上杉方の態度を改めず、圧倒的軍事力を誇る忍城を敵に回しても、成田氏や北条氏に抵抗し続けたのである。

　羽生城を守るのは、広《ひろ》田《た》直繁《なおしげ》と木《き》戸《ど》忠朝《ただとも》という国衆だった。名字は異なるが、同じ父母から生まれた兄弟とみられている。直繁・忠朝兄弟は、成田氏に比べれば無名も同然だろう。彼らは在地的基盤の弱い新参者と言ってもよく、忍城との兵力の差も歴然としていた。

　ところが、広田直繁・木戸忠朝は上杉氏に属し、北条方の成田氏と敵対し続けることになる。その意味では特異な存在だった。関東を舞台に上杉謙信と北条氏が対立するとき、国衆はどちらに付くかの決断を迫られた。時には上杉氏に属し、形勢が悪くなれば北条氏に帰属する国衆は少なくなかった。それに対し、直繁と忠朝は状況によって態度を変えるのではなく、終始一貫して上杉方だったのである。

成田氏にとって羽生領接収は一つの宿願だった。ゆえに時代の流れを読みながら羽生領接収を画策していく。それは「強奪」ではなく、おそらく「奪還」と捉えていただろう。直繁と忠朝によって奪われた羽生領を取り戻す。それが成田氏の論理だった。

そのような成田氏に対し、直繁・忠朝にとって羽生領支配は「強奪」ではない。謙信によって羽生領を安堵されたのであり、関東静謐のために軍事的協力を果たしていく、というのが彼らの「義」だった。国衆たちの領地支配権をめぐる抗争は、関東静謐あるいは関東統一を目指す上杉氏や北条氏の争いと複雑に絡み合い、一進一退の攻防を繰り広げるのである。

羽生城と忍城は、基本的には敵対路線にあった。支配地をめぐる考えが異なるがために、衝突は避けられなかったのだろう。

戦国時代における羽生城の歴史を振り返れば、忍城との戦いと言ってよい。隣接する成田氏が独自の勢力を持つ国衆だったからこそ、羽生城はその影響を受け、その対策や戦いに追われていた。年を追うごとに成田氏とのせめぎ合いは激化し、羽生城は苦しい戦いを強いられていくことになる。

このことは羽生城の魅力であり、同時に大きな謎でもある。羽生城は難攻不落の要害でもなければ、圧倒的軍事力を誇っていたわけでもない。それを鑑みれば羽生城の態度は不可解そのものと言えよう。

この謎は、羽生城の歴史的意義を考える上でも重要である。関東を舞台に上杉氏と北条氏が争乱を展開する中、なぜ羽生城は上杉方として一歩も引かなかったのか。「引かなかった」のではなく、「引けなかった」のではないか。

羽生城は歴史の教科書に登場することはなく、その痕跡は時の砂に埋まっている。しかし群雄割拠の時代、そこに生きた人々が実在したことは間違いない。火花を散らす上杉氏と北条氏の戦渦に巻き込まれざるを得なかった人々が確かに存在した。関東を舞台にしたせめぎ合いの中、羽生城では何が起こっていたのか。またそこではどのような人々が命を燃やしていたのか。

羽生城の軌跡を辿り、さらにその歴史の奥へと足を踏み入れたとき、謎は薄れるだろうか。それとも、さらに深遠になっているだろうか。遺された史料を読み解きながら、戦国期の羽生城をめぐる攻防、さらには戦国時代後期における北武蔵の争乱と情勢、あるいは苦悩と葛藤を浮かび上がらせていきたいと思う。

目次

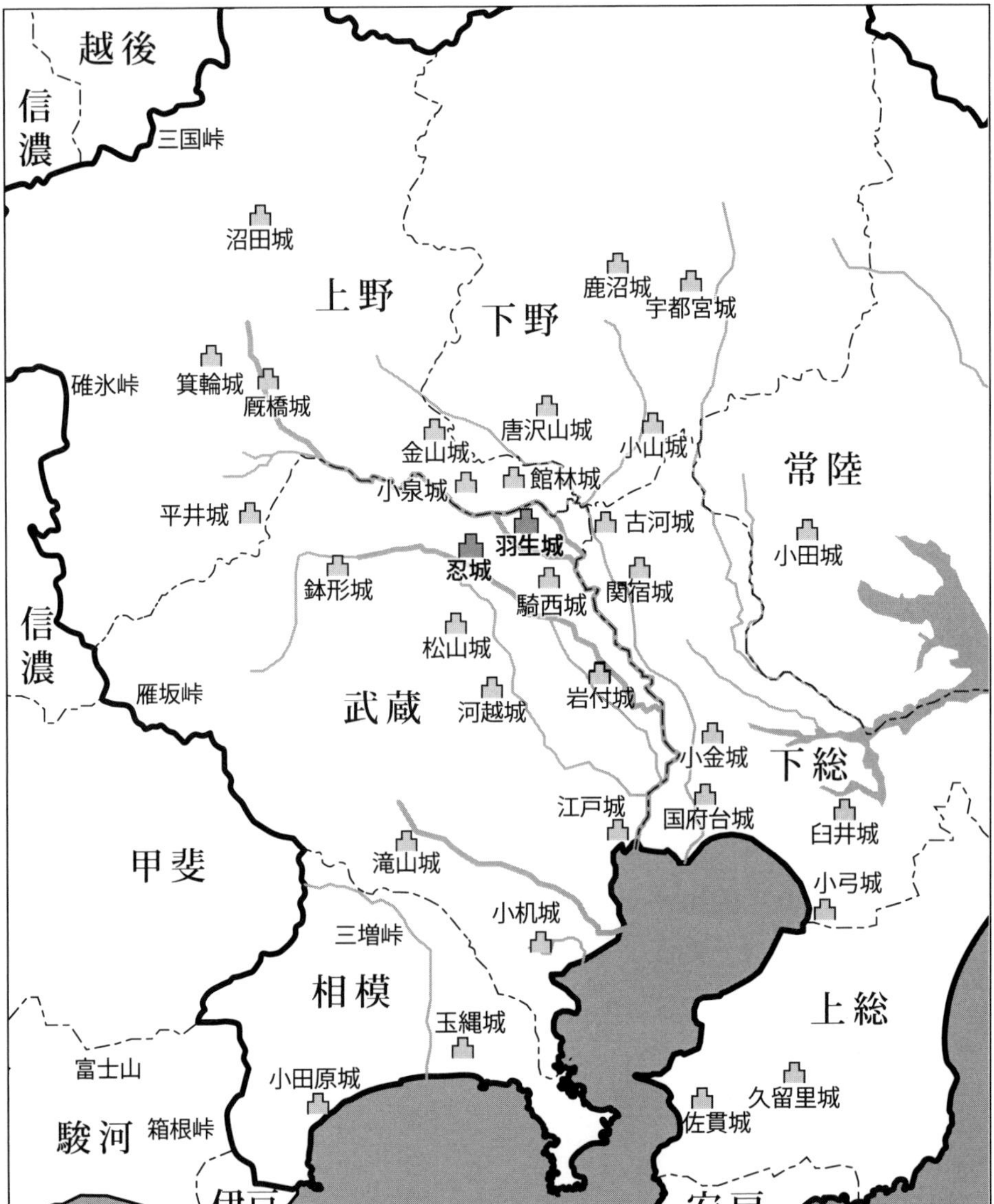

羽生城をめぐる関東周辺の主な城位置

第一章　羽生城の初期動向

古城天満宮に建つ史跡羽生城址碑

◆広田直繁と木戸忠朝の初出史料

戦国時代後期において上杉謙信に従属し、最後までその姿勢を崩さなかった羽生城主は、広《ひろ》田直繁《たなおしげ》と木戸《きど》忠朝《ただとも》である。名字は異なるが、両者は兄弟であり、少なくとも父を同じくしている。その傍証として、永禄十三年（一五七〇。四月二十三日「元亀」に改元）に広田直繁へ宛てられた上杉謙信書状に、「其方兄弟」と記されており（『上越市史 別編1』九〇五』、以下『上越』）、天文五年（一五三六）に奉納した三宝荒神御正体には、両者の名が並んで刻まれている。また、『藤川百首抄』（釈切臨撰）収録の系図に、「木戸正吉（俗名大膳大夫範実）—木戸賢哲（伊豆守忠朝）」とあるのに対し、小松寺（羽生市小松、廃寺）へ奉納された阿弥陀如来坐像の光背に、「大願主月窓正幸同子息広田式部大輔直繁」という銘がある。「月窓正幸」は木戸正吉（範実）に比定されることから、広田直繁及び木戸忠朝の父は範実ということになる。

彼らの母は、広応院殿月清正光大姉に比定される。この女性は正光寺（羽生市北二丁目）を開基しており、同寺創建由緒書に「羽生城主木戸右衛門太夫母」と記されているのを根拠としている。由緒書には直繁について何も触れられていないが、彼が長らく忘れ去られた人物だったことを考えれば、おそらく両者とも月清正光大姉から生まれた子であろう。

念のため触れておくと、木戸範実の嫡男として生まれたのが直繁であり、次男が忠朝とみられる。直繁は長く歴史に埋もれた人物だった。文政十一年（一八二八）完成の『新編武蔵風土記稿』の中にその名は記されても、羽生城主として認識されていないことは明らかである。謙信から上野国館林領を拝領し、そこへ移ったため、かつて羽生城主だったことは忘れられてしまったらしい。

直繁・忠朝兄弟が初めて歴史に登場するのは、「小松之末社」へ三宝荒神御正体を寄進する天文五年（一五三六）である。この御正体は現存しており、そこには次のような銘が刻まれている。

武州大田之庄小松之末社　三宝荒神
忠朝
直繁
天文五年丙申五月吉日　願主両人

径二十二センチの銅板の鏡面に鋳造された三宝荒神は、三面六臂の髪を逆立てた姿で表現されている。その三宝荒神を挟むように、向かって左に「直繁」、右に「忠朝」と陰刻されている。一般的に三宝荒神は不浄を嫌い、火を好むということから、火伏の神として信仰されている。寄進先の「小松之末社」は、熊野白山合社（現小松神社、羽生市小松）の末社に比定される。『新編武蔵風土記稿』小松村の項では、熊野白山合社は「羽生領七十二ヶ村の鎮守なり」と記されており、かつては羽生領総鎮守として信仰を寄せられた神社だった。

隣接して存在していたのは小松寺である。明治期の廃仏毀釈により廃寺となり、本堂は跡形もなく消えているが、『新編武蔵風土記稿』には在りし日の同寺の姿が描かれており、熊野白山合社の参道面に所在していたことがわかる。新義真言宗の寺院で観台山と号し、本尊を阿弥陀如来坐像としていた。正覚院（羽生市南三丁目）の末寺で、戦乱によって荒廃した小松寺を正覚院十一世の長雅上人が再興した。

なお、熊野白山合社の境内には、法蓮坊・安養坊・善林坊・宝珠坊・不動坊という僧が居住していたのが注目される。本山派修験者である明見坊や山本坊（宝釈院）も居住しており、湯立神楽の奏者でもあった両家は「西小林」「東小林」と称し、近世において近郷近在の村からの依頼により、神楽（オヒッパ）を奉納していたという。

熊野白山合社は直繁と忠朝が三宝荒神御正体を寄進していることから、少なくとも天文五年には存在していたとみて間違いない。さらには、小松寺の弘善が貞治四年（一三六五）に伝法灌頂を受けており、戦国期末期に小田原城主北条氏政が小松に着陣したことや、近世の地誌に羽生領総鎮守と記されていることを鑑みれば、同社は小松寺と合わせて有力な社と捉えてよいだろう。

ところで、『新編武蔵風土記稿』には、「三宝 荒神」とのみ記され、詳細な情報は記載されていない。実のところ、同書編纂時に三宝荒神御正体は小松村に存在していなかった。正確に言うと、小田原の寺院へ移っていたのである。同書編纂後に成立した『新編相模風土記稿』（一八四一年）には、江戸時代初期の羽生城主大久保忠隣が小田原城主を兼ねていたことから、それに関連しての遷座と考察している。後述するが、戦国期の動乱によって持ち去られた可能性が高い。歴史的に見れば、この御正体が失われてから羽生城は自落の一途を辿ることになる。まるでその御加護が解けたかのように、苦境に陥るのである。むろん天文五年における直繁と忠朝は、そのような運命を辿ることは知る由もなかった。

小松神社〔羽生市小松〕

小松寺址〔同上〕

◆三宝荒神御正体寄進の謎

そもそも、広田直繁と木戸忠朝はなぜ三宝荒神御正体を寄進したのだろうか。また、寄進先がどうして「小松之末社」だったのか。

御正体が初出史料のため、天文五年（一五三六）以前の彼らの動向は不明となっている。直繁と忠朝が生まれた年月日は定かではなく、その最期の詳細もしかりである。したがって、彼らの年齢は謎であり、年齢差も具体的には不明と言わざるを得ない。そのため推測の域を出ないが、彼らが辿る軌跡を勘案すれば、御正体寄進時の直繁と忠朝は元服に近い年齢だったと思われる。別の言い方をすれば、元服の一環としての寄進だったことが考えられるのである。

一般的に、往時の元服は特定の年齢を定めていない。皇族・武家・一般とそれぞれ異なり、その家の状況に応じて元服させることがしばしばだった。天文五年が直繁と忠朝の元服期とした場合、直繁が十五歳、忠朝は十三歳頃と仮定したい。はっきりしているのは、三宝荒神御正体に陰刻された名が、実名ということである。直繁と忠朝はすでに元服を迎えていた。また、天文五年時点で彼らの父木戸範実は存命だった。範実は数冊の歌書を著した武家歌人としても知られる。元和五年（一六一九）に釈切臨が編んだ『藤川百首抄』（『藤河百首』）には、巻頭に系図が収録されており、その一つに「二条家冷泉家両家相伝次第」がある。そこに「木戸正吉」の名が確認され、正吉は東常和の弟子と記されている。

切臨は同書を編むにあたり、先人たちの『藤河百首』を参考にし、その一冊が木戸正吉（範実）

の『藤川百首抄』だった。切臨は先の系図に、「正吉ノ藤川百首抄ニ弘治三年七月廿八日トアリ」と記しているため、少なくとも範実は弘治三年（一五五七）には生存していた。

しかしながら、永禄三年（一五六〇）に関東へ出陣した上杉謙信に従属した国衆たちを列記した「関東幕注文」には、範実の名は見えない。その名が確認されるのは直繁と忠朝であることから、すでに軍勢を率いる立場ではなかったのだろう。

なお、文化元年（一八〇四）に小幡忠明が編んだ地誌『米沢地名撰』によると、木戸忠朝の次男元斎（範秀）は、永禄四年当時「小七郎」という幼名を名乗っていた。そのとき上杉謙信の命により、「奥山の風やふもとの花盛り」という発句を詠んでいる。そして、慶長九年（一六〇四）三月七日、楡井家において病死したとある。

永禄四年当時の元斎の年齢が十歳頃と仮定した場合、忠朝が二十九歳頃に生まれた子であり、慶長九年には五十三歳を迎えていたことになる。忠朝の嫡男は「木戸重朝」が比定され、羽生城将としてしばしばその名が見られる人物である。このほかに娘が一人存在し、広田直繁の嫡男為繁《ためしげ》の妻となっている。重朝と娘の詳細は不明だが、永禄四年当時の元斎が十歳頃と仮定しても無理のない年齢と思われる。いずれにせよ、天文五年当時の羽生の為政者は木戸範実と理解してよく、直繁と忠朝は元服期にあったのだろう。

では、なぜ直繁と忠朝は三宝荒神御正体を寄進したのか。換言すれば、どうして兄弟揃っての寄進だったのだろうか。

羽生領を治める木戸氏は、いわば新参者である。武蔵国へ勢力を伸張しようとする北条氏の動きが懸念される中、木戸範実と直繁・忠朝兄弟は上杉氏の命を受けて羽生に配置されたとみられている（『鷲宮町史 通史上巻』）。実質的に、木戸氏が羽生の所領を得て国衆（地域的領主）の立場となったのは、範実の代と考えられる。木戸範実以前の羽生の為政者は全くの不明で、管見ながら文献上で確認することができない。つまり、木戸氏は何の縁もない羽生に配置されたことになる。どのような権限が働いて木戸氏が配置されたのかは定かでないが、『鷲宮町史 通史上巻』は、「古河公方の御料所といわれている所が、鎌倉府の御料所を継承したものであることに注目するならば、鎌倉公方とともに鎌倉府の中心に位置した関東管領の上杉氏が、この御料所に対する一定の支配権を主張する根拠は十分にあったといえる」と述べている。木戸氏の羽生における在地的基盤の弱さは否めず、範実は直繁と忠朝を同時期に元服させ、今後羽生を治めていく資格者であることを示すとともに、羽生領経営の安定化を図ったのではないだろうか。

三宝荒神御正体
〔『岩槻市史』古代・中世史料編Ⅱ
岩付太田氏関係史料より転載〕

　三宝荒神は、一般的に火伏せの御神徳を有する神として信仰されている。火伏せという点に着目するならば、直繁と忠朝は羽生が戦火に見舞われないよう祈願したのかもしれない。敵の進攻によって羽生城が灰燼に帰すことなく、

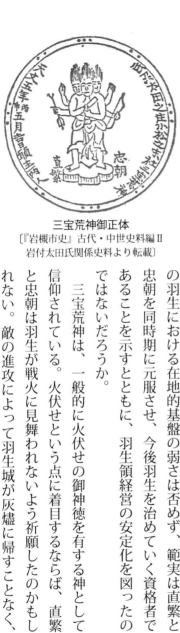

民が平穏に暮らせることを祈念する。御正体の寄進は彼らの今後の決意表明と言ってよく、その名を領民及び地域に刻んでいくものだった。兄弟の年齢差については、彼らが連携し羽生領を守っていることから、さほど離れていなかったと理解したい。

◆社寺への働きかけ

直繁と忠朝の三宝荒神御正体の寄進先が「小松之末社」だったのは、熊野白山合社や小松寺の有力社寺が存在していたからにほかならない。当時、木戸氏を領主として仰ぎ、仕えていこうとする領民の層はまだ薄く、在地的基盤を固めるための策を講じざるを得なかった。ゆえに、その方針の一つに挙げられるのが有力社寺への働きかけである。領民の心を掴み、かつ実質的な支配者としての存在感を示すためには、宗教施設への働きかけが有効だからである。

小田原の北条氏は、相模国一之宮の寒川神社宝殿（神奈川県寒川町）を再興し（一五二二年）、さらには鶴岡八幡宮の造営にも力を尽くしている（一五四四年）。羽生近隣の国衆においても、館林城主長尾氏は大檀那として雷電神社（群馬県板倉町）の社殿を造営し（『館林市史 資料編2』四三八、以下『館林』）、忍領では忍城主成田長泰・氏長父子が妻沼聖天堂（埼玉県熊谷市）を建て、また長泰は上之村神社（同市）の摂社雷電社の本殿扉を修造している（『行田市史 資料編 古代中世』二〇四・二〇七、以下『行田』）。いずれも有力な社寺であり、そこに働きかけることで領民の支持を得るとともに、領主の資格者であることを内外に示したのである。

直繁と忠朝の三宝荒神御正体の寄進も、政治的意図があったとみて間違いない。新参者という政治的弱点を克服すべく、信仰という領民の心の拠り所に直接働きかけたのである。

実際のところ、彼らは熊野白山合社や小松寺をはじめ、さまざまな社寺に働きかけている。それらの事業を伝えているのは由緒書や縁起類であり、性質上注意を要するものではあるが、彼らが関わった社寺を挙げると次の通りである。

一　熊野白山合社の社殿の修理（「小松神社由緒」）
二　熊野白山合社の本地仏・阿弥陀如来坐像の寄進（阿弥陀如来坐像光背の銘）
三　正光寺の創建（「羽生正光寺創建由緒書」、『新編武蔵風土記稿』簑沢村の項）
四　大天白神社の創建（「大天白神社縁起碑」）
五　源長寺の創建（『新編武蔵風土記稿』上藤井村・下藤井村の項）
六　岩松寺の創建（「中岩瀬天神宮縁記《ママ》」）

これらの内容と史料が史実の一端を語るものとすれば、羽生城初期において在地的基盤を埋めるべく、領内社寺の整備に尽力していたことがうかがえよう。

◆羽生城の忍び

さらに、ある一つの羽生城関係史料が、別の可能性を浮かび上がらせている。それは天正二年（一五七四）四月四日付に羽生城将へ宛てた上杉謙信書状写である（『上越』一二〇三）。その当時、危機に陥っていた羽生城を救援すべく、謙信は関東へ進攻した。破竹の勢いで進軍する上杉勢だったが、一つの懸念があった。それは雪解け水による利根川の増水だった。常設の橋がなかった往時において、水位の上昇は渡河が可能な浅瀬を消し去ることを意味していた。

そこで謙信は、羽生城将に舟を集めておくよう命令を下すことになる。しかも、羽生領のみならず、「夜わざ鍛錬之者」を使ってでも敵地から舟を奪い、一艘でも多く集めるようにとの指示だった。この「夜わざ鍛錬之者」の語が、羽生城に別の彩りを添えると言っても過言ではない。

『日本国語大辞典』（小学館）によると、夜わざ（夜業）とは「①夜の仕事。よなべ。やぎょう（中略）②夜盗など、闇にまぎれておこなう悪行（後略）」の意味があるという。②の用例として、弘治二年（一五五六）に制定された分国法「結城氏新法度」の第二十七条「草夜わさ、かやうの義は、あくとう其外走たつもの一筋ある物にて候」を挙げている。「草」とは、同辞典でいう「（前略）戦場で、山野に忍んで敵情をさぐること。また、その者。忍物《しのびもの》見《み》」にあたり、戦国期当時、「乱波」や「素破」とも呼ばれた忍びを指す語として読み取れる。「夜わざ」が忍びの特殊技能に係る語とすれば、それ自体が乱波や素破を意味すると理解してよいだろう。すなわち、上杉謙信は敵地の船を奪取すべく、忍びの技能に特化した者を差し向けてでも、その任務を遂行させようとしたことになる。

これは何を意味するのだろうか。羽生領内に忍びが実在していたということなのだろうか。この視点は、新たな切り口として捉えられるものである。現在のところ、忍びの存在をうかがわせる羽生城関連史料は、この上杉謙信書状のみとなっているため、羽生領内に「乱波」や「素破」と呼ばれる者が実在したのか、その是非は定かではない。しかしながら、四方を川に囲まれ、その渡河点の近接地に羽生城の支城に比定される軍事施設が存在し、あまつさえ直繁や忠朝に関連する社寺が建っている傾向がある。この点と、謙信が敵地の船を強奪するよう羽生城将へ指示していることから、領内には川に係る深い知識を持ち、操船技術に長けた者が存在したとみても的外れではないように思われる。また、直繁及び忠朝の発給文書を別の角度から改めて読み直したとき、特殊技能を有する者の気配がそこはかとなく漂うのである。「乱波」や「素破」が羽生領に実在したとは断言できないものの、それに準ずる者は存在したとみてもよいだろう。例え彼らが歴史の表舞台に立つことはなくとも、戦国期の動乱の中で暗躍し、時には羽生城をめぐる戦況を左右していたかもしれない。

したがって、上杉謙信書状の「夜わざ鍛錬之者」の語を手掛かりに、特殊技能者が川に係るものと仮定した視点で羽生城史を見つめ直すというのも、本書の狙いの一つである。それは雲をつかむような試みかもしれない。が、その視角から照射することで、従来とは異なる羽生城の姿や歴史的意義が浮かび上がってくるだろう。

◆羽生城の築城をめぐる謎

羽生城はいつ築城されたのか。言い換えれば、いつから存在していたのだろう。

結論から言えば、羽生城の築城年代を示す史料はない。遺構の全てが消滅しており、発掘調査も未実施のため、築城年代に迫るのは困難を極める。前述のように、直繁と忠朝の初見は天文五年（一五三六）である。ゆえに、このとき羽生に居住していたとみて間違いないが、その施設が「館」かそれとも「城」と言うべきものだったのかははっきりしない。

そもそも、木戸氏は古くから羽生を治めていたわけではなかった。北条氏の勢力伸長を懸念した上杉氏が範実を羽生に配置したとすれば、木戸氏が居住する何らかの施設が存在したのだろう。本書では、ひとまず木戸範実によって「館」が建築されたと仮定したい。

では、範実以前には何もなかったのかと言えばそう単純ではない。利根川土手の拡張工事に伴う遺跡の発掘調査では、多くの遺構や遺物が発見されている。例えば、屋敷裏遺跡（羽生市名《みょう》）においては、四十八軒の古墳時代前期の住居跡が検出され、平安時代の住居跡からは鉄製の口琴が出土した。米の宮遺跡（同市下村君《しもむらきみ》）は、十三世紀後半から十五世紀前半にかけての掘立柱建物跡が検出されており、特に第七号掘立柱建物跡は四面に廂が取り付けられ、この廂を含めた全長が桁行十五・八五m、梁行七・三八mという大型のものだったことが判明した。当建物の使用目的は不明だが、利根川の渡河点に位置しているのが着目される。その渡河点が中世まで遡れるならば、水運や軍事施設、物資の輸送に関わるものだったのだろうか。また、北尾崎北遺跡（同市尾崎）からも平安時代の竪穴住居跡及び中世（室町～戦国時代）の溝跡や墓跡が検出された。平安時代の住居跡からは八稜鏡や槍先が発見され、中世においては馬骨や板石塔婆、石組み井戸跡や蔵骨器などが出土した。同遺跡も利根川沿いに位置しており、南側には埋没した尾崎古墳群がある。付近には発戸の渡河点があったことから、同遺跡も利根川の水運と深く関係していたとみられる。

ただ、いずれの遺跡もどのような人物がその土地とどんなつながりがあったのか、文献上で確認することはできない。当時の土地の為政者については謎に包まれたままである。とはいえ、考古学的成果によってこれまで歴史的空白だった時期に光が差しつつあることは間違いない。と同時に、新たな謎も提起されている。羽生城築城以前に土地を統治する者

国土地理院地図に加筆

がいたならば、どのような社会が広がっていたのか、地中には文献に記されていない歴史がまだ多く眠っている可能性が極めて高い。

さて、直繁と忠朝は、国衆として徐々に存在感を示していく。永禄四年（一五六一）に上杉謙信が作成した「関東幕注文」には、「羽生之衆」として彼らの名が連なっている。そこには「馬寄」とあり、当時は忍城主成田氏の与力として小田原城攻めに参加していた。ただ、「羽生之衆」の筆頭に彼らの名が書き連なっていることから、同衆を率いる代表的な存在だった。歴史的に見れば、のちに彼らは成田氏から政治的自立権を回復し、羽生城主ならびに皿尾城主として戦国乱世を歩んでいくことになる。最初は忍城の影に隠れる存在だったが、次第に国衆として頭角を現していくのである。

そのような直繁と忠朝が拠点とした羽生城が存在したことは確かである。遺構がないことから羽生城の存在そのものを疑問視する声が挙がったとしても、天正元年（一五七三）二月に北条氏繁が羽生領進攻を決行しようとし（『戦国遺文 後北条氏編』一六三三、以下『戦北』）、同年八月頃には北条氏政が同城攻撃のために小松に布陣している（『行田』二七六）。また、同二年四月に羽生城救援に駆け付けた謙信の書状に「羽生之地自瀬端隔二里由申候間」とあり、利根川から約八キロメートルのところに城があったことを示している（『上越』一二〇四）。そして、同年閏十一月には謙信は実際に羽生の地に立ち、城の破却を指示しているのである（『上越』一二三八）。さらには、破却後の同六年に、忠朝の二男木戸元斎は羽生城回復の願文を三夜沢赤城神社へ奉納していることから（『群馬県史 資料編7中世3』二八九一）、羽生に城が存在していたことは疑いようもない。

群雄割拠の時代を経た羽生城は、天正十八年（一五九〇）に徳川家康が関東に入府すると、新しい城主として大久保忠隣を迎えた。北条氏没落後も廃城にならず、あまつさえ徳川家の重臣が配置されたのは、羽生城が政治的にも軍事的にも重要と判断されたためだろう。

ただ、城の遺構は消滅し、現在は古城天満宮（羽生市東五丁目）の境内に「羽生城址碑」が建っているのみである。『新編武蔵風土記稿』によれば、同社は羽生城の鎮守であり、付近は「天神曲輪」と呼ばれていたという。また、同書に収録された「正保年中改定図」（正保年間〔一六四四～一六四八〕）や「元禄年中改定図」（元禄年間〔一六八八～一七〇四〕）を見ると、羽生城が簑沢村より東に位置して示されていることで共通している。さらに、享和二年（一八〇二）以前に成立した『武蔵志』には「古城 簑沢村ノ境町場ノ内東谷ト云所ニアリ」と記され、城が「東谷」に存在していたことを伝えている。羽生城の比定地は、古城天満宮を含む一帯と考えてよいだろう。ただ、縄張りも不明の同城である。築城年代に迫るのは、やはり至難の業と言わざるを得ない。

◆長尾景春の「羽生之峯」着陣

「太田道灌状」という史料がある。文明八年（一四七六）に勃発した長尾景春《ながおかげはる》の乱に際し、太《おお》田道灌《たどうかん》が山内・扇谷両上杉氏のためいかに尽くしてきたのか、高瀬民部少輔へ宛てて書き綴ったものとなっている。文明八年から同十二年までの道灌たちの戦いが、長文かつ詳細に綴られているのが特徴である。

その太田道灌状の中に、「羽生峯」という文言が見える。短文ではあるものの、長尾景春が「羽生峯」に布陣したという内容になっている。『羽生市史』及び『新編埼玉県史 通史編2中世』では、この「羽生峯」を羽生領、すなわち埼玉県羽生市を比定地としている。

（前略）三月十日、自河越浅羽陣へ差懸、追散候之間、景春者成田御陣参、千葉介相談、返馬羽生峯取陣候、
同十九日、自小机同名図書助一勢相添、河越へ越、
翌日廿日向羽生陣、修理大夫寄馬間、千葉介・景春不及一戦令退散、成田御陣逃参候（後略）

文明十年（一四七八）三月十日、扇谷上杉定正が河越から浅羽陣へ出撃し、長尾勢を打ち負かしたため、景春は成田の陣（埼玉県熊谷市比定）へ向かった。そして景春は「千葉介」と相談の上、「羽生峯」に陣を取ったという。しかし、上杉定正及び太田図書助が「羽生陣」へ向けて出撃すると、長尾景春らは干戈を交えることなく、成田へ退散したという内容である。

この記事を見ると、長尾景春は「羽生峯」に着陣しても、「城」もしくは「館」へ入った様

子はない。また、羽生において臨時的な軍事施設が存在した気配もない。「羽生峯」の具体的な場所は不明だが、文明十年当時に館もしくは城が羽生に存在していなかったことがうかがえよう。

当時の利根川は羽生で分岐していた。羽生領は大河に囲まれた領域であり、同地は上野国・下野国・下総国の境目となっていた。舟運を使えば古河公方の御座所古河城（茨城県古河市）に近く、足利義明や同晴氏が遷座した歴史のある高柳（埼玉県久喜市）にもつながっている。また、陸路を併用し、簗田氏の水海城（茨城県古河市）や関宿城（千葉県野田市）、野田氏の栗橋城（茨城県五霞町）にも通じていたと見られる。このように、複雑な流路を持つ利根川を背景に、羽生城は水運交通の要衝地と捉えることができよう。実際、屋敷裏遺跡（羽生市名）の発掘調査では、古墳時代前期に他地域に由来する多数の土器が出土していることから、「国境《くにざかい》」に位置する地域だったことを示している。

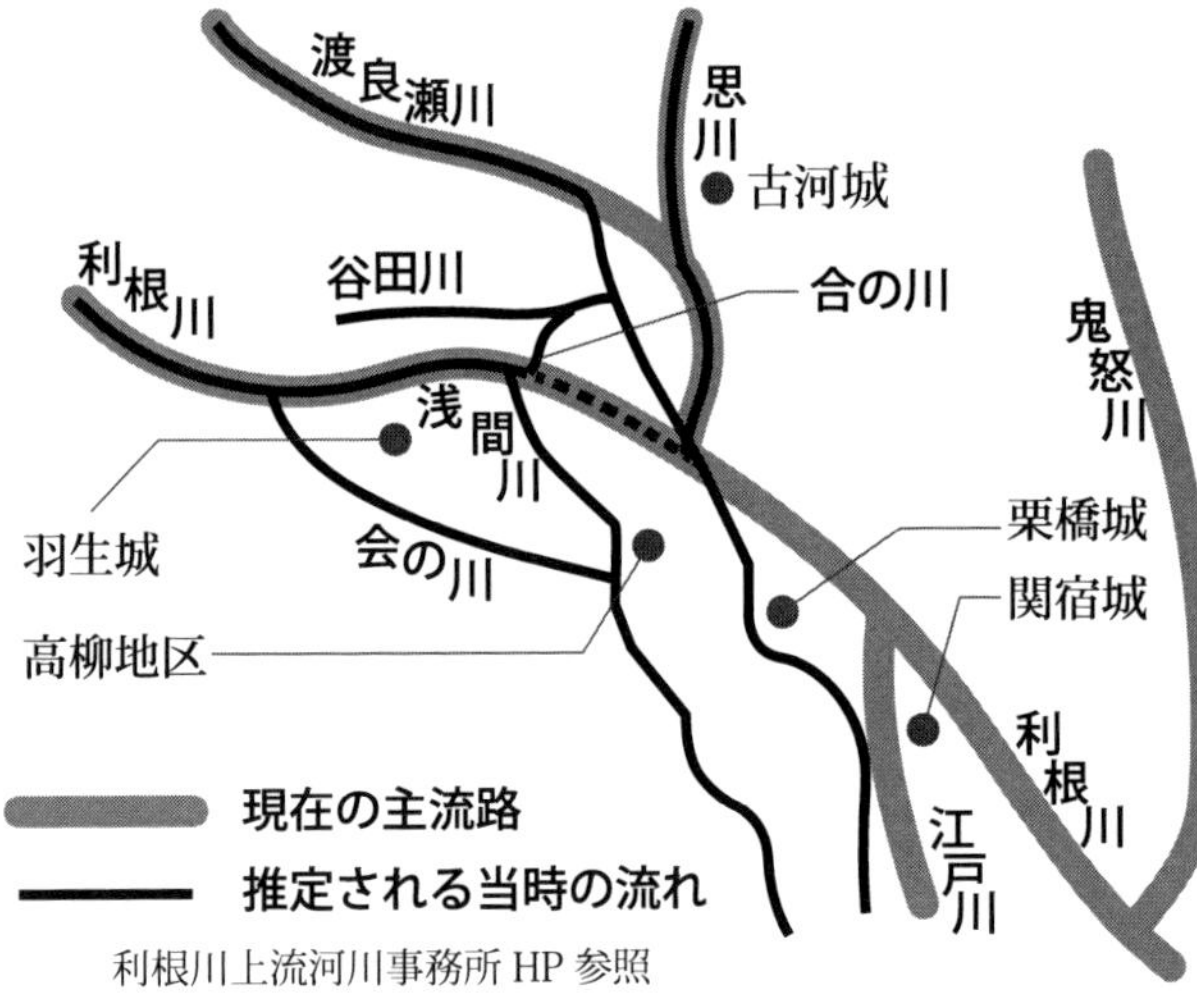

利根川上流河川事務所 HP 参照

水運を巧みに利用することは、軍事や経済的にも有効だった。特に、水量の多寡によって交通に影響が及んでいた戦国時代においては、水運や渡河点をいかに掌握するかは戦況に大きな影響を及ぼし、時には戦果を左右するものだった。関宿城（千葉県野田市）の掌握が一国を得ることと等しいと北条氏康が述べたのは、同城が水運交通の要衝地であったからにほかならない。羽生城も河川に囲まれた地域であったため、水運交通の拠点としての一面を持っていたことが推察されよう。

そのような羽生の地の利が長尾景春の着陣によって着目され、城を築く契機となったとすれば、上杉氏の命によって木戸範実が羽生に配置され、軍事施設が築かれたとも考えられるだろうか。「羽生峯」が時の為政者の目に留まり、そこへの政治的・軍事的介入が本格的に始まったという流れである。とすれば、景春の着陣は新たな歴史の一ページを開く契機と捉えられよう。

ただし、この仮説は「羽生峯」を現在の羽生市と比定した場合に限る。もう一つの比定地として、埼玉県比企郡滑川町羽尾が挙げられる。黒田基樹氏は『太田道灌と長尾景春』の中で、羽生峯は、〈「羽生」を太田庄羽生（埼玉県羽生市）にあてるものもあるが、正しくは比企郡「羽尾」にあてられる〉と述べている。羽生峯は「はにゅう（の）みね」でなく、「はねお（の）みね」と読むとする説である。羽尾とした場合、長尾景春は成田の陣から南へ進軍したことになる。羽生とすれば東であり、進軍する報告もまるで異なってくる。

「羽生峯」を羽生とするか羽尾とするか。この問題について、本書ではひとまず羽生市を比定地と捉えたい。この点について、史料の新発見や考古学的成果を含め、今後の研究の進展が待たれるところである。

◆河越合戦と羽生

天文五年（一五三六）から上杉謙信に従属する永禄三年（一五六〇）までの期間は、羽生城史の空白期間と言っても過言ではない。後世成立の史料から推測はできるものの、直繁と忠朝の軌跡を正確に追うのは、築城年代と同様に困難が伴う。天文五年が直繁と忠朝の元服期とすれば、永禄三年には両者とも三十代後半となっていたことになる。したがって、この空白期間はおおよそ彼らの青年期にあたる。父木戸範実が羽生に配置されたのち、元服した直繁と忠朝が軍事的緊張の高まりに伴い、館から城郭へと整備したならば、「城主」としての基盤を固めていく重要な時期と捉えられる。ついては、天文五年から永禄三年までの期間を「羽生城初期」と仮定する。

この羽生城初期において大きな事件が起こっている。それは、天文十五年（一五四六）の河越合戦である。河越合戦は、関東戦国史の一つの分岐点として捉えられる。周知のように、台頭する北条氏に危機感を抱き、勢力回復を企図した山内上杉《うえすぎ》憲政《のりまさ》は扇谷上杉朝定《ともさだ》及び古河公方足利晴氏《あしかがはるうじ》と連合軍を結成し、八万余騎という大軍で河越城（埼玉県川越市）を包囲した。籠城者は北条綱成《つなしげ》をはじめ、わずか三千余騎という兵だった（『北条記』）。

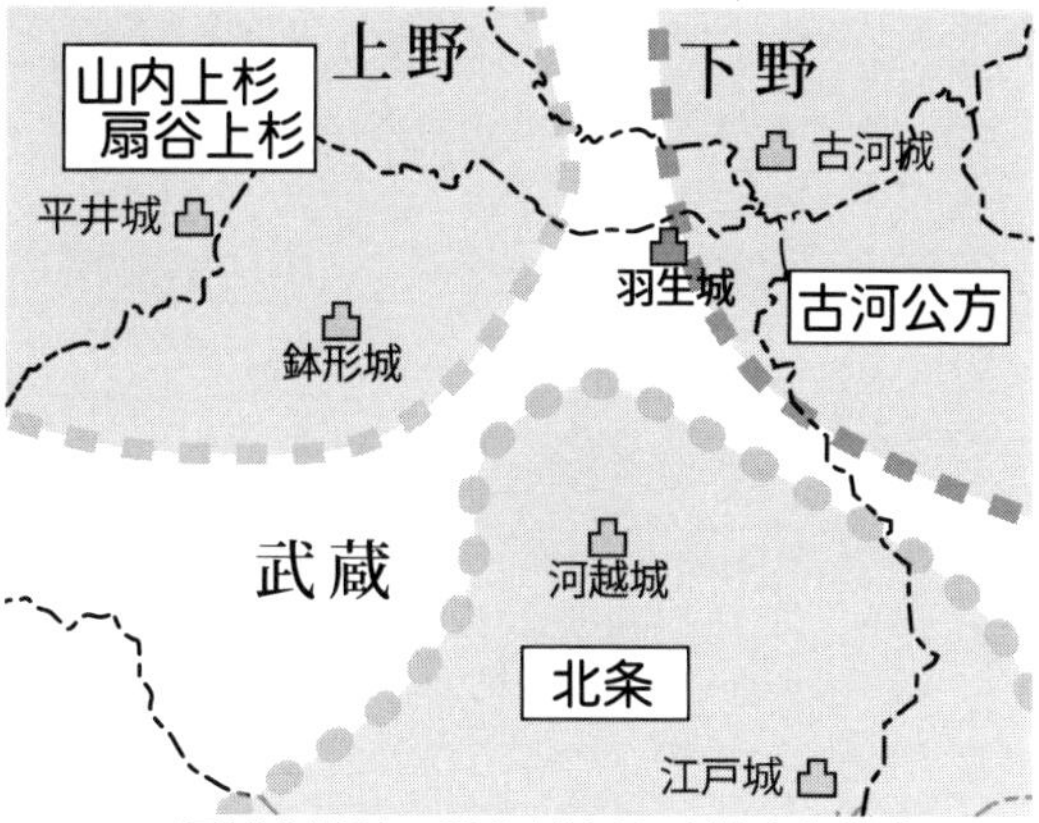

河越合戦時の羽生城を取り巻く各勢力

ところが、包囲網は寄せ集めの軍勢だったこともあり、油断が生じていたらしい。その隙を小田原城主北条氏康が突き、夜陰に紛れて上杉憲政の陣営を襲撃するのである。驚いた寄手は浮足立ち、包囲網は瓦解。扇谷上杉朝定は戦死し、上杉憲政及び足利晴氏は敗走せざるを得なかった。

この河越合戦を機に、北条氏が勢いをつけたことは言うまでもない。逆に、敗北した上杉憲政と足利晴氏は北条氏に抵抗する力を失い、二度と連合軍を組むことはできなかった。そして、本拠平井城（群馬県藤岡市）を退去した憲政は、上杉謙信（この当時は長尾景虎と名乗っていたが、本書は「上杉謙信」に統一する）を頼るのである。

この河越合戦に、広田直繁と木戸忠朝が参陣したことを示す史料はない。ただ、足利晴氏は、天文十四年（一五四五）比定十一月二十七日付で羽生領内の正覚院に礼状を送っていることが着目される。宛先は同院住持の重誉であり、足利晴氏は同寺が「当陣之祈祷」による目録と茶を送ったことに対し、礼を述べている（『鷲宮町史 史料三』町外文書二七八、以下『鷲宮』）。「当陣」は、河越城包囲網に比定されることから、重誉は晴氏に対して戦勝祈祷をしたのだろう。とすれば、正覚院は古河公方の祈願寺の一つとして捉えることができる。

正覚院は羽生城とゆかりの深い寺院であることから、河越合戦時に直繁と忠朝は足利方に属していたことが想定される。あるいは、隣接する忍城の動きを警戒し、羽生に残って成田氏を監視していたことも考えられる。

正覚院〔羽生市南三丁目〕

というのは、成田氏はこのとき北条方へ与していたとみられるからである（『行田』二〇三）。年代不詳ではあるが、上杉憲政が五月二十七日付で小山高朝へ送った書状には、足利晴氏とともに忍城攻めへ出陣する旨が伝えられている。成田氏を警戒した足利方は、直繁と忠朝を羽生に留め置いて忍城の警戒に当たったのかもしれない。
河越合戦の結果は、羽生に大きな影響を及ぼすことになった。合戦以後、直繁と忠朝は羽生領の政治的自立権を失っていた可能性が高い。それは、北条氏に与したことを意味するものではない。領主の座を奪われ、新たに羽生領へ派遣された者に従ったとみられるのである。
その新勢力の有力候補者は、忍城主成田氏である。なぜなら、のちに上杉謙信に与した国衆たちを列記した「関東幕注文」に、直繁と忠朝は成田氏の「馬寄」（被官）として記されているからである。これは、直繁と忠朝が成田氏の旗下にあったことを意味している。その転換点は、北条氏の勢力が飛躍した河越合戦だろう。足利方につかなかった成田氏は、その恩賞として羽生領を与えられたのではないだろうか。ゆえに、直繁と忠朝は政治的自立権を喪失するとともに、成田氏に仕える身となったのである。

このように、羽生城初期において河越合戦が一つの節目となったと捉えられる。しかし、その状況は長くは続かなかった。転機が訪れたのは、永禄三年（一五六〇）の上杉謙信の関東出陣にほかならない。謙信と北条氏の戦いが本格的に幕を開け、国衆たちは難しい判断を迫られることになるが、それは終わりの見えない合戦の始まりを意味していた。

◆羽生城代中条出羽守

直繁と忠朝の政治的自立権の喪失に係る史料に、『小田原旧記』というものがある。同書によると、羽生城代として中条出羽守の名が確認される。

（前略）五家老衆　五色備
　　　　　　　　　駿河衆本名九鳩左衛門
黄備　一　当時武州河越御城代　北條上総介綱成
　　　　　　　　　伊豆衆本名高橋将監

赤備　一　当時相州甘縄御城代　　北條常陸介綱高
　右之両家者春松院殿御猶子として御家号を賜ハリ御家門ニ列ス
青備　一　当時古河殿御附
　　　　　武州栗橋之御城代　　富永左衛門尉
白備　一　当時豆州下田之御城代　　笠原能登守
黒備　一　当時上州平井御預り　　多目周防守
　　　　早雲寺殿七手御家老衆之家ニ而御家門ニ被准

　二十将衆
一　当時駿州泉頭御城代　　荒川豊前守
一　当時武州青木御城代　　山中主膳正
（中略）
一　当時武州羽丹生御城代　　中條出羽守
（後略）

この史料で注視されるのは中条出羽守である。北条氏に仕える数多い家臣の中で、頭角を現す者がいた。その者たちは三家老衆や五家老衆に抜擢される。中条出羽守は「二十将衆」の一人に数えられ、その肩書は「武州羽丹生御城代」だったという。すなわち、『小田原旧記』には中条出羽守が羽生城代の立場にあったことを示しているのである。

かつて、この史料は天文二十一年（一五五二）頃の作成と考えられていた。天文二十一年は上杉憲政が平井城から退去した年にあたる。つまり、中条出羽守が羽生城代に就いたということは、羽生領が北条氏の直轄領となっていたことを意味するものとなる。

しかし、その後の研究で、同書の成立年代は天文二十一年よりも下る可能性が指摘された（奥野高廣「『小田原旧記』考」一九七一年）。『小田原旧記』の記述がどこまで史実を伝えているのか定かではなく、いまのところ中条出羽守と羽生との接点を伝えているのは同書のみである。中条氏が実際に羽生城代だったのか判断しようもないが、火のないところに煙が立たないとすれば、おそらく「当時武州羽丹生御城代」と記される根拠のようなものがあったのだろう。

その一つに、「成田系図」がある。そこには、「景虎率之引退武州、長泰出忍城、躡其後、中条出羽守・毛呂太郎協同長泰而劫奪駄馬雑具、景虎後軍敗走、景虎不能止住関左而帰越後」とあるのが着目される。同系図によると、永禄四年（一五六一）に上杉謙信から打擲された成田長泰は、小田原から勝手に帰国してしまう。それに続く関東諸士も多数出たため、謙信は武州へ引き退くこととなった。このとき、長泰は忍城を出て越後勢を追撃したらしい。そして、中条出羽守と毛呂太郎は長泰に協同し、越後勢の駄馬や雑具を強奪したという。このため越後勢の後軍は敗走し、景虎は関東に留まることができず、越後へ帰国したと伝えている。

この記述を鵜呑みにできないにせよ、後世においてこのようなことが膾炙されていたならば、

『小田原旧記』に記された「一　当時武州羽丹生御城代　中條出羽守」も、そのような認識のもとから生まれたのではないだろうか。

仮に、中条出羽守が羽生城代だったならば、羽生領が北条氏の直轄領になっていたことを意味している。当時、北条氏への従属は必ずしも政治的自立権の喪失と同義ではなかった。本領や城が没収されることはなく、むしろ安堵され、その支配権は認められるのが原則だった。にもかかわらず、直繁と忠朝の自立は認められなかったことになる。

興味深い記述ではあるが、直繁と忠朝が成田氏の「馬寄」であったこと、天正二年（一五七四）閏十一月以降に羽生領が同氏に接収されたことを勘案すると、『小田原旧記』は参考に留めておくのが妥当だろう。北条氏の直轄領というより、成田氏の勢力圏内に組み込まれていたとして理解される。しかし、この場合事態はより深刻だ。北条氏への従属は、直繁と忠朝の羽生領支配権が成田氏に抱摂されていたことを意味するからである。それは彼らの政治的な死に等しい。ゆえに、彼らは上杉氏へ従属し続けたのではないだろうか。謙信に属している限り、その政治的自立権は少なくとも保障されるからである。羽生城の「忠信」の背景には、このような現実問題を抱えていたことに注意を払う必要があるだろう。「当時武州羽丹生御城代　中條出羽守」の記述は、在地的基盤を持たない国衆の苦悩が読み取れるように思われる。

ちなみに、中条氏は永禄二年（一五五九）作成の「小田原衆所領役帳」によると、多東郡符田郷（現東京都調布市）及び吉見郡大串内北分（現埼玉県吉見町）などを合わせて二八二貫四三〇文を知行していたという。そして、永禄七年（一五六四）に勃発した第二次国府台合戦で戦死したと伝わる（『北条記』）。

◆羽生城乗っ取り事件

上杉謙信の本格的な関東進攻が始まる前に触れておきたい事件がある。それは羽生城乗っ取り事件である。その名称は便宜上のものであり、地元羽生では全く伝わっておらず、口承にも残っていないことをあらかじめ断っておく。事件の内容は、羽生城主「羽生豊前守」が鷹狩に出たとき、その隙をついて木戸氏が城を奪うというものである。『小田原記』は次のように伝えている（『新編武蔵風土記稿』巻之四 建置沿革の項に抄録）。

（前略）成田旗下羽丹生城主羽生豊前守か両家老、河田の藤井修理、志水の木戸源斎と云者あり、木戸源斎は輝虎へ心を寄せ、豊前守鷹野に出し跡に城を乗取、羽丹生藤井数度合戦ありしかとも、二人終に打負牢人して成田を被頼、源斎には輝虎加勢して成田と合戦数度に及ふ（後略）

羽生豊前守の家老「木戸源斎」は、輝虎こと上杉謙信に心を寄せ、豊前守が鷹狩に出たときに城を乗っ取ったという。『小田原記』はこれを永禄九年（一五六六）の事件としている。家老

皿尾城と羽生城、忍城の位置　国土地理院地図に加筆

は木戸氏のほか「藤井修理」という者がいた。追放の憂き目を見た羽生豊前守と藤井修理はともに城を奪い返そうと反撃に出る。しかし、豊前守と藤井修理は数度戦いに挑んだものの敗北を喫す。かくして彼らは牢人し、忍城主成田氏を頼った。その後、木戸氏は謙信に属すと、北条方である成田氏との合戦は数度に及んだという。

　この事件は、河越合戦以後に政治的自立権を失っていた直繁と忠朝の反撃の狼煙《のろし》として読むことができよう。「志水の木戸源斎」は木戸忠朝に比定され、「河田の藤井修理」や「羽生豊前守」は「成田旗下」で、敗戦後に成田氏を頼っていることから、忍城の近親者もしくは同城関係者と読み取ってよい。この事件について、冨田勝治氏は木戸氏が上杉謙信に加勢するため、永禄三年末に起こったものと推察している（冨田勝治『羽生城―上杉謙信の属城―』一九九三年。二〇一〇年に『羽生城

皿尾城址に鎮座する雷電神社〔行田市皿尾〕

現在の忍城御三階櫓〔行田市本丸〕

皿尾城址碑

田園地帯から皿尾城址を望む

と木戸氏』として新装改訂。以後後者で統一）。つまり、木戸氏は謙信の関東出陣に乗じて羽生城を乗っ取った事件として捉えているのである。別の言い方をすれば、謙信の軍事力を頼らなければ起こせなかった政変だった。なぜなら、例え木戸氏が乗っ取りに成功しても、羽生城の維持は困難と言わざるを得なかったからである。したがって、「城主」に返り咲くのは、上杉謙信の関東出陣の機会を置いてほかならない。

しかし、実は『小田原記』にはまだ続きがある。木戸氏が皿尾に要害を築いたことや、成田長泰が嫡男氏長によって忍城から追放されたことが記されているのである。同書はこの一連の出来事を永禄九年のこととしている。興味深い記事だが、ほかに史料がない以上、事実の是非は判断しようがない。

とはいえ、永禄三年に関東へ出陣した謙信に対し、成田氏は比較的早い段階で従属している。同年十一月には先鋒隊として鎌倉へ進攻しており、妙本寺（神奈川県鎌倉市）に濫妨狼藉を禁じる高札を出していることは見落とせない（『行田』二一二）。もし羽生豊前守が成田氏関係者とすれば、木戸氏が羽生城を乗っ取るまでもなく、忍城は早くから謙信に従属したことになる。

なお、上杉謙信の関東出陣を受けて、各地の国衆たちは謙信への従属を表明する。そして小田原城攻めに際し、従属した国衆たちの名を列記した「関東幕注文」を作成した。成田氏は「武州之衆」としてその名が見え、そして、次に「馬寄」として列記されているのが「羽生之衆」である。「羽生之衆」を率いたのは広田直繁だった。

このことから、直繁と忠朝は北条氏というよりも、成田氏の旗下として謙信へ従属していたと理解してよい。もし『小田原記』が伝える羽生城乗っ取り事件が永禄三年末に起こったならば、果たして彼らが「羽生之衆」を率いるほどの立場となっていただろうか。

したがって、本書では羽生城乗っ取り事件について、少なくとも永禄三年末の出来事とは捉えないものとする。むしろ、羽生城で起こった政変ではなく、後述する皿尾城（埼玉県行田市）に係る事件だったのではないだろうか。忠朝の皿尾入城が成田氏の同意によるものでないとすれば、「皿尾城乗っ取り事件」として捉えることができるからである。実際に木戸氏と成田氏は直接干戈を交え、忠朝は越後国へその勝利を報告している（『行田』二一九）。

以上のことから、羽生城乗っ取り事件は史実の一端を語るものであっても、直繁と忠朝の反撃の狼煙として捉えないものとする。両人が政治的自立権を回復するには、成田氏の上杉氏離反まで待たなければならない。ただ、『小田原記』に見える「輝虎加勢して成田と合戦数度に及ふ」ことは事実であり、直繁と忠朝の羽生城時代は徐々に本格始動していくのである。

第二章　永禄年間の争乱と羽生城

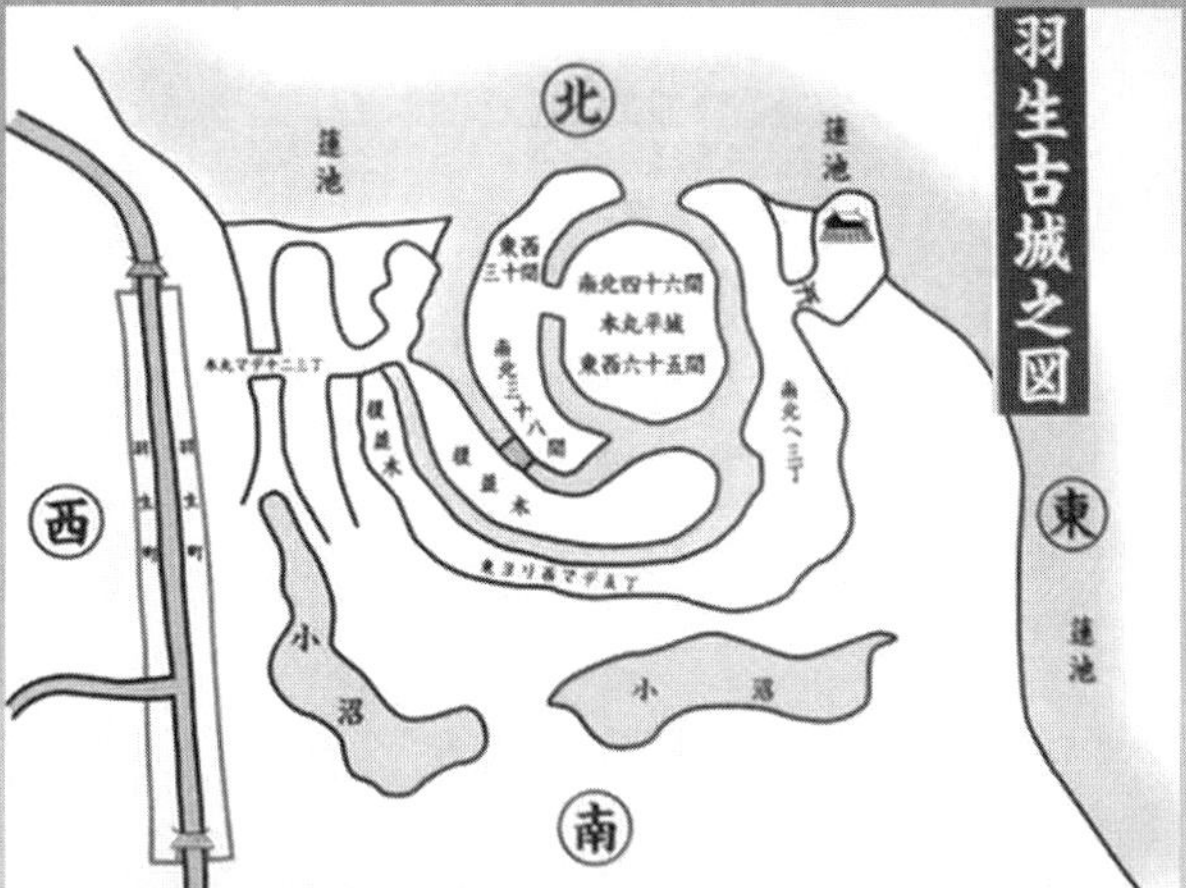

羽生古城之図（羽生城跡案内看板より）

◆上杉謙信の関東出陣

長尾景虎こと上杉謙信が越後国より関東へ出陣したのは、永禄三年（一五六〇）八月末だった。平井城を追われた上杉憲政や、反北条の姿勢をとる国衆から出陣を乞われ、さらには里見氏の本拠上総国久留里城（千葉県君津市）の危機を受け、関東へ出馬したのである。

上杉憲政を奉じ、関東の旧秩序を回復するという大義名分を掲げていた。事実、謙信は前年に二度目の上洛を果たし、将軍足利義輝から憲政の進退について任せられていた。それは私利私欲のためではなく、「義」による出陣という名目を得たことと同義だった。かくして、関東統一を目指す北条氏との本格的な戦いが幕を明けた。

同年九月、謙信は上野国の諸城を攻略し、敵兵数百名を討ち取る。この勢いに押されたのか、長尾憲景《ながおのりかげ》や長尾景総《かげふさ》らが相次いで北条氏から離反し、景虎に従属を表明した。里見義弘の家臣正木時茂は、「年来之願望此時候」と謙信へ書状を送り、その喜びを表している（『上越』二二四）。

一方、北条氏はその対応に追われた。北条氏康は久留里城攻めから謙信対策に切り替え、河越城へ入城する（『戦北』六四四）。そして、謙信に寝返った金山城主横瀬氏（のちの由良氏）に対応すべく、小泉城主富岡氏へ鉄砲弾薬を送った（『戦北』六四五）。氏康は河越城から松山城へ移り、岩付城主太田資正へ軍事協力を依頼。しかし、資正の心はすでに北条氏から離れていた。氏康の軍事要請に応じず、翌年は小田原城攻めで第一陣に布陣するのである。

忍城主成田氏もまた北条氏から離反した。しかも、小田原城攻めの先鋒隊となり、鎌倉の妙本寺に濫妨狼藉を禁じる高札を発給している（『行田』二一二）。高札は、寺院側が金銭を払って買い求めたものであり、当時の自衛手段の一つだった。

こうした成田氏や太田氏の離反に対し、北条氏康は怒りを露わにする。箱根権現の別当に宛てたとみられる書状に、「太田美濃守・成田下総守、忘年来重恩、度々背誓句血判旨、忽企逆心事、誠以無是非候」と記し（『行田』二一七）、北条家への恩を忘れて、逆心を企てることは是非を論ずるまでもない、と名指しで批判するのである。換言すれば、氏康は両氏に重きを置き、期待していたのだろう。そのため、北条氏にとって太田氏と成田氏の離反は痛手だった。怒り心頭の氏康は、河越城に入城した池田氏へ書状を送り、城を守った功績として借銭・借米を赦免するとともに、忍領と岩付領の内、望みの地を与えると伝えるのだった（『戦北』六五六）。

◆市田氏への所領安堵

ところで、上杉謙信に従属した成田氏だったが、同家にとって懸念される文書が永禄三年十一月十二日付で発給される。それは、謙信が市田氏へ宛てた六か条の条目である。そこには「近年御知行方之事」とあり、北条氏を討伐した暁には、条目にある所領を市田氏へ安堵するという内容となっている。注目されるのは、羽生領に比定される「広田河田谷一跡事」や、騎西城主の所領の「小田助三郎方前事」も含まれていることである（『上越』二一七）。

近年御知行方之事、
一、藤田秩父之事、
一、広田河田谷一跡事、
一、毛呂土佐守方前事、
一、市田之事、
一、小田助三郎方前事、
一、相州御本意候上事、
此条々曽不可有御相違状、如件、
永禄三
十一月十二日　　景虎
市田殿

市田氏は、「関東幕注文」に見える「市田御幕」に比定される人物である。同氏は深谷上杉氏の一族とみられ、成田氏はこの上杉氏と縁戚関係にあった。さらには、成田氏と市田氏はのちに直接縁戚関係を結び、「成田系図」には成田長泰の娘の一人に「武州久下城主市田太郎妻」と記されている。市田・深谷上杉両氏とも家紋が「竹に雀」であり、「御幕」と表記されている点においても、彼らが他の国衆とは異なる特殊な立ち位置にあったことが読み取れる。

上杉謙信はこの市田氏へ宛て、諸将の知行を安堵すると伝えているのである。この史料に見える諸将は、いずれも武蔵国の国衆である。そして、「一、広田河田谷一跡事」は広田直繁と木戸忠朝に比定される。当時、忠朝は母方の姓である「河田谷」を名乗っていた。さらに着目されるのは、「一跡」の語が入っていることで、これは全遺産や旧領、または跡目や家督を意味している（『戦国古文書用語辞典』東京堂出版）。

とすれば、この条目の「一跡」が指すのは、羽生領と理解するのが妥当だろう。その羽生領が直繁と忠朝の旧領ということは、当時彼らは政治的自立権を失っていたことを示唆している。繰り返すように、羽生之衆は成田氏率いる武州之衆の「馬寄」（与力）の立場だったのであり、羽生領が忍城に包摂されていたことが読み取れる。つまり、当時の直繁と忠朝は政治的自立権を失い、忍城の勢力圏に組み込まれ、成田氏の与力となっていたのである。

「竹に雀」紋の一例

こうした直繁と忠朝の一跡を含めた各所領を、上杉謙信は小田原城を落とした暁には、市田氏へ安堵すると述べている。言うなれば、市田氏を筆頭に勢力図が刷新する政策を抱いていたことになろう。
ではなぜ、謙信はこの機に市田氏へ条目を送ったのか。この条目は、北条氏討伐という条件付きだが、所領安堵を約束するものである。換言すると、市田氏は重要人物に目され、謙信からの信任が厚かった人物と理解してよい。

永禄三年十一月十二日当時、謙信は間もなく関東管領に就任し、上杉氏の名跡を継ぐことはほぼ明らかだった。関東管領として北条氏討伐後の新たな体制を市田氏に示し、約諾したことが考えられる。つまり、市田氏による北武蔵統治の新体制の発足である。羽生領や騎西領を含む所領を掌握し、同時に国衆たちを配下に置く体制を謙信は想定していた。

しかし、忍城主成田氏にとって、この体制は痛手を被るものだった。騎西城主小田朝興は成田長泰の弟であり、「関東幕注文」にも武州之衆の一人として書き記されているため、騎西領は実質的には成田氏の勢力圏に組み込まれていた。そして、羽生領の直繁と忠朝も成田氏の「馬寄」であることから、忍城の勢力圏内とみてよい。したがって、上杉謙信が小田原城を落としたならば、それらの所領は市田氏に安堵されるが、成田氏にとってはその勢力を大きく失うことを意味していたのである。

成田氏は深谷上杉氏と縁戚関係にあったことから、謙信の条書は、早い段階で知っていた可能性が高い。謙信のもとで武功を立てたところで、結局は勢力圏の一部を失うことになる。謙信への従属は形だけであり、その胸中には不満がくすぶっていたのではないだろうか。

謙信は、「筋目」に重点を置いていたがゆえに、このような勢力構想を抱いたのかもしれない。国衆たちを一つにまとめていく存在として上杉氏一族がある。さらに、その上に位置するのが上杉謙信である。関東管領として古河公方足利氏を補佐し、旧秩序を回復し、静謐を図る。そ

各勢力のおおよその位置図
グレーの実線は現在の国道

のような構想が、市田氏へ宛てた条目に表れたのだろう。

しかしながら、領地経営を行う国衆にとっては痛みを伴う構想である。筋目を重んじても利は少なく、成田氏のように失うものが大きい国衆が現れる。関東管領としての構想と国衆たちの現実問題とがかみ合わず、その齟齬は小さなものではなかった。それはやがて上杉氏離反を招き、結果的には北条氏との戦いを泥沼化させることになるのである。

上杉謙信は厩橋城（群馬県前橋市）で年を越したあと、小田原へ向けて出陣する。関東の国衆の多くは北条氏から離れ、謙信へ従属した。小田原城を包囲したとき、その軍勢は十一万五千余騎の大軍に膨れ上がっていたという（「上杉年譜」）。このとき従属した国衆たちの名と家紋を一名ずつ書き記した「関東幕注文」が作成されるわけだが、武州之衆や羽生之衆を含めた国衆たちは、新たな戦火へと身を投じていくのである。

◆小田原城攻めと羽生之衆

「関東幕注文」に記された成田氏は、「武州之衆」という軍勢に編成されている。その軍勢を率いるのは忍城主成田長泰であり、謙信の先鋒隊として鎌倉へ進攻するとともに、小田原城攻めに参陣した（『上越』二七二）。そして、その武州之衆の次に列記されているのが「馬寄　羽生之衆」となっている。

馬寄　羽生之衆

広田式部大輔	梅之紋
河田（谷）善右衛門尉大夫	かたはミ
渋江平六良	くわのもん
岩崎源三郎	二本鷹之羽
藤田幕	ふたのかゝりの五つき地くろ
飯塚	五つき
桜沢	五つき
猪俣	五のかゝりの五つき
岡部長門守	丸之内十方
深谷御幕	竹に雀

秋元掃部助　　くわの文
井草源左衛門尉　　月ニしやうひ
市田御幕　　竹に雀

このうち、「広田式部大輔」が広田直繁、「河田善(谷)右衛門尉大夫」が木戸忠朝に比定される。忠朝は河田谷姓を使用しており、木戸の名跡をまだ継いでいなかったことを示している。天文五年（一五三六）頃が彼らの元服期とすると、永禄四年当時は三十代後半に達していた。すでに家督譲渡は行われていたものの、木戸氏の在地的基盤の弱さから、忠朝はあえて河田谷姓を使用していたのだろうか。あるいは、家督譲渡を巡って父子間及び兄弟間で複雑な議論があったのかもしれないが、いずれにせよ、忠朝が木戸姓の使用を史料上で確認できるのは、いまのところ永禄九年（一五六六）である。

なお、注視されるのは「馬寄」の語である。馬寄は与力を意味し、彼らは成田氏に従属する立場だった。もしこのとき直繁・忠朝兄弟以外に羽生城代が存在していたとすれば、「羽生之衆」の最初に記されるはずである。が、先頭に名を連ねているのは直繁と忠朝であり、実質的に彼らが羽生之衆を率いていたと理解してよい。

この中で羽生城関係者は、「渋江平六良」と「岩崎源三郎」である。羽生之衆と言っても、それが羽生城の勢力圏を意味しているわけではない。小田原城攻めにあたって、上杉方が急遽編成した軍勢であり、「羽生之衆」はあくまでも「武州之衆」の副将的存在だった。北武蔵にそれぞれ本拠を持つ国衆を寄せ集めた軍勢の感を否めない。市田氏へ知行安堵の条目を送っているように、関東へ出陣したばかりの謙信は、国衆たちの思惑と現実問題をまだ実感として把握していなかったきらいがある。それが新たな火種を生むことになる、ひいては関東の争乱を泥沼化させると言っても過言ではなかった。謙信と国衆たちの齟齬は、争乱の泥沼化へと押し進めるのだった。

◆小田原城包囲網

厩橋城から出立した上杉謙信は小田原へ進攻する。小田原城を包囲した軍勢は十一万五千余騎にも膨れ上がっていた。圧倒的兵力である。その数字を鵜呑みにできないものの、「関東幕注文」に列記された二五五名の諸将の内心がどうであれ、謙信に味方したことは間違いない。城の周囲は無数の軍旗がはためき、砂埃が舞い、騒然とした空気に包まれただろう。

この小田原城攻めは、上杉謙信のカリスマ性と武威を示すのに十分な舞台だった。武田信玄と一騎打ちを果たしたと伝わる第四次川中島合戦に引けをとらないほどの舞台である。そのめいくつかの逸話が生まれ、膾炙されてきた。

謙信は、「毘沙門天の化身」や「軍神」などと喧伝される武将である。また、私利私欲では戦わず、義や忠節を重んじた義将とも伝わる。幼い頃に寺院で過ごし、本来ならば僧侶として一生を送るはずだったが、乱世により兄に代わって歴史の表舞台に登場することになった。義将であり毘沙門天の化身。それが後世に作られた偶像であっても、生涯妻を娶らなかったこともあり、謙信は戦国武将の中でも特異な存在として位置していると言える。

そのような謙信が率いる軍勢に、直繁と忠朝は参陣した。「上杉年譜」によると、彼らが着陣していたのは第二陣だった。成田長泰とともに小田原城を包囲し、北条氏に圧力をかけていたことになる。その数およそ一万二千余騎。軍勢は武州之衆及び羽生之衆であり、実質的にその筆頭に挙がるのは忍城主成田氏だった。

> （前略）二陣ハ武州忍城主成田中務少輔長康（泰）・同下総守長氏（氏長）、同羽生城主広田式部大輔、藤田城主藤田右衛門佐、深谷城主上杉左兵衛佐憲盛一万二千余騎、藤沢、田村、大上、八幡、酒匂ニ分所ス（後略）（「上杉年譜」）

先陣を務めたのは岩付城主太田資正である。その息子梶原政景とともに三千五百余騎を率いて第一陣に布陣していた。「上杉年譜」では武蔵武士たちによる奮戦が描き出されている。特に資正の奮闘は目ざましく、小田原方の軍勢を押し返すと、その勢いに乗じて城内へ乗り込み、蓮池門まで進撃したという。

一方、第二陣は東北から小田原城を攻撃する。そして、城兵たちの守備を破り、大いに奮戦したと「上杉年譜」は伝えている。

（前略）二陣ノ成田中務少輔・同下総守・広田式部太輔・藤田右衛門佐・上杉左兵衛佐一万二千余騎、東北ヨリ相近付テ手先ヲ廻り、中ヲ破リシカハ、入道ノ軍勢力ヲ得テ、弥気ニ乗テ此ヲ攻、術モ新ニ制シ、法モ厳ニシテ勇気勃生シ、戦争ノ声天ニ響キ、呼号ノ音地ヲ動スハカリ也、依之敵兵若干討レ、辛キ命ヲ助リテ城中ヘ引入ケレハ、味方ノ軍士モ大儀ニ退キ、彼所ニ屯シ、小田原ヲ遠攻シテ日数ヲ経玉フ（後略）

この記述が史実ならば、広田直繁も獅子奮闘し、北条氏を追い込んだことになる。名は記されていないが、羽生之衆の一人である忠朝もまた槍や刀を振るったはずである。とはいえ、これは後世に作られた合戦描写だろう。小田原城下を焼くことはあっても、城内で両軍が激しく干戈を交えることはなかったとみられている。小田原勢は籠城の構えを採り、積極的に打って出ることはなかった。ただ『北条記』によれば、裏では忍びが暗躍していたらしく、「小田原方ヨリ忍ヒ々々に人衆を出し、田嶋曽我山ヨリ夜ル々忍を入、敵陣ノ小屋ヲ所々焼払ウ。其上小田原ヨリ小荷駄ヲトラレテ、越後衆兵粮ニツマリ（後略）」という記述が見える。当時の忍びは城の乗っ取りや情報収集、敵地を焼くなどを主な仕事としていた（平山優『戦国の忍び』二〇二〇年）。軍記物という性格上、どこまで事実を伝えているのか注意を払う必要があるが、忍びが夜闇に紛れて敵陣に侵入し、火を放つことがあっても不可思議ではない。

さて、上杉謙信は北条氏に圧力をかけ、小田原城を落とす考えがあったのかは不明である。大軍とはいえ寄せ集めの軍勢だった。無理に力攻めにすれば自軍の損失は免れない。また、兵糧は現地調達が原則だったこの時代、大軍による包囲網はそれだけ消耗も激しく、日が重なるごとに布陣が難しくなっていくという弱みがあった。それに、北条氏と同盟を結ぶ武田信玄や今川氏真も不穏な動きをみせており、小田原で日数を重ねることは少なからずのリスクを背負わなければならなかった。

やがて、上杉謙信は小田原城包囲網を解くことになる。北条氏との和睦ではない。おおよそ目的を達したと判断したのか、謙信は諸将に退去を命じるのである。本城が陥落しなかったとはいえ、上杉勢の進攻は凄惨を極めたらしい。上杉勢は神社仏閣、村里等をことごとく焼き払い、身を隠した小田原の人々を手分けして探し出し、衣裳をはぎ取り、食糧を奪ったことが生々しく記録されている。そのため、小田原では寒さと飢えで多くの者が亡くなったという（『神奈川県史 資料編3』七三二八）。

謙信としては、北条氏に一矢報いたつもりだったかもしれない。しかし、小田原城の陥落を望んでいた国衆にとって、失望の念を抱いた者もいただろう。

謙信は小田原城から鎌倉の鶴岡八幡宮へ移る。そして同所にて、上杉憲政から山内上杉氏の名跡と関東管領職を譲渡される。憲政の「政」の字が与えられ、「上杉政虎」と改名するのである（のち「輝虎」と改名するが、以後も「上杉謙信」の名で統一する）。義と礼節を重んじる謙信にとって、この譲渡は晴れがましくもあり、今後の人生を決定付けたと言っても過言ではない。

しかし、謙信に対して不満を抱く国衆も皆無ではなかった。例えば忍城主成田長泰である。いち早く謙信に従属した成田氏だったが、その胸中には不満が渦を巻いていたらしい。そのため鶴岡八幡宮で事件が起こる。それは成田長泰打擲《ちょうちゃく》事件である。

◆成田長泰打擲事件

永禄四年（一五六一）閏三月、関東管領職に就いた上杉謙信に対し、関東諸将は拝賀の礼を尽くした。新たな時代の幕開けだった。謙信に大きな期待を寄せる者がいる一方、内心苦々しく感じる者もいただろう。その後者の一人に成田長泰《なりたながやす》が挙げられる。謙信の先鋒隊として出陣した長泰だったが、その胸中には不満が渦巻いていた。

その理由として挙げられるのは、先に見た謙信が市田氏へ宛てた知行安堵状である。小田原城を包囲する直前、北武蔵支配体制の構想を市田氏に示したものであり、それによると、謙信は同氏による北武蔵統治を想定していた。市田氏に与える所領の中には羽生領と騎西領が含まれていたため、成田氏勢力圏の一部喪失を意味するものだった。成田氏にとって、謙信に従属したところで所領の一部を失い、あまつさえ市田氏の力が強まればその被官となる懸念が強まったのである。

しかし、大軍を率いる謙信に抵抗する術はない。流れは謙信にあり、一人抗ったところでどうすることもできなかった。そこで長泰はどうしたか。弓矢を取らず、直接不平を洩らさず、無言のまま態度で表すことになる。鶴岡八幡宮で関東管領に就任した謙信に対し、ほかの諸将たちが馬から下りて礼節を尽くす中、長泰はただ一人下馬を拒否したのである。長泰の無言の抵抗だった。

一人下馬しない成田長泰の姿は嫌でも目立った。当然、謙信の目に留まることになる。謙信は長泰に詰め寄る。下馬しない理由を訊ねた謙信に対し、長泰は平然と「我が家では下馬することこそが無礼であり、私的なふるまいではありません」と答えたのだった。

これを聞いた謙信は激怒する。「昔はいざ知らず、いまは上杉家の幕下である。速やかに下馬し、平伏すべし」と、成田長泰を馬から引きずり下ろし、手にしていた扇で長泰を打擲するのである。

謙信の性質をうかがわせ、また蹉跌《さてつ》とも読み取れることから、代々語り継がれてきた著名な逸話と言ってよい。細部は微妙に異なるが、『鎌倉九代後記』をはじめ、各軍記物にこの事件が取り上げられている。

打擲された成田長泰にとって、関東諸将の眼前で面目を失ったのも同然だった。当然、謙信から心が離れることになる。「謙信は仁義を知らぬ者である。ただの猪武者である」と、『北条記』において長泰は恨み節を吐いている。かくして、長泰は独断で忍城へ帰陣してしまう。実質的な離反だった。そのような長泰に対し、『北越軍談』や『成田記』は、「味方にも敵にも早く成田殿、長やす刀きれもはなれず」という狂歌を載せている。

この事件を目の当たりにした関東諸将は、一抹の不安を覚えたらしい。長泰が本拠地へ帰陣してしまうと、それに続く諸将が続出する。結果的に、謙信のもとに参集した軍勢は一部が崩壊し、早くも上杉氏離れがみられたのである。

多くの文献が取り上げているように、成田長泰打擲事件は興味深い逸話ではある。しかし、後世の創作と捉えるのが妥当だろう。というのは、永禄四年比定六月十日付の謙信宛ての近衛前嗣書状には、「なり田をさあいもの《(幼い者)》のゆふへまいり候」と、成田長泰の幼い人質が前日の夕方に到着したことが伝えられているからである(『行田』二一六)。このことから、少なくとも六月十日時点では、長泰は上杉方だった。打擲を受けて勝手に帰陣したわけではない。

しかしながら、間もなくして長泰が北条氏に帰属したことは確かである。永禄六年(一五六三)の謙信による騎西城攻めでは、忍城主成田長泰の弟が守る城であることが攻撃の理由の一つに挙げられていることから、成田氏は北条氏従属へと舵を切っていた。時勢を読んだと言えばそれまでかもしれない。この時代、時勢を見極め、生き残りをかけてより優位な者へ付くのが当然であり、そのほとんどは忠義による従属ではなかった。

しかし、それよりも離反の大きな要因は、先述した市田氏への知行安堵状と考えられよう。

市田氏を筆頭とする北武蔵支配という謙信の描くビジョンと、国衆の成田氏の利が一致せず、上杉氏離反を招いたのではないだろうか。

北条氏への従属は本領安堵が原則である。北条氏に属す限り、成田氏の勢力圏は一応のところ維持される。それに対し、上杉氏に属せば騎西領と羽生領を喪失することになる。市村高男氏が述べているように、成田氏は「北条氏への服属を契機に自立的な領域支配を否定されるどころか、その影響の下に、かえって自らの権力支配を発展させ、地域権力としての純化を遂げていく、という現象を現出させた」いわば特異な国衆だった（市村高男「武蔵国成田氏の発展と北条氏」一九八六年）。永禄三年（一五六〇）以降、上杉謙信と北条氏や武田信玄の戦いの中で、成田氏は北条氏に服属している限り、「自立した地域権力としての存在を維持」した国衆であり、他の戦国大名の介入を許していない。だからこそ、上杉氏に服属した時期があっても、越相同盟の解消以降は北条氏に帰属し続けるのである。

成田氏にとって、北条氏に属せば羽生領を奪還し、騎西城主小田氏や本庄城主本庄氏を実質的な支配圏内に置き、独自の勢力圏の維持を望むことができた。一方、広田直繁や木戸忠朝にとっては、北条氏への服属は政治的自立権の喪失を意味していた。羽生領は忍領に併合され、成田氏の「馬寄」になるからである。それは北条氏にとっても暗黙の了解だったのだろう。成田氏を味方に付けるためには、羽生領接収は認めざるを得ない事項だった。だからこそ、直繁と忠朝は上杉謙信に終始一貫して従属したと言える。別の言い方をすれば、政治的自立権を維持するためには上杉氏に従属せざるを得なかったのである。

永禄三年（一五六〇）の市田氏へ宛てた知行安堵状は、北条氏と上杉謙信の争乱の中で、成田氏と広田・木戸両氏との間に埋めようもない溝を作り、争いの火種になっていた。直繁と忠朝が忠節を尽くす人物だったと言えばそれまでだが、隣接地に独自の勢力圏を展開する成田氏を持ち、その影響を大きく受けていたことを忘れてはならない。謙信への変わらない従属は忠節によるものではなく、北条氏というより成田氏から政治的自立権を守るためであり、そうせざるを得なかったというのが本書が捉える羽生城像の一つである。その意味において、成田長泰打擲事件は象徴的であり、例えこれが事実でなくとも、謙信と国衆の齟齬の背景には、国衆間における政治的自立権や所領問題、あるいは体制に係る衝突などが複雑に絡んでいたことをうかがわせる逸話として読み取れるのである。

◆政治的自立権の回復

関東管領に就任した上杉謙信は、再度小田原城を攻めることなく帰国の途に就く。関東の諸将もそれぞれ帰国し、成田長泰率いる武州之衆や羽生之衆も同様の動きをとった。その後、成田氏は人質を上杉氏に出していることは先に述べた通りである。

史料上では確認できないが、羽生城からも人質を差し出したものと思われる。人質の候補として挙げられるのは、木戸忠朝の次男元斎（範秀）である。永禄四年当時、元斎は「小七郎」という幼名を使用していた。『米沢地名撰』には木戸元斎寿三の項があり、それによれば永禄四年の春、関東諸将参会の折に上杉謙信の命によって「奥山の風やふもとの花盛り」という歌を詠んだという。「小七郎なりける時、永禄四の春関東士参会の折から太祖の命にて読みし句」とあることから、小田原攻城戦の最中もしくは関東管領職譲渡式であったことが考えられる。また、謙信に命じられて歌を詠んだということは、直接対面していることをうかがわせ、それは人質に出されていたことを意味しているのではないだろうか。

米沢藩奉行の莅戸《のぞき》善政《よしまさ》が著した『三重年表』によると、元斎は羽生城で生まれたという。永禄四年当時、元斎の年齢を十歳前後と仮定した場合、天文二十一年（一五五二）頃の誕生となる。このとき、祖父にあたる木戸範実は生存していた。範実は東常和を師とし、「無双の歌人」と謳われた木戸孝範の娘を母としている。したがって、範実は東家の二条流と母の冷泉流を合わせた歌学「二流相伝」を編み出し、数冊の歌書を著した武家歌人だった。『三重年表』では木戸忠朝が東常和より「歌道伝授シ和歌ノ名誉アリ」としているが、これは範実のことを指しているものと思われる。

羽生城中に生まれた元斎は、おそらく祖父から歌道の手ほどきを受けたのだろう。このことは、木戸家の通り字である「範」を使用している点からもうかがえる。元斎は人質に出されたとはいえ、謙信はその歌道の才覚を知って歌を詠ませた。元斎は木戸歌学を生かし、上杉家中において武家歌人として頭角を現していくのだが、それはのちのことである。

さて、上杉方へ人質を出した成田氏だったが、やがて謙信から離反する。北条氏に帰属し、上杉氏勢力と敵対することになる。一方、直繁と忠朝は上杉氏に従属したままその姿勢を崩さなかった。つまり、直繁と忠朝は成田氏から独立し、謙信の軍事的保障のもと政治的自立権を確立したことになる。「馬寄」として成田氏の支配下に置かれていた直繁と忠朝だったが、上杉謙信と北条氏の争乱という新しい局面を迎え、城主の座に返り咲いたのである。

しかし、それは成田氏との間に埋まりようもない溝が生じたことを意味していた。直繁と忠朝が政治的自立権の保持を望むほど、その溝は深まっていかざるを得ないものだった。謙信の関東出陣によって両者に亀裂が入り、修復は難しくなっていく。以後、その関係性は泥沼化していくことになる。それと同時に、羽生城は上杉方の姿勢を貫く城として、その険しい道を歩み始めるのだった。

◆木戸忠朝の粟原城攻め

上杉謙信の越山に伴って、北条氏との戦いも各所で勃発した。羽生城を守る広田直繁や木戸忠朝も例外ではない。永禄四年（一五六一）の小田原城攻めでは第二陣に布陣した直繁と忠朝は、忍城主成田氏とともに北条氏に圧力をかけたことはすでに述べた通りである。

この流れに前後して、木戸忠朝は城攻めを行っている。その城の名は粟原城（埼玉県久喜市）

と花崎城（同県加須市）である。両城とも羽生城から東に位置し、前者は鷲宮神社の神主である大内氏が守っていた。忠朝による粟原・花崎両城攻めについて、「萷萱氏系図」には次のように記されている。

（前略）長尾景虎出陣、永禄三年三月春日山出馬、鶴岡神前にて上杉憲政より管領を譲受、関東管領に任し、上杉謙信と号、細萱光仲の云、勅使は前関白久公御下向、上使は大和兵部少輔其外関八州の大名小名列座なり、大将軍は義輝公也、同年八月小田原より帰路同十八日早天、先陣木戸宮内少輔壱千余人率し鷲宮粟原城を焼落し、退時に花崎城へ押寄たり（後略）

文中に見える「木戸宮内少輔」は木戸忠朝に比定される。小田原からの帰途において、千余人を率いる木戸氏が先陣を切って粟原城へ進攻し、これを焼落させたという。そして、その直後に花崎城へも押し寄せた。「萷萱氏系図」では謙信の関東管領就任を永禄三年としているが、正確には永禄四年である。とすれば、木戸忠朝は永禄四年の小田原城攻めからの帰途に、粟原・花崎両城を攻め落としたことになる。ちなみに、このとき城を守っていたのは十一歳の細萱平左衛門泰秀だったという。

（前略）此とき細萱民部少輔光仲殿は七拾余人を率本城小田原詰也、長子半左衛門泰秀殿は拾壱歳にて甚当惑におよひ、故に針谷徳左衛門父子心配におよひ、第一細萱殿御局方其外家来老若男女子供合て六拾余人は、かねて押かくし、後日に至り泰秀君并に御局方は御叔父大乗院秀全法印に頼置、其外の人〻は夫〻手配致し置候故に、鷲宮領鷲宮村の外拾八ヶ村は此時に没せり（後略）

十一歳の細萱泰秀の父「細萱民部少輔光仲」は、七十余人の兵を率いて小田原城へ詰めていた。そのため幼い泰秀は当惑し、とても指揮を採れる状態ではなかった。そこで実質的に動いたのは、重臣の針谷徳左衛門父子である。細萱氏の妻や家来など六十余人を落ち延びさせると、「鷲宮領鷲宮村の外拾八ヶ村」は没した、と伝えている。

栗原城址の比定地は、鷲宮神社の裏手と考えられている。現在その遺構はほとんど残っておらず、築城時期もよくわかっていない。縄張りや構造も不明だ。

隣接する鷲宮神社は太田荘の総鎮守で、古くから北条時頼や藤原秀郷、新田義貞などの武将や古河公方足利氏から信仰が寄せられる大社として知られる。その宮司である大内晴泰は古河公方足利高基の二男と言われ、神職として祈祷等を行う一方で、栗原城主を兼務していた。いわば、神官と武人の両方の顔を持つ人物だった。また、大内氏は利根川に設けられた河関とみられる「鷲宮関」の管理のほか、「町役」も担っており、地域的領主としての一面も備えていた（『鷲宮』町内文書九）。そのため、粟原城は軍事施設のほかに行政機関としても機能していたのだろう。

なお、同地は舟運交通が盛んな地域だったことでも知られる。特に八甫は三十艘の船が行き来するほどの交通の要衝地であり、その地名も八方に通じていることに由来するという（『鷲宮』町外文書六七八、『新編武蔵風土記稿』）。そのため、粟原城は舟運交通を掌握する拠点の一面を持っていたことが考えられる。北武蔵経略及び河川交通を掌握するためには、粟原城の攻略は必要不可欠だったのだろう。ゆえに、木戸忠朝は粟原城へ攻め入ったことが考えられる。粟原城の攻略は鷲宮神社の掌握と同義である。信仰面からアプローチすることで領民掌握を図り、さらには大内氏の従属を重視したものと思われる。

ただ、木戸忠朝による粟原・花崎両城攻めを伝えるのは、いまのところ「莿萱氏系図」のみである。この史料についても成立年代は不詳であり、幕末までの針谷氏の事歴が確認されるため、かなり後世になってから作成されたものとみられる。したがって、「莿萱氏系図」の記述を鵜呑みにすることはできない。

とはいえ、当時の状況からして、木戸忠朝が粟原城に攻め入っても不可解ではない。大内氏は古河公方足利義氏を通して北条氏の影響下にあった。天文二十三年（一五五四）には梅千代王丸（のちの足利義氏）から神領が安堵され、その翌年には北条氏康から太刀一腰が贈られている（『鷲宮』町内文書一五、一六）。その後も大内氏は足利義氏と交流を持っていることから、基本路線としては北条方であり、上杉謙信が越山してもその態度を改めることはなかった。

なお、粟原城攻めの傍証史料として挙げられるのは、文禄四年（一五九五）に作成された「鷲宮神社棟札」である。そこには次の記述が見える（『鷲宮』町内文書五二）。

御神領之事

当社建立時武州一国中比太田庄六十六郷其以後篠崎并尺子木 北篠崎 河口郷 久下半分 花崎半分 大桑半分 大室郷内五十貫 志多見 荒河 発戸 道原 明堤 此郷何三分一何ニモ有社人 其外六十六郷何ニモ少ツヽ有 奇西郡之内本大室 辻村 是ハ永禄三年庚申越後国主長尾景虎出張ノ刻相違ス（後略）

鷲宮神社の神領の内、本大室（埼玉県加須市）と辻村（北辻に比定。同県同市）は、「永禄三年庚申越後国主長尾景虎出張ノ刻相違ス」とある。これは、上杉勢によって領地を奪われていたことを意味している。換言すれば、上杉勢の進攻を受けた可能性が濃厚に浮かび上がってくるのである。この進攻者とは誰を指しているのだろう。この者こそ木戸忠朝だったのではないだろうか。さらには、「久下半分 花崎半分 大桑半分」及び「志多見 荒河 発戸 道原 明堤 此郷何三分一」（傍点筆者）とあるのが注視される。これは、木戸忠朝の進攻によって押領されたことを示唆するものとして捉えられよう。

このように、羽生城勢による粟原城進攻があった可能性は高く、その時期は上杉謙信が関東

栗原城址
写真右側が比定地、写真左奥が鷲宮神社

鷲宮神社〔久喜市鷲宮〕

羽生城東方に位置するそれぞれの城と河川　国土地理院地図に加筆

に出陣した頃とみられる。「莿萱氏系図」では粟原城の「焼落」としているが、鷲宮関を掌握する大内氏を上杉方に組み入れることが目的とすれば、壊滅させるほどの猛攻ではなかったのだろう。

実際、大内氏は滅亡したわけではなかった。木戸氏による粟原城攻めにより、大内氏は上杉氏に従属する。しかしそれは一時的なものであり、長くは続かなかった。北条氏に帰属し、再び羽生城と敵対関係になるからである。天正二年（一五七四）に北条氏繁が羽生領進攻を決行する際には、その軍事協力を求められることは後述する。

◆花崎城攻め

「莿萱氏系図」によれば、粟原城（鷲宮城）を攻め落とした木戸忠朝が、次の標的に定めたのは花崎城（埼玉県加須市）だった。この城は鷲宮神社から西北西約二・五キロメートルの場所に位置しており、粟原城とは指呼の間である。

花崎城については謎が多く、戦国期に作成された史料の中で城主の名は確認されない。『新編武蔵風土記稿』花崎村の項でも「古城跡　小高き地にて、東北の方泥深き沼をもて、要害となしたるさまなり、されど城跡とのみ伝へ、何人の住せしことをしらず」と記している。これは、花崎城が元々行政機関としての機能を要していなかったからかもしれない。花崎の地は鷲宮神社が領する土地であり、羽生城勢の進攻によって神領が「半分」に削られた時期もあった。すなわち、花崎城は粟原城の持ち城だったが、一時期は羽生城の支城となったのである。同城は独立した行政機関というよりも、境目の城として軍事色の強い施設だったことが考えられよう。

羽生城勢が攻め入った永禄四年（一五六一）当時、花崎城には大内氏の関係者が入城していたとみられる。だからこそ、羽生城勢は粟原城を落としたあと、花崎城へ矛先を向けたのだろう。「葪萱氏系図」には攻城戦の結末については何も触れていないが、粟原城と同様に陥落したとみてよい。

ところで、花崎城は現在の埼玉県加須市花崎に位置している。城跡を分断するように東武伊勢崎線の線路が敷設されているが、わずかに水堀や空堀が現存している。

江戸時代に遡れば、城の周りには沼田が広がっていたという。この沼田から、「竹筏」が出土したと江戸期成立の『武蔵志』は伝えている。これは、鉄砲の弾丸を防ぐ竹束と呼ばれる盾とみられる。それを物語るように、鉄砲玉も沼田から出土したという。

なお、昭和五十五年及び同五十六年に実施された発掘調査でも、堀の中から弾丸が出土した。花崎城攻城戦を裏付ける遺物に思えるが、木戸氏の花崎城攻めのときに使用されたものなのか判断のしようがない。ただ、発掘調査で畝堀や障子堀、馬出や横矢掛が検出されていることから、花崎城は軍事の要素の強い施設であり、出土した竹束や鉄砲玉は否応なく戦渦に巻き込まれていたことを物語っていると言えるだろう。

花崎城址と堀跡（加須市花崎）

◆皿尾—羽生体制

上杉謙信の関東出陣以降、広田直繁と木戸忠朝は居城を分けることとなった。二人揃って羽生城に在城したわけではなく、居城を別にしてそれぞれの役割を担っていた。直繁は羽生城、忠朝は皿尾城《さらお》（埼玉県行田市）を拠点とし、いわば羽生—皿尾体制のもと、北条氏に対抗するのである。

忠朝が拠点とした皿尾城は、成田氏の本拠忍城から約一・六キロメートルという近さにあった。したがって、皿尾城は忍領経営の一端を担う行政機関ではなかったと思われる。創建年代は不明だが、軍事目的に築かれたとすれば、忍城の出城に位置づけられよう。

そのような城に、なぜ忠朝は入城したのか。端的に言えば、成田氏が上杉謙信から離反し、北条氏に帰属するからである。成田氏の上杉氏離反は、永禄四年（一五六一）の小田原城攻めから間もなくのことだった。後世成立の軍記物では、関東管領就任式で成田長泰が面目を失ったことを離反の理由に挙げているが、城攻め後に上杉氏へ人質を差し出していることから、鶴岡八幡宮での打擲事件が発端とは考えにくい。とすれば、上杉謙信が同三年に市田氏に示した北武蔵支配体制構想に端を発しているのではないだろうか。さらに、成田氏の上杉氏離反前後に皿尾城に送り込まれた忠朝である。謙信の措置に対する不満と、北条氏と武田氏の軍事行動を見越して上杉氏から離反したことが考えられる。

忠朝の皿尾入城は、永禄四年（一五六一）以降とみられる。注意しなければならないのは、その時期が成田氏の上杉氏離反の前後によって、忠朝の入城する意味が大きく異なることである。

もし離反前ならば、成田氏の同意を得ての入城だったことになる。忠朝は成田氏を補佐し、在番衆のような形で皿尾城へ入った。おそらくそれは、謙信の命による措置だったのだろう。したがって、成田氏を上杉方として繫ぎとめるべく、忠朝は打ち込まれた楔のような存在だった。

一方、上杉氏離反後に皿尾城へ入城した場合、成田氏を牽制するのと同時に、忍城攻撃のための向城として取り立てた可能性が高い。皿尾城は忍城攻略のための前線基地であり、これを援護するのは羽生城の広田直繁と岩付城の太田資正だった。忠朝は太田氏や広田氏を背後につけ、成田氏を牽制し、皿尾城へ入ったことになる。この場合、成田氏から皿尾城を奪ったのは謙信の直接攻撃ではなく、太田氏や広田氏などの上杉方の国衆による進攻だったのだろう。謙信の命を受けた国衆たちは、忍城攻略を射程に入れて皿尾城を攻め落とし、そこへ木戸忠朝を配置したのである。

このようにして忠朝は皿尾城主に就いた。それは、忠朝の意図というより謙信の政治的な意図として理解される。謙信は関東管領に就任したとはいえ、関東に留まる考えはなかった。本拠は春日山城（新潟県上越市）であり、生涯それを変えることはなかった。そのため、自身が帰国したあとの政治的展開は自ずと懸念されたのだろう。

堤防上にある古河城跡碑（茨城県古河市桜町）

謙信は、古河城に足利藤氏《あしかがふじうじ》、近衛前嗣《このえさきつぐ》、上杉憲政の三者を入城させた。この頃、京から関東へ下向した近衛前嗣は、室町幕府の再興を願っての行動だったと言われている。

木戸忠朝の皿尾入城は、そのような状況下での出来事だった。謙信の思惑には、直繁と忠朝が古河城を護衛するという側面もあったのではないだろうか。北武蔵の国衆が協働して北条氏を牽制し、古河公方や近衛前嗣らを護衛する。足利藤氏、近衛前嗣、上杉憲政という高貴な者たちが一箇所に集まるという、裏を返せば狙われやすい状況である。成田氏が上杉氏から離反し、北条氏の意図のもと軍事行動を活発化させれば、危機的状況を招きかねない。そこで忠朝が皿尾城に入り、不穏な気配を見せる成田氏へ圧力をかける。眼前で監視し、その動きを抑制したのである。

かくして、「羽生―皿尾体制」が幕を開ける。謙信と国衆が考える支配の在り方の相違が、新たな火種を生んだと言っても過言ではない。のちに謙信が勢力後退を余儀なくされるのは、関東管領として思い描く秩序と、国衆たちが望む政治形態が合致しなかったがための結果と捉えることができよう。

◆皿尾城攻防戦

永禄四年（一五六一）九月、上杉謙信は川中島において武田信玄と激突する。世にいう第四次川中島合戦である。周知の通り、両勢共に奮戦するものの、多くの死傷者を出し、未曾有の合戦となった。

一方、関東では謙信が不在の隙を狙って北条氏の動きが活発化していた。北条勢は武蔵国へしばしば進軍すると、上杉方の城を攻め落とし、あるいは自落に追い込んだ。本拠小田原城進攻を許した北条氏だったが、謙信が関東を留守にしている間、勢力を回復すべく反撃の一手に出るのである。

このような北条氏の動きに対し、古河城に在城していた近衛前嗣は危機感を募らせていた。同年十月、北条氏康が松山城（埼玉県吉見町）付近に陣を張ったという知らせを受けた前嗣は、急ぎ謙信へ書状を送る。川中島合戦で多くの敵を討ち取ったことを祝すとともに、火急に関東へ出陣してほしい旨を伝えた（『上越』二九〇）。

義に厚いと言われる謙信である。前嗣の訴えを受け、早速行動に移すことになる。関東へ出陣すると、同年十一月二十七日には児玉郡生山（埼玉県児玉町）で北条氏と干戈を交えた。この戦いでは「越国衆」こと上杉勢を追い崩したとして、北条氏政の感状が数種確認されていることから（『戦北』七二五〜七二九）、北条氏の勝利に終わったようである。

忍城主成田長泰の上杉氏離反は、このような状況下で起こった。永禄五年の上杉氏による唐沢山城（栃木県佐野市。当時は「佐野」と呼ばれたが、近世の佐野城と区別するため、以下唐沢山城で統一）攻めの際、成田氏は北条方として動いていることから、上杉氏から離れたことは事実である（『行田』二二八）。

このことは羽生城にとって大きな転機だった。なぜなら、成田氏と敵対関係となることで、直繁と忠朝はその政治的自立権を回復するからである。彼らはもはや「馬寄」として成田氏を仰ぐ必要はなくなった。羽生―皿尾体制をもってして、羽生領経営を行っていく国衆に変わる。さらに言えば、上杉方という旗幟鮮明にしている彼らは、北条氏の勢力拡大を阻む国衆としての一歩を踏み出したのである。

他方、成田氏からしてみれば、謙信の政治的意図に従うことはなくなった。例え、謙信が市田氏を筆頭とする政治構想を抱いたとしても、無視すればよい。そして、羽生領を接収するには、羽生城を潰せばよいのである。あまつさえ、譲った（あるいは押領された）皿尾城を取り戻すのも、木戸忠朝を同城から追い払えばよいことになる。かくして、成田長泰は皿尾城奪還に向けて動き出す。むろん、武力行使にほかならない。成田長泰は兵を率いて忍城を出撃する。

皿尾城は深田や湿地に囲まれ、堀や土塁で形成された城だったと推察される。忍城との間には三つの谷が横たわっていたという。天然の要害であり、容易に落とすことのできない堅固な構えだったことは、『成田記』や『成田系図』などからもうかがえる。

成田長泰にしても、皿尾城は本城の一部と言っても過言ではなかった。長泰のみならず、嫡子の氏長《うじなが》や重臣たちにとって、同城の攻略法はよく理解しており、その策も一致するところだっただろう。

忍城勢は皿尾城を包囲すると、攻撃を開始する。成田長泰・氏長父子も自ら出撃していた。城方は寡勢である。力攻めにすれば攻略はわけもないはずだった。成田長泰は上杉謙信に対する不満を爆発させ、忍城勢の士気は高まり、落城は時の問題だっただろう。

これに対し、城方は奮戦する。深田に足を取られ、動きが鈍くなった忍城勢に矢を放ち、礫を投げ打つ。また、土塁を駆けのぼり、塀を乗り越えようとする兵に槍や投石で防戦した。しかし奮戦したところで兵力の差は歴然であり、その在地的基盤の厚みも異なると言わざるを得ない。まともにぶつかれば勝ち目のない相手と理解するには十分だった。それでも忠朝は果敢に抵抗する。のちに孤立無援になっても北条氏に従属しなかった事実を踏まえれば、忠朝はどんなに苦しくとも相手に屈する性格ではなかったのかもしれない。

しかし、絶え間ない忍城勢の攻撃を受け、城方は次第に押されていった。塀や柵は引き倒され、忍城勢がなだれ込んでくる。やがて城内への進入を許してしまう。城方には押し返すほどの兵力を有していない。皿尾城はもはや風前の灯となった。

ところが、忠朝は忍城勢を撃退しようとは思っていなかった。それは勝利を諦めていたわけではなく、別の狙いを秘めていた。時を稼ぐということ。忍城勢を引き寄せ、少しでも長く皿尾城を存続させる。このことが忠朝の狙いとすれば、待っていたのは味方の援軍である。皿尾城の陥落が目前に迫ったとき、突如現れた者がいる。その者こそ忠朝が待ち望んでいた人物だった。それは岩付城主太田《おおた》資正《すけまさ》である。皿尾城の危機を知った資正は、兵を率いて援軍に駆けつけたのである。『成田記』は次のように綴っている。

（前略）太田三楽（資正）ハ謙信の命を承れバ、木戸が書翰を見るや否鎧を取て投かけ、手当軍卒後より来れと言捨て鞭を揚て馳けるに、三四里の間に追々馳着四百余騎に成しかバ、大に悦び揉に揉んで急けり、扨木戸監物父子ハ精根限り死力を奮ふ防といへ共、忍の大軍無二無三に攻近つき塀も柵も引倒さんとする処に、太田が軍勢真近く迫り、鯨波《とき》を揚て馳来れバ、寄手の勢大に驚き、猶予して見へけるゆへ、砦にハ後援来れりと悦び、二ケ所の木戸を押開、鯨波を合せて討出しかバ、忍の勢ハ度を失ひ崩れ立て敗走し、大将長泰城に引事能ずして西をさして逃退き、やうやく弐里計り落延、其夜ハ荒川の此方ニ陣を居へ、翌日備を全ふして大宮口より入城しけり（後略）

突如現れた岩付城勢四百余騎に、忍城勢は瞠目する。虚を突かれ、足並みが乱れた。一方、城方は反撃の狼煙を上げる。岩付城勢の援軍に乗じて二か所の木戸を押し開くと、寄手へ向かって突っ込んだのである。

成田氏は挟み撃ちにあい、勢いを失った。攻め手から突如受け手に変わった成田長泰は、少なからずの戸惑いを覚えたのではないだろうか。押し返すどころか、忍城勢は次々に討たれ、次第に敗色を帯びていく。まさに、太田資正の援軍により逆転劇が展開され、忍城勢だけではその勢いを止めることができなかった。

長泰はやむなく撤退を下知する。自身も馬に乗り、皿尾城に背を向けざるを得なかった。命からがら馬を走らせ、二里ばかり落ち延びるのである。さらには敵を警戒し、その日の内に忍城へ戻ることもできなかった。荒川で一夜を明かし、無事を確認してから大宮口から忍城に帰還したという。

ちなみに、『関八州古戦録』はこの戦いを永禄八年の「羽生ノ砦」の攻城戦として叙述している。しかし、これは羽生城ではなく皿尾城攻防戦に比定されよう。同書では、羽生ノ砦（＝皿尾城）陥落目前のときに駆け付けた太田資正によって、成田氏が「散々ニ打ナサレテ匍々城へ逃入タリ」と伝えている。

なお、記録にはないが、援軍に駆け付けた軍勢には広田直繁率いる羽生城勢も含まれていたと思われる。そもそも、皿尾城へ入城した兵は羽生の者がほとんどだっただろう。太田資正の援軍にしても、直繁の迅速な動きによってもたらされたとすれば、兄弟はあらかじめ連絡を密にしており、その連携によって忍城勢撃退に成功したことになる。

かくして、木戸忠朝と成田長泰との間では、少なくとも二度の衝突があった。忠朝が「林平右衛門尉」へ送った書状が存在し、そこには両度とも勝利を得た上、これからさらに成田氏を追い込んでいくという旨が記されている（『行田』二一九）。この文書は元号が欠けているが、「当口」を皿尾城とし、永禄五年（一五六二）頃に比定したい。

御書拝領、過分之至、畏入奉存候、然者、以御条目被仰出之条々、奉得其意候、仍信州御調儀之段、被仰出候、目出度肝要ニ奉存候、於当口両度得勝利候之上、弥以成田押詰可申候、此等之旨、可預御披露候、恐々謹言

河田谷右衛門大夫
忠朝（花押）

六月二日

林平右衛門尉殿

文中の後半部分が皿尾城攻防戦に比定される。忠朝は成田氏に「両度」勝利したことを報告するとともに、いよいよ同氏を追い詰めていく所存であり、このことを上杉謙信に伝えてほしいと、林平右衛門尉へ依頼しているのである。

このとき、忠朝には成田氏を追い込んでいく自信があったのだろう。ただ、この戦いによって、羽生城と忍城との間に決定的な溝が生まれた。忍城勢が皿尾城奪還に失敗しただけでなく、這う這うの体で撤退を余儀なくされたならば、成田長泰の立つ瀬がない。直繁と忠朝に対して

深い遺恨が生まれ、それと同時に羽生領接収は宿願となったはずである。両者の関係は修復不可能となり、例え政治的に味方同士となることはあっても、裏では火花を散らす間柄となった。のちに成田氏を通して羽生城は苦戦を強いられることを考えれば、皿尾城での勝利は束の間の喜びだったと言える。『鎌倉九代後記』（成立年未詳）は次のように記す。

或時長康（泰）父子盃尾（皿尾）ニ押ヨス、岩付太田道誉後成田氏長カ舅ナリ、後詰シテ成田ト戦フ、長康（泰）敗北ス、是ニヨリテ盃（皿）尾ヲ攻落シ恥辱ヲスヽクヘシト時節ヲ窺フ

すなわち、成田氏は敗北という恥辱をすすぐべく皿尾城を落とし、その時節をうかがおうと決意したのである。そして、直繁と忠朝を討ち果たすことが成田氏の射程に入ったのだった。

◆松山城の陥落

皿尾城攻城戦を繰り広げた忍城主成田氏だったが、北条氏に帰属したことで新たな危機を呼び込むことになる。それは上杉謙信の進攻である。

年を追うごとに、北条氏と上杉氏の攻防は激しさを増していく。羽生城近隣では北条方の館林城（群馬県館林市）が、永禄五年（一五六二）二月に上杉氏によって攻略された。退城を余儀なくされた館林城主赤井氏は、その後忍城を頼っている（『館林』三五四）。このとき、戦渦に巻き

込まれる国衆たちの悲劇を伝えるかのように、須田栄定は長尾政景へ宛てた書状の中で、「赤文（赤井文六）去十七日ニ出城、其上出行被致之、なかなかあわれなる様躰共可有御察候」と綴っている（『館林』三五三）。

なお、謙信は唐沢山城（栃木県佐野市）へ兵を寄せた。これに対し、北条氏康は上杉戦に向けて河越まで出撃する。北条氏照もまた軍勢を率いて動き始めていた（『戦北』七四六）。

そのような両者の攻防により、関東の情勢は不安定さを増した。それを物語るかのように、永禄五年（一五六二）に古河城（茨城県古河市）に在城していた近衛前嗣と上杉憲政は同城を退去することになる。前者は謙信に挨拶もなく京へ戻り、後者は越後へ帰国した。なお、謙信が擁立した古河公方足利藤氏も例外ではなく、安房へ移っている。

こうした中、武田信玄と北条氏は共同戦線を開始する。武蔵国松山城（埼玉県吉見町）に狙いを定め、北条氏は永禄五年十一月に同城攻撃に着手した。上野国に兵を進めていた信玄も北条氏と合流し、同城を包囲するのである。

松山城は元々扇谷上杉氏の支配下にあった城だった。しかし、天文十五年（一五四六）の河越合戦で扇谷上杉朝定が討ち死したのを機に、北条氏の勢力圏内に塗り替わっていた。ところが、永禄三年に上杉謙信が関東へ出陣すると、翌年には北条氏の手から離れる。同城に上杉憲勝が置かれ、関東静謐を目指す謙信の橋頭堡となっていた。ゆえに武田氏と北条氏は共同戦線を組み、同城攻撃に踏み切ったのである。

松山城跡遠景（吉見町南吉見）

太田資正からの救援要請も入り、謙信は、永禄六年（一五六三）十一月下旬に松山城救援に向けて春日山城を出陣した。ただ、折しも季節は冬であり、降り積もった雪で早急に駆け付けられる状況ではなかった。とはいえ、今後の関東の状勢を左右する緊急事態と捉えており、謙信は雪の中夜を日に継いで進軍した（『上越』三三二、三三九）。そして、武田氏と北条氏の動きを警戒しつつ、謙信は永禄六年（一五六三）比定一月八日付で簗田晴助へ宛てて援軍を要請した（『埼玉県史料叢書12』二五四、以下『叢書』）。

ところが、武蔵国石戸（埼玉県北本市）に到着したとき、謙信は思いも寄らない報せを受ける。上杉憲勝は武田氏と北条氏の包囲網に耐えきれず、降伏してしまったのである。石戸は松山城と目と鼻の先の距離であり、救援に乗り出そうとした矢先の陥落だった。その知らせを受けた謙信の胸中はどのようなものだっただろう。蘆名盛氏へ宛てた四月十五日付の上杉謙信書状には、武田氏や北条氏から「計策人」（策略人）が城中へ入り、兵たちをたぶらかした上、上杉勢が援軍に向かっている情報が城に入らなかったゆえに降伏したのだろうと述べている（『上越』三三九）。

このことが、忍城主成田氏のもとへ嵐を呼び込むことになる。なぜなら、松山城救援に失敗した謙信の鬱憤は、成田長泰の弟が守る騎西城《きさい》（埼玉県加須市）へ向けられるからである。

◆騎西城攻城戦

永禄六年（一五六三）における上杉謙信の騎西城攻めは凄惨を極め、『北越太平記』は城に籠もる男女三千人余が撫で斬りにされたと伝えている。そのためか、旧騎西町（現加須市）に住む筆者の叔母は、「越後の者とだけは結婚するな」と聞かされて育ったという。江戸時代、越後から来る行商人は、騎西に鎮座する久伊豆神社（玉敷神社）を参拝することは遠慮したとも伝わる（『騎西町史 民俗編』）。果たして上杉勢の猛攻はどのようなものだったのか。

実は、謙信は最初から騎西城を標的に定めていたわけではなかった。おそらく、矛先を向ける直前まで、騎西城の存在すら知らなかったのだろう。しかし、同城が猛攻を受けたのは、松山城が陥落したからにほかならない。『武家事紀』や『鎌倉九代後記』などは、立腹した謙信が、預かっていた松山城主上杉憲勝の人質を誅したと伝えている。そして、太田資正に対し、近隣に敵城がないかと訊ねると、その口から出たのが騎西城だった。

あまつさえ、同城を守るのは「小田伊賀守（朝興）」という忍城主成田長泰の弟だった。この時点で、成田長泰は上杉氏から離反しており、北条氏の傘下に入っていた。そこで謙信は騎西城攻めを決断する。小田伊賀守に恨みはないが、長泰の弟であれば同じこと、という理由で矛

騎西城跡に現存する土塁と模擬天守

龍花院（加須市正能）

玉敷神社（加須市騎西）

先を騎西城に向けるのである（『行田』二二二）。

騎西城主小田朝興にとっては寝耳に水だっただろう。朝興は、先代の顕家のときに養子として騎西城に送り込まれた人物だった。政治的自立権を保っていたものの、次第に成田氏と一体化し、「同心」と呼んでもよい存在となっていた。したがって、成田氏が北条氏に従属すれば、小田氏も同じ動きをとり、成田氏の軍事的指揮下にあった。

上杉謙信は騎西城を包囲する。その中に、広田直繁や木戸忠朝の姿があったのか、当時の史料や記録類では確認できない。参陣した可能性は高いが、直繁は騎西城攻めに参陣し、忠朝は皿尾城において成田氏を牽制したことも考えられる。

軍記物における上杉謙信の騎西城攻めは、松山城陥落の鬱憤を晴らすかのような攻撃として描かれているのが特徴の一つである。普段は物静かで聖人のような謙信だが、一旦怒りに駆られれば、誰も手が付けられない気性の激しさがあったとも言われる。それを物語るかのように、上杉勢の騎西城攻めは猛攻を極めるのである。例えば、『関八州古戦録』は、「中丸ニ籠リシ女・童部肝ヲ消シ泣叫ンテ移リ橋ヲ這ヒヨロホヒ、本丸へ逃走ル風情目モアテラレヌ有様ナリ」と記す。上杉勢が攻め込んだ「中丸」は女・子どもが詰めており、容赦ない城攻めに地獄絵図と化した。本丸の兵が中丸を眺めると、煌々と照らされた提灯の明かりが万灯会のようだったという。

この激しい攻城戦を裏付けるように、発掘調査では城跡から鉄砲玉や竹束、兜などが出土した。実際の攻城戦については、上杉謙信の蘆名盛氏へ宛てた書状に、「向崎西之地進陣、勢揃、責具以下相調、既外廻輪・中城為取之、実城計事限之処、属美濃守種々懇望之候間、令寛宥候、然間、下総守可覆先忠由侘言候」と綴っている（『行田』二三二）。すなわち、騎西城の「外廻輪」と「中城」を攻め取り、本丸を残すところまで追い詰めたのである。すると、このとき謙信に「種々懇望」をしたのは太田資正だった。城主及び城兵を殲滅するのではなく、助命することで国衆を味方につけようとしたのだろう。なぜなら、騎西城攻めの最中、成田長泰が上杉氏への帰属を表明したからである。謙信はこれを聞き入れた。松山城を失った謙信だったが、騎西城攻めによって小田氏と成田氏を味方に引き入れることに成功したことになる。

一方、北条氏は援軍に駆け付けることはなかった。「布施弾正」と「太平左近大夫」を騎西城へ遣わしてはいるものの、軍勢二百騎が不足しているため、救援が叶わなかったとしている（『騎西町史 中世資料編』二四〇、二四七）。騎西城の危機に、北条氏単独ではどうすることもできなかったというのが実情だろう。

ちなみに、騎西城の支城である油井城（埼玉県加須市）もこのとき落城している。また、正能村（現加須市）に鎮座していた久伊豆神社（玉敷神社）は戦火によって焼失した。隣接する龍花院も灰燼に帰したと伝わる。騎西城を攻めるにあたり、謙信は正能に着陣したのか、同村には「一夜塚」の伝承がある。『新編武蔵風土記稿』は、「永禄五年（六年）謙信騎西の城を攻陥せし時、一夜に築て士卒屯せし地なるゆえかく唱ふと、或は戦死の屍を埋めし塚とも云ふ」と記し、『北越武鏡』は、龍花院前に上杉勢が布陣し、御旗壇を安置したと伝える。現在その遺構らしきものは見当たらないが、上杉勢の攻勢をうかがわせる伝説となっている。

◆広田直繁の永明寺再興

松山・騎西両城で激しい攻城戦があった永禄六年（一五六三）当時、羽生領に目を向けると広田直繁は永明寺《ようめいじ》（羽生市下村君）という寺院を再興している。熊野山薬師院と号し、利根川のそばに所在する新義真言宗の寺院である。

永明寺の創建年代は定かではないが、境内の薬師堂に安置された木造薬師如来坐像には、貞治六年（一三六七）の修造を示す銘が像内の背面に墨書されている。なお、下野国鶏足寺の「鶏足寺世代血脈」に同寺の名が見え、太田荘村君生まれの「光宥」は、源宥の法弟であり、応永年間（一三九四～一四二八）の末に伝法授与の儀式を勤め、永明寺に居住したと伝えている。これらのことから、永明寺の創健は直繁と忠朝が生きた時代よりも遡ることは間違いない。

この永明寺の特徴の一つとして、境内に大型古墳が横たわっていることが挙げられる。その名も「永明寺古墳」と呼び、墳長七十三メートル、高さ七メートルの前方後円墳である。築造時期は六世紀と考えられ、昭和六年（一九三一）に地元の篤志家らの手によって、直刀や衝角付冑、桂甲小札や馬具などが出土した。被葬者は不明だが、古墳の築造時期にはすでに近くを利根川が流れており、河川交通を通して他地域との交流を図っていたとすれば、ちょうど境目に位置

永明寺（羽生市下村君）

永明寺古墳（同上）

していたこの地で武具を着用し、敵対勢力と衝突していたことが推測される。永明寺古墳は埼玉県内でも有数な規模であることから、勢力を持った者がこの地に居住し、支配していたのだろう。

ところが、時代を経て永明寺は荒廃してしまう。直繁と忠朝の時代には廃寺同然だったらしい。そこで、同じ法統の吉祥院（不明）が永明寺再興を企図する。しかし、その前年にすでに羽生領の小松寺（羽生市小松・廃寺）が永明寺の法流を相続していた。しかも、それを取り持ったのは、羽生城と関係の深い正覚院（同市南三丁目）だった。吉祥院については不明だが、佐貫荘（群馬県館林市付近）に所在し、同じ鶏足寺系の真言宗寺院だったことが考えられる。吉祥院、小松寺、正覚院とそれぞれの意図が絡み合いながら永明寺は再興され、広田直繁は永禄六年（一五六三）五月二十八日付で上野国の光恩寺（群馬県千代田町）の末寺として認める判物を発給するのである（『新編埼玉県史 資料編6』三七六、以下『埼玉』）。

右太田庄北方村君之郷内、養命寺之事、当庄五ヶ寺之内ニ候、前代赤岩光恩寺一旗之末寺ニ候、近年退転之様候、為末代再興被成之度之由、佐貫之吉祥院、頻与承候之間、任其貴義、彼法流小松寺江相続之旨、去年正覚院前住様御取持ニ候、此上養命寺門徒之御尊老中、并衆僧江被為相調、如前ゝ為光恩寺末寺、養命寺御再興可有之候、於寺領不可有相違候之条如件、

永禄六年癸亥五月廿八日　　広田式部太（大）輔

直　繁（花押影）

養命寺　小松寺

御同宿中

領内の寺院整備のためか、直繁が法流に関与していることが着目される。「当庄五ヶ寺」の

具体的な寺院名は定かではないものの、この永明寺再興は政治的意図があってしかるべきだろう。また、永禄六年当時、永明寺は「養命寺」と表記されていたことがわかる（以下、「永明寺」に統一）。判物の内容としては、光恩寺の末寺だった同寺は退転したため、吉祥院がしきりと再興を願い出ていた。しかし、法流は前年に正覚院前住持が取りなして小松寺が相続した。ならびに、永明寺門徒の「御尊老中」や「衆僧」もすでに調整を進めており、以前のごとく光恩寺の末寺とし、寺領を認める旨が永命寺及び小松寺へ宛てて述べられている。

この判物は古くから知られていた。江戸期成立の地誌『武蔵志』にも取り上げられ、『新編武蔵風土記稿』にも全文が収録されている。判物の内容としては、広田直繁が永明寺の再興を認めた、ということである。当時の政治や軍事状況が示されているわけではない。年表で言えば、「広田直繁、埼玉郡村君郷養命寺を再興し、寺領を宛行う」と、一行書かれるだけである（『新編埼玉県史 別編4』）。しかし、広田直繁の目的は単に寺院の再興だけだったのだろうか。吉祥院による願い出だったにせよ、なぜ永禄六年という時期だったのか。

永禄六年は武田・北条両氏連合軍の攻撃により松山城が陥落した年である。要の城の一つを失った上杉謙信にとって勢力後退も同然だった。その直後に騎西城を攻め、勢力の一部を回復させてはいるが、松山城を失った痛手は小さくはなかった。

そうした情勢の中、羽生城は警戒を強めたのではないだろうか。忍城が上杉氏に服属したとはいえ、不安定な状況であることに変わりない。また、松山城の陥落は、その後の軍事展開を考える上で暗い影を落とすものである。北条氏や武田信玄の動きは活発化し、北武蔵へ兵を差し向けてくることは容易に考えられることだった。

永明寺の再興は、そのような状況下で実施されたものだった。直繁が信心深い性格で、僧侶に帰依していたがゆえの再興と言ってしまえばそれまでである。しかしながら、直繁は羽生城主という公職に就く人物である。何かしらの政治的・軍事的意図があったと考えるのが自然だろう。

では、永明寺再興にはどのような意図が含まれていたのか。一つは領民に対する人心掌握及び政治的立場の確立が挙げられる。宗教関連施策を通し、信仰面から領民の心を掌握するというものである。また、寺院再興を許可することで、「領主」の立場であることを領民たちに改めて認識させる狙いもあった。すなわち、永明寺再興という宗教関連施策をもって、羽生領経営を円滑なものとする政治的な狙いがあったことが推測されるのである。

そのほか着目されるのは、永明寺付近が利根川の渡河点に位置することである。同寺は利根川沿いに位置しており、川を下れば北と南へ分かれる流れがある。また、永明寺境内に横たわるのは大型の前方後円墳である。現在の利根川の土手は高く盛り上がっているが、往時は墳頂から川を望めたはずである。ならば、古墳は物見台として使用された可能性が高い。

「利根川」と言っても、その流路の変遷はかなり複雑である。変遷については諸説あり、羽生城が存在した戦国時代後期においては、羽生で二俣に分かれていた。南下する流れが本流で、

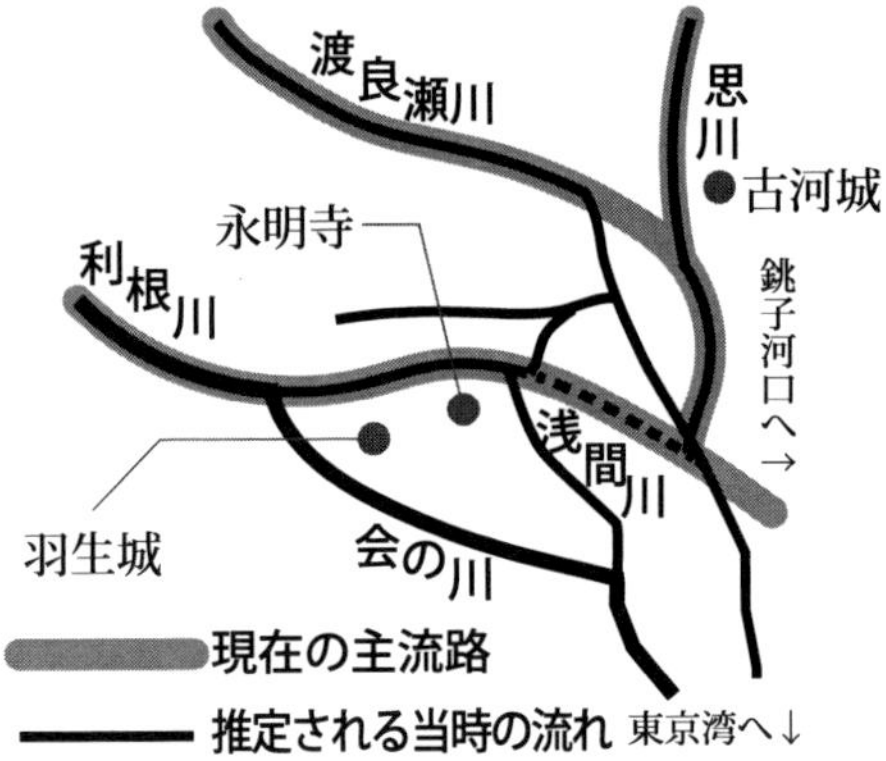

現在の会の川に比定される。もう一つは東へ向かって流れ、永明寺の裏を通ってやがて外野（埼玉県加須市）付近で南流していた。一般的には、文禄三年（一五九四）に会の川を締め切り、東の銚子へ注がれるように改修を重ねたと言われる。

坂東太郎の異名を持つ利根川である。本流の有無がどうであれ、「カエルが小便をしただけで大水が出る」と言われるほどの水量があったのだろう。川幅も広く、まとまった降雨のあとは交通に影響を及ぼしていた。北条氏や武田信玄の進軍を阻み、羽生城救援に向かう上杉謙信の前に立ちはだかることはよく知られている。

戦国時代後期において、広田直繁が利根川沿岸の永明寺を再興したことは、単なる宗教事業に留まるものではなかったと思われる。直繁は軍事的に利根川と古墳に着目して同寺を再興したのではないだろうか。それは、近くに利根川の渡河点があったからにほかならない。当時の利根川には、軍事的理由から恒常的な橋は存在せず、簡易な舟橋を架けるか、あるいは浅瀬から越えるしかなかった。したがって、利根川を渡る場所は限られていた。特に羽生領を含む利根川中流域は水量が多かったため、渡河点は限定された。遠回りしてでも渡河点へ向かわなければならない地理的問題があったのである。

そのような渡河点の一つが村君にあり、そして永明寺から程近い場所にあった。とすれば、軍事的に重視される場所であり、永明寺はその渡河点を管理する役目を担っていたことが推察される。つまり、永明寺はその渡河点を監視するとともに、時には陣所としての機能を発揮し、あるいは物資を輸送する役割の一端を担っていたのだろう。

永明寺の北方には唐沢山城が位置し、水運を使えば古河公方の御座所である古河城にもつながっている。いわば境目の地である。少なくとも古代においては人や物が行き交う交通の要衝地であったことは、外部に起源を持つ土器が多数出土した屋敷裏遺跡（羽生市名）が証明している。そのため、戦国時代においては、永明寺境内の前方後円墳は物見台として使用され、軍事的に活用されたのだろう。

ちなみに、永明寺の本寺である光恩寺もまた、渡河点に位置する新義真言宗の寺院である。その渡河点は赤岩の渡しと呼ばれ、のちに北条氏が舟橋を架けた場所でもある（『館林』四〇八）。なお、光恩寺の境内も堂山古墳と呼ばれる前方後円墳が横たわっている（全長約九十m、高さ約八m）。墳頂に立てば、往時は利根川を望むことができたのだろう。さらに赤岩城跡でもあり、佐貫太郎資綱の子佐貫次郎太郎資嗣が居住して赤岩氏を称し、のちに赤井姓に改めたという伝承がある。とすれば、赤岩城主は渡河点を管理し、かつ物資の輸送に携わっていたことが推察されよう。同寺もまた陣所としての側面を有し、渡河点の監視や情報収集、物資の輸送の補助など橋頭堡的な存在だったのではないだろうか。

光恩寺（群馬県千代田町赤岩）

光恩寺境内堂山古墳の赤井照光墓碑

利根川と赤岩の渡し

広田直繁は、渡河点付近で大型前方後円墳が横たわる永明寺だからこそ、再興を許可したのだろう。また、松山城が陥落し、武田・北条両氏に対する警戒が強まる中での再興であり、羽生領内の寺院整備の一端でもあった。そして、利根川を意識しての再興とすれば、永明寺に派遣されたのは、舟運技術や川の知識を持つ特殊技能者だった可能性が浮かび上がってくる（高鳥邦仁「上杉謙信の「夜わざ鍛練之者」から探る羽生城の忍び」二〇二三年）。判断材料が不足しているためこれ以上の追求は避けるが、永明寺再興の背景には、広田直繁の裏の意図や、密命を受けた者たちの暗躍がちらつくのである。

◆太田資正と成田氏長の羽生参集

永禄六年（一五六三）、上杉謙信は騎西の陣を引き払ったあと下野国へ進軍する。そして、祇園城（栃木県小山市）や唐沢山城攻撃を開始した（『上越』三三九）。

上杉氏の動向は北条氏や武田信玄の耳にも入っていた。信玄は唐沢山城攻めの知らせを受け、救援に向かおうとする。ところが、敵以外のものに進軍を阻まれる。それは利根川である。増水した川が信玄の足を止めたのだ。佐野昌綱へ宛てた永禄六年比定の武田信玄書状には、「利根川無渡候上者、後詰之擬別ニ無了簡候」と書き記しており（『熊谷市史 資料編2』戦国時代八八）、渡河できず、立ち往生している様子がうかがえる。これは大雨による影響ではなく、雪解け水による増水のためだった。信玄はやむを得ず越後へ向かおうとする。すると、再び信玄の前に立ちはだかったのは犀川であり、この川もまた融雪により水量が増し、浅瀬が全て消え去った状態だったという（『同』）。立ち往生している間に上杉勢が帰国したとの報せが届き、ついに両者は干戈を交えることはなかった。

融雪による水位の上昇は、永禄六年に限ったことではない。毎年起こる現象であり、のちに上杉謙信の進軍をも阻むことになる。川は交通を規制し、ときに戦国大名を立ち往生させるほどの存在であった。四方を川で囲まれた羽生城から見れば、利根川、会の川、浅間川は、天然の外堀と言っても過言ではない。だからこそ、孤立無援になっても川に守られ、上杉氏への従属を固持し続けられたと捉えられる。融雪による水位の上昇時期は、羽生城の防御力が最も高まっていたときだった。一方、水位の下がる冬季は防御力の落ちる時期となる。渡河が容易になるということは、敵の進攻を受けやすくなることを意味している。のちに羽生城が自落するのは、閏十一月という冬季だったことは暗示的である。

なお、永禄六年七月は関東各地で洪水が発生した年だった。七月下旬から八月のはじめにかけて、大風や大雨によって下野国の鬼怒川、荒川、田川が氾濫したという。武蔵国や下総国内においても洪水が発生し、多くの死者が出たと記録されている（『熊谷市史 資料編2』戦国時代九〇）。こうした災害により、北条氏康もまた洪水で川を渡れず、水が引くまで軍事行動が制限されていた（『同』戦国時代九一）。

しかし、冬季に入れば川の水位は下がる。武田勢は西上野へ出撃し、箕輪城（群馬県高崎市）を攻撃する。城外を始め、長純寺という寺院まで悉く放火するのである（『叢書』二六六）。閏十二月には武田勢と北条勢は合流し、利根川を渡り上杉方の金山城（同県太田市）へ向けて進軍した。まるで、川に阻まれた遅れを取り戻すかのような勢いである。

このような動きに対し、上杉謙信は永禄六年十一月下旬に春日山城を出馬した（『上越』三六六）。ところが、深雪に阻まれて思うように進軍できない。春日山城を本拠とする謙信は、川のみならず雪をも相手にしなければならなかった。謙信が雪に阻まれている間、武田・北条両氏は上杉方の城に攻め入り、その勢力を削ぎ落すのである。

謙信のもとには、武田・北条両氏に関する情報が逐一入っていた。その中に、両氏が上野国金山城（群馬県太田市）へ向かっているとの情報が飛び込んできた。そこで謙信が採ったのは、太田資正及び忍城の成田氏長を羽生城に参集させるというものだった（『上越』三七一）。

急度馳筆候、甲・南両軍、利根越河、向金山之地動懸候間、従当口及後詰、今般凶徒可根切候、然者、太田美濃守・成田左衛門二郎所へ早速植生《(羽生)》之地へ可相移由申遣候、彼両衆引付、其稼専一候、有油断者、不可有曲候、恐々謹言、

閏十二月五日　　輝虎（花押）

富岡主税助殿

文中に見える「後詰」とは、城を包囲した敵や、布陣した敵の後方から攻撃するという意味がある（『戦国古文書用語辞典』）。武田・北条両氏が金山城へ向かったという情報を得た謙信は、背後から両勢を殲滅させることを決断する。そこで、太田資正及び成田氏長を羽生へ向かわせたのである。むろん、皿尾城主木戸忠朝もその中に含まれていただろう。したがって、このとき羽生に集まった軍勢は、広田直繁、太田資正、成田氏長、木戸忠朝の四将だったことが推測される。小田原城攻めの「武州之衆」を彷彿とさせる編成である。上杉謙信の軍事力を背景に、武蔵国の国衆たちは羽生に参集したのだった。

書状に見える「成田左衛門二郎」は、成田氏長に比定される。成田長泰の嫡男で、のちの忍

城之内公園として遺る小泉城址の堀跡
（群馬県大泉町城之内）

城主である。謙信の命を受けた氏長が羽生に参集していることから、このときすでに家督を継いでいた可能性がある。氏長は父長泰とともに、過去に木戸忠朝から皿尾城を奪還しようとした人物でもあった。

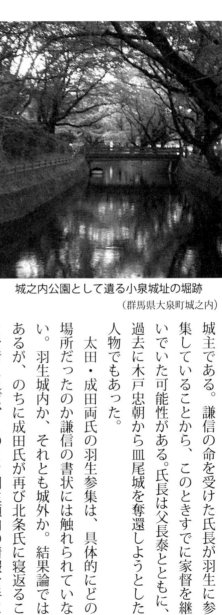

太田・成田両氏の羽生参集は、具体的にどの場所だったのか謙信の書状には触れられていない。羽生城内か、それとも城外か。結果論ではあるが、のちに成田氏が再び北条氏に寝返ることを考えれば、このとき羽生領内の情報を手にしたことになる。同時に、城の弱点に気付いたかもしれない。氏長が最後まで羽生城を追い詰めていくことを考えれば、永禄六年の参集は一つの伏線になったはずである。

太田・成田両氏の羽生参集は、上杉謙信にとってどのような軍事的意図だったのだろう。小泉城に籠る富岡氏と連携を図り、金山城へ押し寄せる武田・北条連合軍の背後を突く作戦だったのだろうか。それとも、再び利根川を越えた武田・北条連合軍が羽生城を急襲する恐れがあったため、その守備として羽生へ移陣させたのか説が分かれるところである。直繁と忠朝の視点に立てば、前者は上杉謙信の援軍部隊として動くのに対し、後者は自領の防戦ということになる。

書状には「今般凶徒可根切候」と記し、謙信は士気を高ぶらせていることから、国衆たちの協力を得て、武田・北条連合軍と干戈を交えるつもりだったことが考えられる。とすれば、金山城から南下する敵によって危機にさらされる羽生城を救援するためではなく、武田・北条両氏との戦いを射程に入れた羽生参集だったことが読み取れる。ゆえに、金山城の南に位置する小泉城においても、城主富岡氏に対して「其稼専一候」と下知を飛ばしたのだろう。

かくして、羽生に参集した太田氏や成田氏だったが、その後の具体的な行動は記録に残っていない。金山城も陥落することはなかった。そのため、国衆たちが実際に武田・北条連合軍と干戈を交えることはなかったらしい。間もなく信玄は西上野へ、北条氏康は松山城へと移動している。国衆たちの羽生での滞在は長期間には及ばず、永禄六年に編成されたいわば「武州之衆」はすぐに解散となったようである。

ところで、武田氏・北条氏の上野国における軍事情勢によって、上杉謙信が国衆を羽生に参集させたことから、利根川べりに位置する羽生城の意義を改めて認識したのではないだろうか。川を天然の堀とし、そのそばで情報収集及び軍事行動を展開する羽生城は、いわば境目の城だた。橋頭堡のような役目を持ち、武蔵国及び上野国や下野国で敵の不穏な動きがあれば羽生城へ国衆たちが参集し、後詰として機能する。そのような役割と意義を持つ城として、改めて謙信に認識されたのではないだろうか。のちに、謙信が広田直繁に周辺の情報を詳しく報告するよう求めたように（『埼玉』五一二）、永禄年間（一五五八～七〇）の羽生城にそのような存在意義が求められたとしても、全くの的外れではないだろう。

広田直繁と木戸忠朝は、対岸の敵の動きを注視するとともに、渡河点を警戒していたはずである。それを示すように、木戸忠朝はある人物に恩賞を与えている。その人物の名を「嶋田縫殿助」という。この者は、奔走した恩賞として新たな知行地を得ているのである。

◆木戸忠朝と嶋田縫殿助

永禄六年（一五六三）閏十二月、木戸忠朝は嶋田縫殿助《しまだぬいのすけ》に対し、次の判物を発給した（『熊谷市史資料編2』家わけ文書／嶋田家文書五―五）。

横和田并麻野分出之、依走廻恩賞可相重候也、如件、
永禄六年癸亥壬十二月日　忠朝（花押）
嶋田縫殿助殿

尽力した嶋田氏への恩賞として、横和田（羽生市下岩瀬）と麻野（比定地不詳）を与えるという内容である。このことから、「嶋田縫殿助」は木戸氏の被官に位置付けられる。木戸氏に従属し、

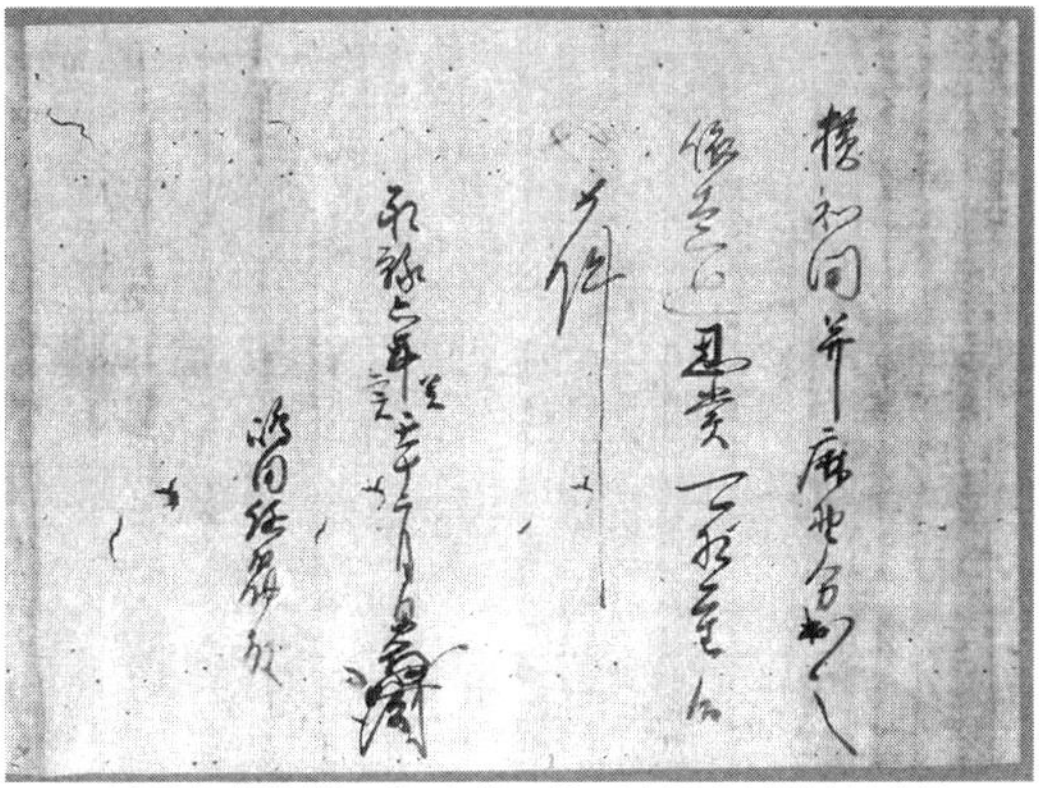

木戸忠朝判物（個人蔵　佐野市郷土博物館保管）

その指示に従う人物である。したがって、木戸忠朝の「領主」としての顔を示す史料と言ってよい。城主的性格が弱かったのではないかと指摘された忠朝だが（『新編埼玉県史 通史編2中世』）、嶋田家文書の発見により、少なくとも土地の宛て行いをする権力を有していたことがわかる。とすれば、このときすでに忠朝が木戸氏の名跡を継いでいた可能性が高い。

実は、木戸氏と嶋田氏の関係は、平成に入って初めて明らかになったものである。両者の関係は時の砂に埋もれ、長い間忘れ去られていた。「嶋田家文書」が公表されたのは平成六年（一九九四）である（武井尚・新井浩文「栃木県佐野市所在「嶋田家文書」について」一九九四年）。数少ない木戸氏関連史料の発見として注目を集めるとともに、嶋田氏との関係が明らかになった。

嶋田氏は元々長井荘内（埼玉県旧妻沼町・現同県熊谷市）に基盤を持つ一族だった。同地において、長井要害（熊谷市か）に居住していた長井氏と深い関係にあったとみられている。ところが、長尾景春の乱によって長井要害は太田道灌らの攻撃によって落城し、そのため長井本家は勢力を保てず、没落を余儀なくされた。長井氏の分裂に伴い、嶋田氏は一族の生き残りをかけ、古河公方足利政氏や高基に属するようになったと考えられている。

そして、永禄期（一五五八〜一五七〇）を迎え、羽生城への従属と舵を切る。その具体的な時期は定かではないが、おそらく広田直繁や木戸忠朝が国衆として自立した頃だろう。嶋田氏は日向城（熊谷市）を本拠とし、勢力伸長を図る北条氏や成田氏に抵抗していくことになる。苦境に陥っても木戸氏から離別しようとせず、羽生城へ属し続けるのである。

『新編武蔵風土記稿』日向村の項を見ると、嶋田氏について触れられているのがわかる。すなわち、島田大五郎道竿という者が村人を悩ます大蛇を退治したということ、また利根川まで水を通し、それを道竿堀と名付けたことなどが記されている。その記述は、八幡社（現長井神社／熊谷市）に伝わる縁起「武州幡羅郡長井之庄日向郷鎮守八幡宮御鎮坐伝記」を基にしたとみられる。同社宮司の嶋田氏は、忠朝に仕えた嶋田氏と同族と言われており、のちに佐野の北条氏忠に仕えた同氏とは分かれたようである。

長井神社（熊谷市日向）

また、長井神社付近は「堀の内」という小字が残っている。縁起にも「永禄四辛酉年上杉輝虎小田原発向之刻、嶋田山城守日向郷堀乃内仁移」とあり、同社は嶋田氏の居城日向城の一部とみてよい。この嶋田氏については、増田育雄著・島田道郎監修の研究に詳しい

（『【郷土史】道竿の大蛇退治を伝承する長井神社（日向八幡宮）と社家島田家』二〇一九年）。

木戸忠朝から土地を宛て行われた嶋田縫殿助は、日向城主の座にあった人物として目される。日向城を拠点とし、羽生城に仕えたのだろう。長井荘は、長井の渡しや赤岩の渡し（葛和田の渡し）といった重要な渡河点のある地域である。特に、長井の渡し（現刀水橋付近）は古くから利根川の渡河点として使用され、新田義貞や足利氏満らの率いる軍勢はここで川を越えている。戦国時代においても、長井の渡しは戦国大名の進軍コースとして使われていた。例えば、前節で見た武田・北条連合軍が金山城へ向かう際に利根川を越えたのは、この長井の渡しであった可能性が濃厚である。なお、赤岩の渡しも、上野と武蔵をつなぐ重要な渡河点だった。

嶋田氏が本拠とする日向城は、これらの渡河点から程近い場所にあった。いわば、両国の出入口に近い境目の城として、重要な軍事情報を得られやすい場所に位置していた。嶋田氏が渡河点を管理していたのではなく、その周辺の情報を集め、味方へ逐一報告する役目を担っていたのではないだろうか。嶋田氏が渡河点のそばにあったからこそ、木戸忠朝はその利点を最大限に活用したことが考えられよう。

やや想像をたくましくすれば、日向城と川の距離からして、嶋田氏が舟運に関する特殊技能と川の知識を持っていたとしてもおかしくないかもしれない。川に関する技術や知識を有し、有事に尽力したからこそ、忠朝からの恩賞があったと捉えることができようか。いずれにせよ、国衆たちの羽生参集と、木戸忠朝の嶋田氏への宛て行いは、武田・北条連合軍の金山城攻めという軍事的緊張の中で呼応していることは確かだろう。

◆木戸氏の名跡

ところで、木戸忠朝の嶋田氏への所領宛て行いについて、「横和田」と「麻野」はともに羽生領に比定される。なぜ、当時羽生城主の立場にあった広田直繁が宛て行っていないのだろうか。木戸忠朝は皿尾城主であり、広田直繁の代理として判物《はんもつ》を発給しているわけでもない。奇妙と言えば奇妙である。

推測の域を出ないが、おそらく忠朝が木戸氏の名跡を継いだことによるものだろう。永禄四年成立の「関東幕注文」では、忠朝は河田谷を名乗っていた。その後、忠朝は正式に木戸氏の名跡を継いだことになる。

木戸氏の名跡は、木戸歌学の継承と同義だったと思われる。父木戸範実《のりざね》は武家歌人として書物を数冊著わしており、二条家と冷泉家の歌学を合わせた「二流相伝」を創始した人物である。範実の歌集は、同時期の文化人である幸手城主一色直朝から批判を受けるほどで、歌壇においてその名が知られていた。その歌学を継承しているのは木戸忠朝の二男元斎《げんさい》であり、後年越後へ赴き、上杉景勝の客将となっている。あまつさえ、直江兼続と昵懇の仲になると、京都で催された連歌会にも参列した。

残念ながら、木戸忠朝が詠んだ歌は現在のところ確認されない。が、父範実と次男元斎が武家歌人として活躍していることから、忠朝自身も歌学を継承した可能性が高い。そのため、忠朝が木戸氏の名跡を継いだことが考えられる。兄直繁が広田姓を使用したのは、古くから在地的領主として存在した広田氏との縁戚関係を示すことで、一族の在地基盤の弱さを固めようとしたからではないだろうか。そもそも、直繁は歌学を継承する資質がなく、本人も無関心であったのかもしれない。それを確かめる術はないが、忠朝が木戸氏の名跡を継いだからこそ、嶋田氏に羽生領の土地を宛て行ったのである。

永禄六年は羽生城にとって一つの節目となった。武田氏や北条氏の軍事行動によって、羽生城の存在がにわかに着目され、その役割を認識されるようになったとみられる。そして、奔走した嶋田氏に対して、新たな土地の宛て行いという領主的な性格を顕わにした木戸忠朝である。結果的に武田勢らと干戈を交えることはなかったが、羽生城の存在意義がささやかながらも認識された機会だったと捉えられる。換言すれば、忍城の「馬寄」だった直繁と忠朝が、北武蔵の国衆として存在感を帯び始めたということである。

と同時に、それは戦乱の激化を意味するものだった。実際のところ、直繁と忠朝をとりまく状況は年を追うごとに厳しさを増していく。敵方の金山城攻めで謙信の指示を受けた太田、成田、富岡の三氏だったが、かりそめの連携体制であり、状況が悪化すればいつ北条氏に帰属してもおかしくはなかった。そのような中、羽生城の被官である嶋田氏もまた苦しい戦いに巻き込まれざるを得なかったのである。

◆第二次国府台合戦と太田資正の追放

永禄七年（一五六四）、武蔵国の上杉方の国衆にとって衝撃的な事件が起こる。それは、岩付城主太田資正の追放である。資正は実の息子氏資に岩付城を追われ、上杉方の戦力から脱落してしまうのである。

この事件が発生する前、関東では永禄七年早々に大きな合戦が勃発していた。それは、里見義弘ら上杉方の軍勢と、北条氏が激突する第二次国府台合戦である。太田資正は里見義弘と連合を組み、下総国国府台（千葉県市川市）へ出陣する。これに合わせて北条氏も軍事行動を起こし、永禄七年一月七日、両軍は干戈を交えた。初日は太田・里見両氏が優勢に動く。ところが、翌八日の合戦で流れが一気に変わる。遠山綱景・隼人佑父子や雑兵ら五十人を討たれた北条勢だったが、北条氏政の旗本軍が押し返すのである。酉刻（午後六時頃）、国府台の三里下にて両軍は激突。そして、北条勢は正木弾正や里見民部らをはじめとする二千余人を討ち取ったという（『叢書』二七〇）。

太田資正は奮戦するものの、下総方面へ逃亡した。北条氏が討ち取った「二千余人」という数字は誇張されているとはいえ、多くの兵が戦場の露と消えたことは確かだろう。

この合戦に羽生城勢が参加した様子はない。ただ、国府台から離れた羽生領にあっても、その合戦の様子は直繁や忠朝の耳に入ったはずである。それが今後どのように影響するのか、暗澹とした空気に包まれたのではないだろうか。

敗走した太田資正は、五月になってようやく岩付城に帰還するという有様だった。この空白期間は、直後に起こる資正追放事件へ繋がる伏線と言ってよい。

当然、国府台合戦の結果は上杉方の国衆にも知るところとなる。この合戦によって北条氏に帰属する城も現れ、謙信にとっても対岸の火事ではなかった。しかも、それは関東静謐という目標から一歩遠ざかったことを意味していた。梶原政景に宛てた書状には、己を鼓舞するかのように「東国之箭鉾無尽期、自他劬労候間、来秋者早速越山、不叶迄も可付善悪心中迄候」と綴っている（『叢書』二七六）。すなわち、関東の戦争は際限がなく苦労するが、秋には越山し、叶わないまでも白黒をつける心づもりである、と述べているのである。

ところが、秋を待たずして関東に激震が走ることになる。なぜなら、太田資正が岩付城から追放されるという事件が起こるからである。

この事件は他の国衆の意表を突くものだった。資正は実の息子の氏資《うじすけ》により城を追われた。資正と梶原政景父子が外出した隙を狙っての実行だった。この裏には、北条氏が動いていたと見て間違いないだろう。氏資は密かに北条氏へ心を寄せていた。そのため、氏資は上杉氏従属の姿勢を崩さない父資正を追放したことになる。そこには、一月に勃発した第二次国府台合戦の敗北が少なからず影響を及ぼしていたと思われる。

上杉謙信は関東に常駐しているわけではない。危機感を強めた氏資は、自身の手で岩付城を守るという大義を掲げ、資正及び梶原政景を追放したのだろう。ただし、実際のところ追放の理由ははっきりしておらず、一説には、資正が梶原政景に目をかけており、廃嫡を危惧した氏資が父を追放したとも言われている。

太田氏資の妻は北条氏康の娘長林院である。したがって、氏資にとって北条氏康は義父にあたる。結果的に氏資は義父と内通したのか、実父を失脚させた。当然、北条氏に与する。そもそも、当初「資房」と名乗っていた太田氏資は、永禄七年に一時的に出家し、資正追放後の同年十一月に北条氏の通り字である「氏」の使用を認められている。かくして、北条氏は血を流すことなく、岩付領を勢力圏内に組み込んだのである。

この事件は、厩橋城の北条《きたじょう》高広《たかひろ》から謙信へ伝えられた。これを知った謙信は、富岡重朝へ宛てた書状に、「彼所行言語道断迄候」と非難している（『埼玉』四〇八）。そして、同年比定八月四日付の大館晴光へ宛てた書状には、資正の追放は思いも寄らない事件であり、「弥〻口惜存計候」と悔しさをにじませるのである（『同』四〇九）。

太田資正の岩付城追放は羽生城にとっても大きな衝撃だった。忠朝が皿尾城主の立場を維持できるのも、資正の軍事力を背景にしているからにほかならない。上杉方の姿勢を崩さない直繁と忠朝にとって、資正は心強い味方であり、協働して軍事行動を図っていく存在だった。

その資正が戦線から離脱し、今後の北条氏との戦いに暗雲がたちこめ始めたことは言うまでもない。太田資正父子追放事件を機に、上杉氏から離反する国衆が続出してもおかしくなかった。ただ、離反するにしても、問題はどの機に北条氏へ帰属するかである。直繁と忠朝は成田氏を警戒し、資正に関する情報を集めるとともに、忍城の動きを注視していたのではないだろうか。

◆関宿城をめぐる戦い

永禄八年（一五六五）、北条氏は関宿城《せきやど》（千葉県野田市）への攻撃を開始する。この城は水運交通の要衝地に建つ城であり、関東統一を目指す北条氏にとってその掌握は必要不可欠だった。特に北条氏康はかねてより関宿城を重視しており、同城を手に入れることは、一国を得るに等しいと認識していた（『戦北』五八二）。

関宿城主簗田《やなだ》氏は、かつて北条氏に属した過去を持つ国衆である。しかし、上杉謙信が関東へ出陣して以降は反北条の態度をとっていた。古河公方足利氏の宿老であり、同家と縁戚関係を持つ簗田氏にとって、北条氏の勢力伸長が古河公方家まで及ばなければ、全く別の歴史を刻んでいただろう。

簗田高助の娘は公方家に嫁ぎ、足利藤氏を産んでいる。公方家の家督はこの藤氏に譲渡されるはずだった。しかし、天文十五年（一五四六）の河越合戦以後、急速に勢力を伸ばした北条氏康の圧力によって藤氏は抑えられ、代わりに北条家の血が流れる義氏に家督が譲渡された。そして、北条氏は公方家を政治的に利用し、やがてはその権力を包摂していくのである。公方

関宿城址碑

関宿城跡遠景（千葉県野田市関宿町）

家の宿老として危機感を覚えた簗田氏は、関東管領として旧秩序を回復しようとする上杉謙信に従属したのだった。

そのような簗田氏の守る関宿城攻略に向け、北条氏康・氏政父子は永禄八年（一五六五）三月二日に城攻めを開始する。岩付城主太田氏資が、先勢で攻撃を仕掛けた。これに対抗したのは「野伏」だった。野伏の活躍により太田氏資は退却を余儀なくされる。そこで、北条氏康・氏政父子は自ら「手鑓」を持って攻め寄せた。

簗田氏はあえてこれに抵抗せず、北条勢を迎え入れる。そして、可能な限り引き付けると、大戸張・小戸張・新曲輪の三つの虎口（出入口）から一気に襲いかかるのである。これにより北条勢は次々に討たれ、氏康・氏政父子は撤退を下知せざるを得なかった。そして、城から五里離れた「中戸」というところまで退却するのだった（『叢書』二八四）。

かくして、第一次関宿城合戦は簗田氏が北条氏撃退に成功した。簗田氏の書状に「新曲輪」の文字が見えることからも、北条氏の襲撃を予測しての防備だったのだろう。

とはいえ、北条氏を追い返したにすぎない。同氏が関宿掌握を諦めるはずがなかった。関宿城の攻略なくして北関東への勢力伸長は望めない。そこで、北条氏は関宿攻略のための一手を打つ。それは向城を建てることだった。北条氏が再び関宿城攻撃に着手するのは、永禄十一年（一五六八）のことになる。

◆永禄八年の深谷城合戦

北条氏が関宿城攻撃を開始する頃、北武蔵でも合戦が起こっていた。忍城主成田氏長が、深谷城《ふかや》（埼玉県深谷市）を攻撃したのである。氏長は城方を討ち取った戦功を賞し、永禄八年（一五六五）比定三月一日付で正木図書助に感状を出している（『行田』二三〇）。

深谷城主上杉憲盛《うえすぎのりもり》は、かつて永禄四年（一五六一）の小田原城攻めに参陣した過去を持つ謙信方の国衆だった。しかし、永禄六年（一五六三）に松山城の救援へ向かう謙信に城際まで放火されていることから、北条氏へ帰属したことがわかる（『叢書』二五四）。

成田氏長の感状が三月一日付のため、深谷城の際で干戈を交えたのは二月だったのだろう。しかしながら、合戦は三月にも続いていたらしく。長楽寺の住職賢甫義哲は、三月十七日付の日記に、「成田」からの軍事行動があったことを聞き、深谷から鐘や貝の音が鳴り響いていたことを綴っている（「長楽寺永禄日記」）。

合戦の詳細は不明だが、氏長の書状に「深谷城際」とあることから、本城攻めではなく、城の手前での戦いだったことがうかがえる。そして、それは成田氏の単独攻撃というより、上杉方の国衆と連合軍を組んでの攻撃だったのだろう。とすれば、同じ上杉方である広田直繁と木戸忠朝も参陣した可能性が高い。北条氏が関宿城攻めに目を向けたその隙を突いての攻撃だった。しかし、太田資正はすでに岩付城から追放されており、上杉方の兵力はかつての勢いを失っていた。

成田氏長は二月二十四日付で上杉謙信に関東出陣を要請している（『行田』二二九）。その頃越後にいた謙信は、加賀国への出撃を予定していた。ところが、謙信のもとに届いたのは成田氏長からの出陣要請だった。悪天候ということもあり、謙信は加賀国出撃を取り止め、関東へ出陣する旨を氏長に伝えている（『同』）。

謙信に越山要請し、深谷城の際で敵と干戈を交えた成田氏長は、まるで忠節を尽くす国衆のように見える。少なくとも、北条氏へ寝返る様子はうかがえない。

しかし、時は戦国乱世である。氏長は上杉方として働きつつ、冷ややかに状況を見つめていたらしい。というのも、このとき謙信に見切りをつけ、北条氏に心を寄せていたからである。それは、太田資正の追放と、その後の岩付城奪還失敗が一つの分水嶺だったと思われる。

永禄八年（一五六五）比定五月十七日、実はこの時点で氏長は北条氏に内通しようとしていた。同日付の海上胤秀・石毛定幹へ宛てた千葉胤富書状によると、成田氏は北条氏への服属を懇望しており、このことについては半ば落ち着いたら、忍領へ軍勢を遣わす旨が述べられているのである（『叢書』二八九）。実際に成田氏が上杉氏から離反するのは翌年のことになる。そのため、一旦は離反を思い直したと言えなくもないが、史料上ではこの時点で見切りをつけていたと捉えることができるのである。

成田氏はこのとき上杉謙信をどのように見ていたのか。少なくとも、上杉氏への服属は「義」とは程遠いものだっただろう。領地経営及び政治的自立権が危ぶまれる事態となったとき、上杉氏からの離反は当然の選択だった。北条氏に服属するにしても、自領の安堵と政治的自立権の保持が最低条件となる。そもそも皿尾城を奪われ、かつて成田氏の「馬寄」だった木戸忠朝に監視され続けていることも、成田氏にとっては不満だったはずである。羽生領を接収し、直繁や忠朝の政治的自立権を挫く。戦国大名への従属の裏には、そのような国衆の生き残りを賭けた企図が含まれていた。

問題は、いつ、どの機に北条氏に帰属するかだ。どのような流れの中で立場を変えることが有利に働くのか。さまざまな判断材料をもって時勢を見極めていただろう。しかし、一つの危機を迎えることになる。深谷城主上杉憲盛から出陣要請を受けた北条氏が、北武蔵へ向けて出撃するのである。時に永禄八年（一五六五）八月のことだった。

◆北条氏の北武蔵進攻

上野国新田荘の長楽寺（群馬県太田市）の住職賢甫義哲は、永禄八年（一五六五）八月十九日付

の日記に次の一文を綴っている（「長楽寺永禄日記」）。

様躰ハ藤田新太郎方一昨十七関山へ着、深谷ト、有談合、当口へ可動トノ巷説也、又成田へ動アルヘキトモ申、両様共ニ申届、齋藤主税助日々瀬端へ打出、及其備義ヲモ書中ニ書加也

「藤田新太郎」こと北条氏邦は、八月十七日の「関山」（男衾郡）へ着陣。深谷城主上杉憲盛と談合し、その後は金山城へ動くという気配を見せている。または「成田」へ動くとも噂され、いずれにしても備えのために齋藤主税助が日ごと利根川の瀬端（渡河点）へ出撃し、警戒にあたっているという内容である。

北条氏邦が上杉憲盛と談合しているのは、この年の二月に深谷城が忍城主成田氏の攻撃を受けたからだろう。憲盛は北条氏へ援軍を要請する。かくして、北条氏邦の軍勢が北武蔵へ進攻するという流れになる。「齋藤主税助」が日ごと利根川の「瀬端」まで出撃しているように、周辺の国衆たちは北条氏の動きを警戒し、緊迫した空気に包まれていた。

これを見ても明らかのように、渡河点は最警戒箇所だった。羽生領内においても、渡河点を警戒し、情報収集及び監視にあたっていただろう。

北条氏邦の関山着陣後、しばらく目立った動きはなかった。そのため「瀬端」の警戒を継続している（八月二十日付「長楽寺永禄日記」）。しかし、氏邦は「市田」（埼玉県熊谷市）へ進軍。やがて、

同所から火の手があがったのが目撃されている。これは市田に建つ城の炎上か、あるいはその城下が炎に包まれたことが推察される。

やがて、北条勢は「三相（御正）」へ陣を移す。そのまま北条勢が荒川を越える気配があったらしく、「大小船引ツケ、河辺ニ小旗ヲ各ヘ被仰付タテサセ」と、利根川の対岸に位置する上野国金山城方では、大小の船を用意していた。そして、川辺に小旗を備え、渡河点で迎え撃つ構えだった。

しかし、肥塚へ進軍し、忍城へ向けて動き出している。このとき成田氏は表面上では上杉氏に従属しており、北条氏とは敵対関係にあった。忍城へ向かうことは、成田氏攻略が射程に入っていたからにほかならない。

とはいえ、その北条勢が忍城へ攻め入った様子はない。例え小競り合いがあったとしても、大規模な合戦はなかったらしい。力攻めによる攻略ではなく、圧力をかけることで北条氏への帰属を促すものだったのだろう。

大規模な攻城戦がなかったにせよ、忍城や皿尾城では緊張が走ったことは想像に難くない。近隣の羽生城や騎西城においても、北条氏邦の動きは逐一情報が入り、広田直繁や小田朝興は何らかの軍事的措置をとっていたはずである。「長楽寺永禄日記」によると、北条勢が肥塚から「ナラ（奈良）」へ移ったことが記されている（九月二十日付）。届いた情報を綴っているため、記述の真否には限度があったと見るべきだろう。

九月二十一日、北条勢は「成田」と「北河原」を焼き、妻沼聖天山（埼玉県熊谷市）の南に位置する「堰宮ハツツケバ」に着陣する。そして同月二十六日、北条勢は「埴生（羽生）」へ進軍するのである。そこから「スカ山」へ移っているが、上杉方の羽生城に攻撃を仕掛ける気配を見せるとともに、忍城にも圧力をかけたものと思われる。おそらく、北条からの使者が上杉方の城に入り、北条氏への帰属を促したのではないだろうか。特に、成田氏には重点的にその働きかけを行っていたことが推測される。

利根川対岸では金山城主由良氏が河辺まで出馬していた。同月二十七日、成田方面から鉄砲の音がしきりに聞こえたと義哲は綴っている。しかし、同月三十日をもって「長楽寺永禄日記」の記述はなくなる。したがって、二十七日の鉄砲の音が銃撃戦を意味するものなのか、それとも服属を促し、威嚇するものだったのかは不明である。

成田から銃声が轟いたのち、北条氏邦は引き上げていったようである。警戒する国衆たちを横目に、静かに蹂躙するような進攻だった。上杉憲盛の要請を受けた北条氏邦は、忍城を中心とする上杉方の国衆に圧力をかけ、帰属を促すことが目的だったのではないだろうか。自軍の軍事力を知らしめ、敵の士気を挫き、上杉謙信への従属は得策でないことを認めさせる。それを狙ったとすれば、永禄九年に関東の国衆たちが一気に北条氏に帰属する伏線と捉えることができよう。

◆羽生城の軍事力

永禄九年（一五六六）は、上杉謙信にとって苦境に立たされる年である。関東をめぐる北条氏・武田氏との戦いは、永禄九年をもって謙信が敗北すると言っても過言ではない。それほどの衝撃が謙信を襲い、その激震は羽生城をも巻き込んでいくことになる。

永禄八年の暮れに越山した謙信は、関東で年明けを迎えた。一月二十六日には佐野へ出馬する（『上越』四八三）。そして、謙信が標的に定めたのは常陸国小田《おだ》城（茨城県つくば市）だった。同城は小田氏治が守り、このとき北条氏に服属していた。

上杉謙信は陣立覚書を作成する。城攻めは上杉勢が単独で行うのではなく、国衆の参陣を求め、連携を図って攻撃を実行していた。つまり、謙信は国衆たちの政治的自立権を保障する代わりに、軍事協力を求めたのである。

小田城址（茨城県つくば市小田）

この陣立覚書には、当時上杉氏に与していた国衆たちの名が記されている。下野、上野、武蔵、安房のそれぞれの国々の国衆が書き連ねられ、その中に広田直繁や木戸忠朝も軍役が課せられていた（『上越』四八一）。

（前略）

佐野 代官　二百騎
横瀬　三百騎
長尾但馬守　百騎
成田　二百騎
広田　五十騎
木戸　五十騎
簗田　百騎
富岡主税助　三十騎
（後略）

文中の「広田」が広田直繁、「木戸」が木戸忠朝に比定される。この陣立覚書に具体的な年号は記されていないが、「是ハ小田本意之以約束、可相立事」の文言から、永禄八年の暮れ、もしくは同九年のはじめに作成されたことが考えられる。これが当時の関東における上杉謙信の勢力圏と言えよう。

ちなみに、忠朝が木戸の名跡を継承していることをはっきりと示す史料でもある。兄の直繁は広田姓を使用しており、父範実から木戸の名跡を継ぐことはなかった。一貫して広田姓を名乗っているのは、前述のように在地領主だった広田氏と縁戚関係を示すことで、新参者である彼らの在地的基盤の弱さを固めようとしたためだろう。

陣立覚書には、直繁と忠朝はそれぞれ五十騎の軍勢をもって謙信のもとへ参陣することが義務付けられている。合わせて百騎という軍役である。この数字が当時の羽生城の持つ軍事力と言ってよい。木戸忠朝は皿尾城主という立場ではあるものの、同城は忍城の出城である。また、同城は忍領内に位置しており、政庁的な機能を持つものではなかった。したがって、忠朝の「五十騎」はあくまでも羽生領内の領民を動員しての軍勢だったことが考えられる。

一方、忍城主成田氏が動員する軍勢は「二百騎」である。羽生城の課せられた軍役の倍の数に当たる。これが当時の羽生城と忍城の軍事力の差だった。木戸忠朝単体の視点から見れば、四倍の軍事力を持つ成田氏を監視し、圧力をかけていたことになる。広田直繁にしても、謙信の軍事力を得ない限り、真正面から激突することのできない相手であることはこの数字が示していると言えよう。

直繁と忠朝が北条氏に服属することがあり得ないとすれば、政治的安定をもたらすのも、危機を迎えるのも、成田氏の態度に左右されるものだった。成田氏が謙信に服属し続ける限り、連携して北条氏に抵抗できる。しかし、謙信から離反すれば、情勢はたちまち悪化することを意味していた。すなわち、北条氏の軍勢及び二百騎の軍事力を持つ忍城勢からの攻撃の脅威にさらされるのである。それゆえ、直繁と忠朝は常に成田氏へ意識を向けざるを得なかった。忍城の眼前に身を置く忠朝は、神経を尖らせ、微細なことも逐一羽生城へ報告していただろう。

◆上杉謙信の蹉跌

永禄九年（一五六六）二月十六日、上杉謙信及び国衆たちは小田城を攻略した。迅速な小田城攻略に対し、上杉方の国衆たちは改めて士気を高めたと思われる。

この勢いに乗じ、謙信は関東の諸城を速やかに攻略すべきだった。失った勢力を取り戻すかのごとく、北条氏へなびいた国衆たちを帰属させることが、謙信が掲げる「関東静謐」の推進となったはずである。

小田城攻略の次に謙信が狙いを定めたのは、臼井《うすい》城（千葉県佐倉市）だった。小田城攻撃の熱が冷めやらないままの出撃である。多くの国衆は、臼井城も瞬く間に陥落することを予想していただろう。ところが、ここに思わぬ落とし穴があった。この臼井城攻めこそ一つの分水嶺になるのである。

臼井城攻めは、上杉謙信による直接攻撃だった。同城を守るのは原胤貞で、小田城のごとく、落城は時の問題と思われた。実際、上杉勢の攻撃は激しく、城方は苦戦を強いられることになる。永禄九年比定三月二十日付の長尾景長書状によると、上杉勢は臼井城の曲輪を次々に攻め破り、残るは本丸一つまで追い詰めたという（『鷲宮』町外文書四〇五）。そして、三月二十三日に大がかりな城攻めが決行された（『戦北』九三九）。本丸を残すのみとなっていたため、上杉勢の臼井城攻めは大詰めを迎えていたことになる。

ところが、謙信の臼井城攻略は失敗に終わる。あと一歩のところまで追い詰めた上杉勢だったが、どういうわけか落とすことができなかった。北条氏政が永禄九年比定四月十二日付で発給した感状によると、上杉勢は五千余人の死傷者を出したという（『戦北』九四三）。多くの犠牲者を出した謙信は撤退をせざるを得なかったのである。

謙信の臼井城攻略の失敗について、『北条記』は城の「片山ノ岸」が崩れ、山際に控えていた上杉勢が多数巻き込まれて命を落としたことに綻びがあったとしている。上杉方は臼井城の地形に阻まれるのと同時に、城方の奮戦を受け、結果的に攻略に失敗したものと思われる。必要以上の力攻めは自軍の損失を招く。また、合戦が長引けば、敵に隙を突かれる可能性もあった。謙信にとって臼井城からの撤退は苦渋の決断だっただろう。

一方、西国からの動きもあった。三月に入って以降、足利義昭からの御内書が上杉謙信のもとに届いていた。義昭が上杉氏に望むのは、いち早い上洛である。あまつさえ、室町幕府の再興を願っている。義昭は謙信の援助を期待しており、北条氏と速やかに和睦した上で力を貸して欲しいと訴えていた。かつて二度の上洛を果たした謙信である。謙信は臼井城の陣を払うと、厩橋城に引き上げるのだった。

一方、北武蔵でも動きがあった。北条方である深谷城の軍勢が、利根川を越えて富岡氏の本拠小泉城（群馬県大泉町）へ進攻したのである。臼井城攻めの失敗で動揺する国衆たちの隙を突く攻撃だった。

深谷上杉氏は利根川を越えて小泉城を襲撃する。ところが城方の奮戦もあり、深谷城勢は数多く討ち取られ、苦戦を強いられる。上杉憲盛はこれ以上の力攻めは得策でないと判断し、撤退を下知する。

深谷へ戻るには利根川を越えなければならなかった。城方は敵勢の撤退を見過ごすことはなかった。小泉城から打って出ると、今度は逆に深谷城勢に迫ったのである。

退けば利根川、上野国へ進めば小泉城勢という状況が展開された。退路を断たれた深谷城勢は、その多くは利根川に飛び込むことになる。無事に渡河する者もいれば、途中で力尽きる者もいたらしい。四月十日付の富岡氏へ宛てた謙信の書状に、深谷城勢を数百人討ち取り、その残党は利根川へ入水したことを聞き、「心地好候」と喜びを表している（『上越』五〇八）。利根川を背にして戦う危険性をこの合戦は示している。

勝利した富岡氏は、謙信からその戦功は比類がないと賞讃された。ところが、富岡氏は間もなくして謙信から離反した。臼井城攻略失敗後、関東の国衆たちは雪崩を打って謙信から離れていくのだが、富岡氏もその一人だった。それは離反の嵐と言っても過言ではなかった。謙信にとって、永禄九年は衝撃と言えるほど関東における影響力を著しく低下させる年となってしまうのである。

臼井城攻略の失敗を機に多くの国衆から見限られ、その後苦戦を強いられていくことを考えれば、関東の一つの象徴とも言える利根川に飲み込まれたのは、謙信その人だったのかもしれない。

◆広田直繁と木戸忠朝の判物

ところで、上杉氏と北条氏が小田城や臼井城を巡って攻防戦を繰り広げる中、羽生領内では一つの動きがあった。それは、広田直繁と木戸忠朝がそれぞれ判物《はんもつ》を発給したことである。宛所は正覚院（羽生市南三丁目）で、僧が勝手に還俗することを禁じる内容だった。直繁が永禄九年（一五六六）一月二十六日付、忠朝が同年三月二十一日付に発給している。この判物は、『新編武蔵風土記稿』にも収録され、昭和三十九年には「正覚院文書」として羽生市の文化財にも指定された。古くからその存在は知られており、羽生市内に残る直繁と忠朝の唯一の判物である。直繁が発給した判物は次の内容となっている（『埼玉』四五四）。

武州太田庄羽生正覚院御門徒中之事、各自幼少又若輩御尊師之蒙御指南、御造作お如形、経論勤行秘法伝授候而、其上、依自分之望、破戒俗形ニ被成事、誠以一代之盗賊法敵、不可過之候、於向後者、必拙夫父子、其外同心家風之内ニ、彼御門徒之新発意等也共、指南召使義、不可有之候、若違背之者候者、其主人並而可遂追放之旨、如件、

永禄九年丙寅　　　広田式部太輔

正月廿六日　　　直繁（花押）

正覚院

御同宿中

大意は、正覚院門徒中に幼少または若輩の頃から「御尊師」から指導を受け、経論勤行秘宝を伝授されたのに、自分の望みで勝手に還俗するのは盗賊・法敵である。今後、直繋の親族や同心、家臣であったとしても、その者を再び召し抱えてはならない。もしこれに背いたときは、主人ともども追放に処す、と言い渡している。そして、これと概ね同じ内容の判物を木戸忠朝が発給するのは、その二ヵ月後のことだった（『埼玉』四五六）。

正覚院之御門徒中、自若輩彼入《(被)》院家、如形仏法執行之上、依自分之望、還俗之儀、法敵不及是非候、於向後者、必於拙夫家中不可召仕候、若此旨ニ違背候之者、指南之者共、可処追放之罪之状如件、

永禄九年丙寅三月廿一日　木戸伊豆守
忠朝（花押）

正覚院

御同宿中

共通しているのは、両者とも正覚院門徒の勝手還俗を禁じていることである。もし違反した場合は、主人や指南した者をも追放に処すとしており、判物の発給は寺院側からの依頼だったかもしれないが、その文言には直繁と忠朝の強い意志を感じ取ることができる。

この判物は、羽生領支配の一端を示す史料でもある。とりわけ、羽生城と正覚院のつながりを示すものであり、のちに木戸忠朝は同寺に対して「当地堅固」の祈念を依頼していることから、両者の関係は浅からぬものだったことがうかがえる。とはいえ、この判物は他に類を見ない特異性があるわけではない。寺院施策事業の一環であり、冨田勝治氏も「この判物は、永禄八年羽生落城説を否定できる好史料でもある」と述べるに留まっている（『羽生城と木戸氏』）。

しかしながら、本当にそれだけだろうか。これが寺院施策事業の一環としても、広田直繁と木戸忠朝は誰を意識して勝手還俗を禁じたのだろう。言い換えれば、誰が還俗しようとしていたのか。発給年次と当時の情勢を合わせて鑑みた場合、単に一僧侶を対象としたものではない可能性を帯びてくるように思われるのである。

戦国時代、正覚院は羽生領岩瀬へ移っていたとされる（「成願寺文書」『新編武蔵風土記稿』「上羽生村旧記」）。地誌では戦火を逃れるための移転としているが、果たしてそうだろうか。これについては、羽生城主の密命を受けた同寺が忍領との境目に移ることで、渡河点を監視・強化し、情報収集をするためのものだったと捉えたい。正覚院は修験者が居住する小松寺の本寺であり、特殊技能、とりわけ河川に関する技術や知識を有する者たちを取りまとめていた機関だったことが推測される。直繁と忠朝はそのような正覚院に対し、勝手還俗を禁じる判物を出したことになる。

また、判物が発給されたのは、関東で騒々しさを増していたときだった。つまり、上杉謙信が小田城及び臼井城へ攻め入る時期とちょうど重なっている。謙信は関東の国衆たちに改めて軍役を定め、小田城攻撃に踏み切っている。二月十六日には同城を攻略。広田直繁が判物を発給したのは一月二十六日付であり、謙信に与する国衆としてまさに慌ただしさが増していた時期だった。

一方、木戸忠朝が判物を発給した三月二十一日は、謙信が臼井城を包囲し、攻撃を加えていたときである。館林城主長尾景長は同月二十日付で千手院（鑁阿寺）に宛て、臼井城は本丸を残すのみとなり、間もなく落城すると伝えている。したがって、先の陣立覚書では木戸忠朝も五十騎が課せられているものの、臼井城攻城戦の最中に判物を発給しているため、上杉方の包囲網には加わっていなかったとみられる。皿尾城もしくは羽生城を守り、敵方の不穏な動きを監視していたことが推察されよう。

このように、広田直繁と木戸忠朝の判物発給時は、ちょうど上杉謙信の軍事行動で緊迫した状況にあった。換言すれば、不測の事態が起こってもおかしくはない状況下に置かれていた。なぜ、そのようなときに勝手還俗を禁じる判物を発給したのだろうか。戦功を立てた者への感状や、祈願の恩賞として新たな寺領の宛行状を発給しても不可思議ではない。しかし、直繁と忠朝が出しているのは僧侶の勝手還俗の禁止である。何らかの意図があって判物を発給したとみるべきだろう。換言すれば、判物の裏には何かが潜んでいる。

そのような観点で判物を改めて読むと、僧侶の勝手還俗の禁止だけではないものが浮かび上がってくる。すなわち、内通者による情報漏洩の防止である。この判物は、直繁と忠朝が内部に潜む内通者へ向けて放った矢だったのではないだろうか。

正覚院が羽生城主の密命を受けた諜報のとりまとめ機関だったとすれば、同寺は特殊技能を持つ者たちを少なからず抱えていたことが考えられる。暗躍者は一般では知り得ない情報を持ち、それが洩れれば羽生城が危機にさらされることは必定となる。直繁と忠朝はそのような内通者が出ることを警戒し、僧侶の勝手還俗を禁止したのではないだろうか。

このたびの謙信の越山は、直繁と忠朝らにとっても上杉氏の影響力を挽回する重要なものだった。謙信自身、永禄八年（一五六五）に将軍足利義輝の殺害という凶事に触れたこともあり、一つの岐路と捉えていたように思われる。だからこそ、陣立覚書を作成し、国衆たちの参陣を促すとともに、共同戦線を強調したのだろう。

そのような中、広田直繁は謙信に少なからずの期待を寄せていたはずである。羽生領を守り、自身の政治的自立権を保つためには、謙信の軍事力に頼るほかない。そのため、謙信の小田城攻めに際し、直繁は正覚院門徒内の内通者（特殊技能者）を警戒し、勝手還俗の判物を発給することで、上杉方の情報と特殊技能が敵に流れるのを抑止したのではないだろうか。

木戸忠朝も同様のことが言える。忠朝が三月二十一日に判物を発給した二日後、大がかりな臼井城攻防戦が繰り広げられている。臼井城攻めについてどれほどの情報を掴んでいたのかは定かではないが、直繁が不在の羽生領を守り、緊迫した状況下で不測の事態が起こることを警戒した忠朝は、兄と同様の判物を発給することで、その抑止を図ったことが考えられる。上杉氏の臼井城攻めを重要な局面と捉えていたからこそ、あるいは正覚院門徒の中に不審な動きをする者がいたため、判物を発給したのである。

すなわち、直繁と忠朝の判物発給は一般的な僧ではなく、特殊技能者を対象としていたことになる。むろん、判物の中に特殊技能者に触れる文言はない。内通者もまたしかりである。とはいえ、直繁は「其上、依自分之望、破戒俗形ニ被成事、誠以一代之盗賊法敵、不可過之候」と記し、警戒を露わにするとともに、自分の望みによって破戒、俗形になる者は一代の盗賊・法敵である、と警告を発しているのである。羽生城の政治や軍事に係る内部情報を「経論勤行秘法」の語に当て、それを敵方に漏らすことを「盗賊」と換言した場合、「追放」とは斬首の意味を含んでいたのかもしれない。もし勝手に還俗したときには、自分の親族、同心、家風といえども二度と召し使わず、これに背けば主人ともども追放すると厳しく言い渡している。

また、「各自幼少又若輩御尊師之蒙御指南」の文言から、正覚院には幼少の者や若い時分から「御尊師」から教えを蒙っていた者がいたことがうかがえる。この者たちが「夜わざ鍛錬之者」に該当する可能性が出てくるだろうか。彼らは仏の教えのみならず、幼い頃から特殊技能を「御指南」されていた。そして、「鍛錬」を重ね、成長した暁には同寺の配下に配置され、特に渡河点のような軍事的重要度の高い場所へ送り込まれたと仮定した場合、それは羽生城主からの密命でもあっただろう。

しかし、そのような者でも厳しい戦況下にあっては、勝手に還俗（内通）してしまう恐れがあった。この時代、関宿城や忍城のように内通者の事例はあった（『鷲宮』町外文書五二三、『成田記』）。直繁と忠朝はそれぞれ判物という手段で釘を刺したのである。

このような観点から二人の判物を読むと、緊迫した状況下で動くさまざまな人々と思惑が浮かび上がってくる。推測の域を越えるものではないが、そのときの情勢や状況、発給された時期とその内容を鑑みた場合、作成者の意図や思惑は文の裏側に盛り込まれているように思われるのである。それを読み解くことは、時の砂に埋もれた歴史を掘り起こすきっかけとなるかもしれない。その一つとして、直繁と忠朝の判物を挙げたわけだが、その裏側には明言されていない彼らの思惑が潜んでいると読み解くのは穿ちすぎだろうか。

◆成田長泰追放事件

上杉謙信の臼井城攻略の失敗後、関東では異変が起こる。上杉氏に味方していた国衆たちが、雪崩を打つように北条氏へ寝返るのである。永禄九年比定五月十三日付の北条氏照書状には、小田・結城・小山・宇都宮の国衆たちが人質を差し出したことが綴られている（『戦北』九四八）。すなわち、上杉氏離反の連鎖である。臼井城攻略失敗後、四月に謙信が越後へ帰国すると、小田氏をはじめとする国衆たちがこぞって謙信を見限ったのだった。

その流れは止まらない。同年閏八月には皆川氏、由良氏が謙信から離反する。忍城主成田氏もその例外ではなかった。北条氏照は閏八月二十五日付の書状に、「就中、成田事、我々刷を以時宜落着、今明之内以代官可申由候」と綴っている（『行田』二四〇）。騎西城攻防戦以来、上杉氏に服属していた成田氏だったが、ここで北条氏への従属を明らかにするのである。

これと同じ頃、同年八月に「成田表」で合戦が起こっている。北条氏政はこの合戦で敵を討ち取った「浜野弾《（弥）》六郎」に対し、感状を発給した（『叢書』三〇六）。合戦の詳細は不明だが、国衆たちの合戦とみられる。また、氏政が感状を出していることから、敵は上杉氏へ与する国衆だったのだろう。成田氏の離反は前々から想定されていたとはいえ、成田表合戦が及ぼした心理的影響も少なくなかったと思われる。

ところで、北条方の国衆として舵を切ると、忍城内においてある事件が起こった。それは成田長泰の追放である。岩付城の太田資正追放事件と同様に、嫡男氏長は父長泰を追放するのである。

この事件を永禄九年八月十六日のことと記す『鎌倉九代後記』は、事のきっかけを「豊島美作守」（手嶋美作守）の諫めと伝えている。成田家重臣の手嶋氏は、城主氏長に諫言したため、長泰追放を企むようになったという。それによって長泰追放を決断した氏長は、父が遊興で城外を出た隙を狙って閉門する。異変を知って忍城に引き返した長泰だったが、城門は固く閉ざされ帰城は叶わなかった。長泰は実の息子と直接干戈を交えることを良しとしなかった。結果、長泰・氏長父子は和睦することになる。そして、長泰は家督を氏長に譲渡すると、自身は剃髪し、隠居の身となったのである。

同様の内容が、『成田記』や「成田系図」、「士林泝洄」などに記されている。太田資正追放事件と大きく異なるのは、父子が和睦していることである。成田父子は血を流すことなく和睦を成立させ、事なきを得た。長泰が武力に訴えなかったのは、ここで身内と事を構えれば、北条氏に隙を突かれて本領を奪われかねないと判断したからだった（『武家事紀』）。

なお、長泰を追放した理由については諸説ある。『成田記』や『関八州古戦録』では氏長以外の兄弟に家督が譲渡される恐れがあったためとし、『武家事紀』では豊島美作守が長泰に恨みを持っていたことを理由としている。確かな根拠はなく、理由は不明と言わざるを得ない。

では、何がこの事件を引き起こしたのだろう。このとき、忍城内で派閥が生じていたのではないだろうか。つまり、上杉氏従属派と北条氏帰属派の対立である。家督を譲ったとはいえ、長泰が城内で強い発言権を持ち、氏長と異なる考えを持っていたとすれば、追放のきっかけとなり得る。成田氏の行く末を左右するほどの意見の対立ならば尚更のことだろう。

その異なる考えとは、戦国大名への服属である。長泰が上杉方への服属の立場をとるのに対し、氏長は北条氏に心を寄せている。それは手島氏ら重臣たちの意図も含まれていた。そのようなときに上杉謙信は臼井城攻略に失敗し、有力な国衆たちの離反を招くことになる。そこで改めて上杉氏への服属について疑念が生じた。これに対し、長泰が態度を改めようとしなかったならば、反上杉派の重臣たちに説得された形で、氏長は父を追放したのではないだろうか。

この事件を機に、長泰は「蘆伯」と号すと、龍淵寺（埼玉県熊谷市）に身を置くこととなった（同寺境内に長泰の墓碑が現存）。かくして、氏長は実質的に忍城の指導権を握ることになる。上杉氏から離反し、北条方の国衆としてその立場を表明した。以後、成田氏長が上杉氏へ帰属することは二度となかった。数年後、上杉氏と北条氏は同盟を成立させ、成田氏は上杉方の国衆となったものの、それは氏長自身の意志ではない。すなわち、氏長は永禄九年に北条氏への服属という舵を切ったまま、方向転換することはなかったのである。

関東の国衆たちがこぞって北条氏へなびく中、広田直繁と木戸忠朝は上杉方の姿勢を貫いたままだった。成田氏が北条氏に帰属し、川向うでは金山城主由良氏や小泉城主富岡氏等が上杉氏から離れていく状況の中、まるで時代の流れに逆らうかのように、北条氏への服属を拒むのである。

龍淵寺（熊谷市上之）

龍淵寺成田氏墓碑

◆狙われた羽生城

永禄九年（一五六六）の相次ぐ関東国衆たちの離反は、上杉謙信の関東管領としての敗北と言ってもよい。同年九月末には上野国箕輪城（群馬県高崎市）が落城し、謙信は十月に高山（同県藤岡市）から深谷（埼玉県深谷市）にかけて放火し、敵五十人余りを討ち取るが、勢力を挽回するには至らなかった（『上越』五三八）。それどころか、さらに追い打ちをかける事件が起こる。それは厩橋城主北条高広《きたじょうたかひろ》の離反である。

厩橋城（群馬県前橋市）は謙信の関東静謐の拠点の一つであり、上杉氏にとって要の城だった。なぜそこを守る北条高広は、謙信の信任も厚く、いわばその代理的存在として在城していた。上杉氏を見限ったのか理由ははっきりしない。が、「関東静謐」という上杉家の事業が根底から揺らいだことは間違いない。謙信も驚きを隠せず、本庄美作守へ宛てた書状に、「天魔之所行ニ候」と綴っている（『上越』五四三）。上杉氏にとって晴天の霹靂であり、「関東静謐」という事業が根底から揺らいだことがうかがえる。

年が明けて永禄十年（一五六七）を迎えても、謙信の苦境は続いた。佐竹義重が上杉氏から離反し、上野国白井城（群馬県渋川市）も落城のときを迎える（『群馬県史 資料編7中世3』二七〇一）。十月に謙信は越山。下野国唐沢山城を巡って北条《ほうじょう》氏との攻防戦を展開する。北条氏は国衆たちの協力を得て唐沢山城を執拗に攻め込んだ。在城衆は苦戦を強いられるが、城の堅い守りを楯に奮戦した。とはいえ、上杉勢の援軍が来ない限り落城は時の問題であり、城の曲輪は北条勢によって徐々に突破されていった。

そのような中、謙信は厩橋城をはじめ、新田や足利などの北条方の城二十カ所を攻め込む（『上越』五八六）。そして、北条勢が唐沢山城攻めのために赤岩（群馬県千代田町）に架けた船橋を切り落とした。謙信は唐沢山城へ向かう。そして、同城を包囲していた北条勢と激突。十月二十七日の夜中には北条勢を撃退させたらしい。このとき、上杉方であった広田直繁も唐沢山城攻めに参陣している（『埼玉』五一二）。謙信からの招集がかかれば真っ先に駆け付け、周囲が北条氏になびいても一歩も引き下がらない直繁である。存分に槍を振るったのだろう。

北条勢を撃退させた謙信だったが、一つの決断をする。唐沢山城の維持は危ういと判断し、同城を佐野昌綱に預け、その息子虎房丸及び佐野家中から人質三十余人をとると、城に置いていた越後衆を連れて帰国したのである（『上越』五八六）。実質的な唐沢山城からの撤退だった。北条氏や武田信玄の勢いに押され、関東静謐事業の拠点の一つだった唐沢山城を手放さざるを得なかった。

そして、同城を預かった佐野昌綱もまた、やがて北条氏に帰属してしまう。これにより、関東における上杉謙信の勢力は、上野国沼田城と武蔵国羽生城を残すのみとなった。関東静謐事業はここで頓挫したのも同然だった。国衆たちの離反の連鎖を止められず、あまつさえ北条高広にも裏切られ、味方の城は陥落を許している。かつて、一万五千余騎の大軍を率いた謙信の勢いはなく、関東管領の威信は昔日のものとなったと言えよう。

さて、武蔵国で上杉氏に属すのが羽生城のみとなったことで、その「忠信」は謙信のみならず、関東の国衆たちにも知るところとなった。それまで羽生城と言えば、忍城主成田氏の与力のような存在として位置付けられていた。そのような羽生城が上杉氏従属を貫き続けることは異様であり、多くの国衆は首を傾げたのではないだろうか。

永禄十一年（一五六八）比定一月十日付の広田直繁へ宛てた上杉謙信書状写では、唐沢山城攻めの参陣及びその忠信を激賞している（『埼玉』五一二）。

今度氏政、佐野地へ取懸候処、根籠屋へ引付切出、凶徒為宗之者、数多討取、城主得大利候間、無一功候、今般可付実否以覚悟、人数相揃候処ニ、無程引除之条、遁軍、年来之戦功無曲事、旁以恥入計候、然処ニ、世間如此成行候、不相替河南有一人、励忠信儀、輝虎一世中不可忘之候、将亦、越国ニ残置諸勢、半途迄着陣之間、当月下旬之比、可打出候、其元於有手透者、遂参陳（陣）意見等、可為喜悦候、近辺之様子聞届、具可申越事、肝要候、委細猶彼口上申含候、恐々謹言、

正月十日　　　輝虎

広田式部大輔殿

利根川の南でただ一人、上杉氏から離反しない広田直繁の忠信を一生忘れない、と述べている。「輝虎一世中不可忘之候」の文言は初見ではないものの、忍城の「馬寄」にすぎなかった羽生城へ書き送っていることが着目されよう。上杉氏離反の嵐がやまなかったからこそ、「河南」（利根川の南）で「忠信」に励む広田直繁の存在感が強まっていったことがうかがえる。

ところで、この書状で謙信は一つの指示を直繁に出した。それは羽生城近辺の様子を詳しく越後へ報告することだった。勢力後退となった謙信にとって、羽生城はいわば最前線に位置する城となった。上杉方としての存在感が強まれば、敵に狙われることになる。北条氏や武田氏の軍勢がいつ進攻してきてもおかしくはない状況であり、もはや総攻撃は時の問題と言ってもよかった。

そのような懸念もさることながら、関東静謐を成し遂げることを大義名分として掲げる謙信にとって、情報収集は必要不可欠だった。したがって、関東の最前線基地となった羽生城に対し、「近辺之様子聞届、具可申越事、肝要候」と書き送るのである。近辺の様子を調べ、詳細に報告することは重要である、と。

羽生城は北条方の標的となった。北条氏にとって、同城を攻略すれば武蔵国は平定され、関東統一事業は一歩前進することになる。その羽生城に何ら手を下さないはずがない。事実、小田原城主北条氏政《うじまさ》は動き出す。永禄十一年（一五六八）比定八月に羽生城へ向けて出撃。その情報は関宿城主簗田晴助の耳に入り、「氏政号羽生口と出張之由其聞候、爰元備油断不致候間、可御心安候」と里見義堯へ書状に綴り、自身も警戒を強めた（『叢書』三二七）。簗田氏は北条氏へ属したこともあったが、再び上杉謙信に従属の意を示していた。

このとき、北条氏政が実際に羽生城攻撃を行ったのか、いまのところその記録は確認されない。おそらく直接攻撃を加えることはなく、圧力をかけたにすぎなかったのだろう。あるいは出撃の噂を流し、精神的緊張感を与えただけだったかもしれない。とはいえ、北条勢が羽生城攻略を射程に入れていることは明白であり、北条氏へ与する忍城主成田氏や金山城主由良氏等がそれに便乗してくることはわかりきったことだった。

北条氏は、まず北関東進出の足掛かりとして関宿城攻撃を開始する。かつて、「野伏」などの活躍によって関宿城攻略に失敗した永禄八年（一五六五）の経験を経て、一一カ所に向城を建設する（『鷲宮』町外文書四四三）。そして、同城攻略の担当者として北条氏照を栗橋城（茨城県五霞町）に入城させた。以後、実質的に氏照が指揮を執ることになる。

栗橋城址遠景（茨城県五霞町）

北条氏のこうした動きに対し、羽生城内でも対応策が練られたことは想像に難くない。何もしなければいたずらに滅亡を待つようなものである。広田直繁が謙信からその忠信を激賞されたとはいえ、羽生城が極めて危険な状況であることに変わりなかった。そこで、直繁と忠朝は一手を打つ。守りを固めるだけでなく、北条方の城へ攻撃を仕掛け、攻略するのである。おそらく、北条氏との決戦を見据えた対応の一環だろう。彼らはどのような城を落としたのか。それは倚井陣屋《よりいじんや》と呼ばれる軍事施設だった。

◆木戸氏の倚井陣屋攻め

倚井陣屋の所在地は、旧北川辺町（現加須市）の麦倉に比定される。『新編武蔵風土記稿』麦倉村の項によると、同村が開墾されたのは明応年間（一四九二〜一五〇二）の頃で、「石川権頭義俊」が城を構えて居住していた。ところが、羽生城主「木戸相模守」に攻め込まれ、石川氏は討ち死し、村は「廃地」となった。この攻城戦の際、石川氏の家臣の「鳥海丹後」は城を抜け、野州へ落ち延びたという。そして、慶長年間（一五九六〜一六一五）の頃に鳥海丹後の子孫が麦倉村へ戻り、開発したという内容が記されている。

当村明応の頃開闢して、石川権頭義俊と云人居城を構え則領主として住せしが、羽生の城主木戸相模守と合戦に及び、石川焼打にせられ、利を失てより一村悉く廃地となれり、其時石川義俊の家臣に鳥海丹後と云もの、城中を遁れいで、野州に立退き、彼が子孫慶長の頃、又当村に来り、再び開発せりと云

この石川家では由緒書が作成されている。それによれば、麦倉村における攻城戦を永禄十一年（一五六八）としている。由緒書と『新編武蔵風土記稿』では、家老の鳥海氏に関する記述

が若干異なる。由緒書が伝えるその内容は、北条氏に従属しようとしない「倚井館」に対し、「小田原北条氏綱」が「羽生城主木戸相模守」を味方にして同館を攻撃したとする。倚井館の「石川勘解由左衛門俊重」は、伯父に子を連れて下野国へ落ち延びるよう伝え、自身は家老の鳥海氏とともに敵に突っ込む。奮戦するものの銃弾を受け、もはや戦えないと判断した石川氏は腹をかき切ったと伝えている。

このように、わずかな差異はあるものの、倚井陣屋（倚井館）を巡る攻防戦の結末は両者とも同じである。これを裏付けるものとして、天正二年（一五七四）比定十二月二日付の芳春院周興・寿首座昌寿連署状写が挙げられ、次の記述が着目される（『大日本史料 第十編之二十五』）。

此郷去年迄従羽生致押領候、唯今長尾成綺候間、諸郷並ニ此節可被相改候、
向古河近辺　町野備中守
いゝつみ

この史料は、天正二年閏十一月の関宿城開城後に北条氏政の命を受け、古河公方奉公人が作成したものである。提出先は北条家家臣の垪和康忠となっている。北条氏は、攻城戦によって逃散した農民を呼び戻す必要性に迫られると同時に、勢力伸長の次の段階へと進むべく、古河公方の知行人と御料所を改めて確認したのだろう。この芳春院周興・寿首座昌寿連署状写は百姓還住の制札が必要な村々を書き連ねる一方で、古河公方足利義氏の知行地も列記され、その

中の「向古河近辺いゝつみ」に右の記述が確認できるのである。

これによれば、向古河（旧北川辺町・現加須市）近辺は羽生城の押領（進攻）を受け、羽生領なっていたという。すなわち、「此郷去年迄従羽生致押領候」の文言が、倚井陣屋の攻防戦を示唆するものと捉えられよう。連署状の作成は天正二年（一五七四）であり、「去んぬる年まで」とあることから、それまで羽生城の支配を受けていたことがわかる。

しかし、連署状の作成時点で館林城主長尾顕長の所領となっていたらしい。これは、羽生城をとりまく状況悪化によるものと考えられる。あるいは、北条氏政の羽生・深谷両城攻めの際、長尾氏が倚井陣屋を陥落させるのと同時に、「向古河近辺」を占領したとも捉えられるかもしれない（『川里村史 資料編1』二二七）。とすれば、北条氏は「向古河近辺」を長尾氏の所領として認めたのだろう。後年作成され、文政九年（一八二六）五月に平景紘が写した「足利長尾顕長家来」（長尾分限帳）の中に、「長尾但馬守顕長領分」として「羽生　一万石」とあるのは、倚井陣屋が所在する「向古河近辺」を含む領地を指しているものと思われる（『館林』六八五）。

ところで、由緒書が伝える羽生城兵による倚井陣屋攻略の「永禄十一年」は、上杉謙信の勢力が大幅に後退し、武蔵国で上杉方は羽生城のみとなっていた時期である。同年八月には、北条氏政が羽生城攻めに出撃したとの情報が飛び交っているように、いつ敵の攻撃を受けてもおかしくはない状況だった。また、勢力伸長を図る北条氏が、関宿城攻略に向けて本腰を入れた時期だった。

羽生勢による倚井陣屋への進攻が「永禄十一年」だったならば、そのような状況下での軍事行動だったことになる。『新編武蔵風土記稿』や由緒書では、進攻者を「羽生城主木戸相模守」としているが、木戸忠朝に比定される。もしくは、永禄十一年（一五六八）当時に羽生城主であった広田直繁の可能性もある。また、由緒書は北条氏綱の配下として攻め入ったとしているが、実際は逆だろう。上杉方の木戸氏が、北条方の倚井陣屋を攻撃したのである。

また、この軍事行動は永禄十年（一五六七）とも考えられる。なぜなら、上杉方である唐沢山城の佐野昌綱が、向古河からほど近い藤岡城（栃木県栃木市）を攻略しているからである（『藤岡町史 資料編 古代・中世』七五）。このときの藤岡城主は不明だが、北条家家臣の大道寺氏らが在城しており、佐野氏からの攻撃によって岩付まで退去している。忠朝による倚井陣屋攻めは、この佐野氏による藤岡城攻撃と連動したものだったのかもしれない。

では、なぜ木戸忠朝は倚井陣屋に攻め入ったのか。それは、北条氏の羽生領進攻を警戒しての動きだったことが考えられる。当時、利根川は旧北川辺町の北側を流れていた。旧北川辺町と旧大利根町（いずれも現加須市）を分断するような現在の流れは、江戸時代に掘削してできたものである。つまり、羽生城は北側から攻め込んで来る敵、あるいは川を伝って進攻しようとする敵を警戒して倚井陣屋を抑えたのである。

ゆえに、利根川の渡河点が重視される。また、敵が船で川を伝い、進攻することも警戒されていた。関宿城攻防戦では、「兵船」で攻め寄せる北条勢に対し、城方も船で応戦するという合戦が起きている（『叢書』三二九）。当時の利根川の流路は複雑であり、旧北川辺町（現加須市）は河川交通の要衝地だったと言える。四方を川で囲まれた羽生領においても、北東から攻め込んで来る敵を警戒し、倚井陣屋を必要とした。したがって、同陣屋を落としたのは勢力伸長のためでも所領拡大のためでもない。北条氏の羽生城攻めを想定しての倚井陣屋攻略だったのだろう。

『新編武蔵風土記稿』の記述では、木戸氏の進攻によって同村は廃したとしている。しかし、倚井陣屋を抑えることは、村人を羽生城側に組み入れることを意味している。利根川の渡河点を監視させ、合戦時は戦力として招集及び出撃させる。軍事的必要性による攻略のため、村を焼き払うことはなかったのではないだろうか。

いずれにせよ、倚井陣屋は羽生城勢の進攻により、一時期その支配下となった。進攻の記録は残っていても、広田直繁や木戸忠朝による同所の具体的な支配を示す史料は確認されていない。なお、遺構も消滅している。堀や土塁といった遺構は確認されず、その縄張りも不明と言わざるを得ない。伝承もほとんど残っておらず、城址を伝える碑が加須市立北川辺西小学校の敷地に建っているのみである。具体的な跡地も定かではない倚井陣屋だが、かつて周辺の国衆たちが火花を散らし、羽生城や館林城の支配を受けた地として注目されよう。

倚井陣屋址碑（加須市麦倉）

第三章　転換点としての越相同盟と天正年間の合戦

羽生城下町比定の市街地

◆三国同盟の決裂

関東国衆の多くが北条氏へ帰属する中で、上杉方を旗幟鮮明にする羽生城の陥落は、時の問題と思われた。関宿城攻略のため、向城を築いた北条氏である。同城が陥落してもなお羽生城が上杉方の立場をとるならば、総攻撃に踏み切る可能性は高かった。羽生城はひとたまりもなく落城するだろう。越山した上杉謙信の軍事力を頼りにするにしても一過性のものであり、根本的な解決にはならない。相次ぐ国衆の離反や拠点の喪失によって影響力が低下した謙信は、もはや関東静謐事業は頓挫し、再び立て直すには困難を極めていた。

とすれば、羽生城は自ずと北条氏に態度を改めるのが「常識」というものだろう。上杉氏に従属し続けても、いたずらに滅亡を待つばかりである。広田直繁と木戸忠朝にとって、上杉氏に属す「利」がない。私利私欲では干戈を交えないと言われた上杉謙信のように、直繁と忠朝もまた義のために北条氏と戦っていたのだろうか。関東国衆たちの離反の嵐の中にあっても、羽生城は上杉氏従属の姿勢を崩さなかった。

ところが、予期せぬことが起こる。北条氏と同盟を結んでいた武田信玄が、突如味方を裏切ったのである。永禄十一年（一五六八）十二月、武田勢は駿河へ進攻。これは、同盟国である今川氏真《うじざね》へ矛先を向けるものであり、突然の武田氏襲来に、今川氏は掛川城（静岡県掛川市）へ避難せざるを得なかった。氏真は対抗する姿勢を見せはしたものの、信玄の調略によって今川方は瓦解する。そして、家臣の謀反にもあい、干戈を交えることなく退散した。

これにより、甲斐、相模、駿河の間で結ばれていた三国同盟は決裂する。信玄はなぜ今川氏を攻めたのか。それは、今川氏が上杉氏と内通し、信玄滅亡を企てたためによるものと北条氏は捉えている（『戦北』一一二七）。実際、今川氏真の妹が嫁いだ武田義信が死去したことにより、妹は駿府に強制送還され、両者の関係は微妙なものになっていた。あまつさえ、氏真は密かに謙信に接近していたという事実もある（『静岡県史 資料編7中世三』三四三四）。

永禄十一年十二月に信玄が駿河へ進攻すると、北条氏と武田氏の関係は一気に悪化した。今川氏真の妻は北条氏康の娘であり、武田勢の駿河進攻によって命の危険にさらされたからである。城を追われた氏康の娘は、輿に乗ることもできず、徒歩で掛川城へ移動をしなければならなかったという（『戦北』一一三四）。

三国同盟の断交により武田氏と北条氏は決別し、互いに火花を散らす関係となる。つまり、これまで連携して勢力を伸長してきた者たちが衝突し合うことになったのである。しかし、相手は戦国最強と謳われる武田信玄である。そこで北条氏は一手を打つ。それは、関東の国衆たちにとって「奇策」とも言うべきものだった。なぜなら、北条氏は上杉謙信と同盟を結ぶことを企図したからである。これまで関東を舞台に争ってきた謙信に同盟締結を持ちかけるのだった。

風向きが百八十度変わったのも同然だった。これまで攻撃の的となっていた関宿城や羽生城への攻撃は中断され、北条氏の関東統一事業はにわかに不透明なものとなった。

以後、北条氏と上杉謙信との間に交渉が始まる。北条氏が話を持ち掛け、謙信の反応をうかがうというものだった。このことはすぐに国衆たちにも知れ渡る。当然と言うべきか、反北条の態度をとる国衆にとって、同盟締結は受け入れがたいものだった。

その中の一人に太田資正《おおたすけまさ》がいる。資正は佐竹氏の客将となり、片野城（茨城県石岡市）に在城していた。岩付城奪還を宿願とする資正は、むろん反北条の立場だった。資正は武田氏の駿河進攻はむしろ好機と捉えており、この隙を突いて謙信に越山を要請しているくらいである（『埼玉』五三二）。これに対し、謙信は北条氏との同盟に応じない旨を伝えた（『上越』六七〇）。反北条の態度をとることで、国衆たちの謙信への不信感を払拭するとともに、「義」を示したのだろう。

しかし、謙信にとって北条氏との同盟締結は悪い話ではなかった。軍事行動による勢力挽回が絶望的な中、新たに持ち上がった北条氏との同盟という政治的転機は、展開の仕方によっては関東管領としての威信を取り戻す好機だった。これを利用しない手はない。ただ、反北条の国衆たちに対する面目もある。そう単純な話ではなかった。一度は退けた北条氏との同盟だった。しかし、その態度は次第に変わっていく。政治的状況から変わらざるを得なかったのだろう。結局のところ、謙信は北条氏の同盟要請を受ける形で進めていくのである。

◆越相同盟の焦点

上杉氏と北条氏が同盟を結ぶにあたり、いくつか焦点があった。①古河公方は、足利義氏と足利藤氏のどちらとするか。②関東管領は上杉氏と北条氏のどちらとするか。③養子縁組について。④関東の領分をどうするか。

①から③については、比較的速やかに決着がついた。上杉氏が推戴した足利藤氏はすでに故人となっており、謙信は足利義氏を古河公方として認めざるを得なかった。関東管領については、その役が上杉謙信であることを北条氏は正式に認めた。そのため、北条氏は謙信への書状に「山内殿」と記すようになる。北条氏は、血縁関係のある足利義氏を古河公方とした代わりに、関東管領は謙信に譲り、バランスをとったのだろう。

③の養子縁組については、氏政の次男国増丸が越後へ赴くことが予定された。ところが、国増丸があまりに幼いという理由から、長男の氏秀に白羽の矢が立ち、長尾政景の娘と縁組させることが決定する。利根川の渡河点である「堀口の渡瀬」から上野国へ入った氏秀は、沼田衆と厩橋衆に引き渡され、永禄十三年三月十一日に謙信と対面を果たした。氏秀は景虎と名乗ることを許され、後年上杉景勝と跡目を巡って争い、鮫ヶ尾城（新潟県妙高市）で自害に追い込まれることは周知の通りである。

問題は、④の「領分」である。謙信は山内上杉氏の守護国である上野国をはじめ、北条氏との争いで手から離れた岩付や松山はもとより、武蔵国北東部までの領地を求めた。特に岩付については、太田資正を意識しての交渉だったのだろう。越相同盟の成立に乗じて、これまで離れていった国衆たちの回復を求めた。一方、北条氏にとっては、これまで伸張してきた勢力が大きく削がれることを意味していた。しかし、武田信玄進攻の危機が迫る北条氏には猶予がなく、上杉氏の軍事的援助を確実なものにしたかった。そこで、北条氏は同盟の締結にあたり、関宿城攻略のための向城を破却することを決定するとともに、両者の間で争点となっていた北武蔵の地についても、謙信に譲歩する形をとるのである（『上越』七一九）。

写

覚

一、利根川内者不及申、西上州同前之事、
一、藤田之事、
一、秩父之事、
一、成田之事、
一、岩付之事、
一、松山之事、
一、深谷之事、
一、植（埴）生之事
一、簗田方之事、
一、房州之事、

右、条々申定上者、一点違変有間敷候、於其者、向後可御心安候、以上
氏政
氏康

この史料は、永禄十二年（一五六九）比定の北条氏康・氏政連署条書である。利根川の内側はもちろんのこと、西上州も謙信の領分として認めるとしている。ここに見える「植《（埴）》生之事」は羽生領に比定される。「成田之事」は忍領であり、「簗田方之事」は関宿領である。羽生領を含むこれらの所領が上杉氏と北条氏の間で争点になっていたことがわかる。

越相同盟を結ぶにあたり、両者の間でさまざまな交渉がなされた。いわば上杉氏と北条氏の外交戦であり、風向きの変わった新たな戦いが繰り広げられていた。

しかし、あくまでも戦国大名同士間での約定である。そこに国衆たちの意志は入っていない。言い換えれば、戦国大名同士で取り決めがなされても、国衆たちが必ずしもそれに従うとは限らなかった。例えば、太田資正はあくまでも反北条の姿勢であり、謙信へ不信感を隠そうとしなかった。翌年、上杉氏から唐沢山城攻めの参陣を求められたが従おうとせず、あまつさえ、その数か月後には謙信の内密の書状を他者に披露してしまうなど、不満の態度を表すのである（『上越』八九二）。さらに、その隙を突く形で、武田信玄が太田父子を引き込む交渉を開始する。資正はこれを拒むことなく通交していた（『埼玉』六二五）。

おそらく、多くの国衆は越相同盟という大きな政治的転機を冷静に見つめていたのだろう。同盟が成立することでどのような影響があり、それによって今後どんな展開が繰り広げられるのか未知数と言わざるを得ない。様子を見守り、あるいは警戒し、何が起こっても自領を守れるよう慎重な態度をとっていたのではないだろうか。

そのことは謙信自身も察していたのか、羽生城主広田直繁に対し、永禄十二年（一五六九）比定閏五月六日付の書状で、越相同盟の進捗状況について次のように伝えている（『上越』七三六）。

就越・相一和之儀、飛脚到来、悦入候、輝虎心腹之通、相江申届候処、氏康父子何も啐啄之上、号天用院使僧被差越候条、始末之儀手堅落着候間、旁以可心安候、然者、関東之様子、条々被申越候、委細得其意候、将亦、近年者味方中何も南江随逐之処、其方被抽忠信候事、無比類候、弥勲功之心懸簡要候、恐々謹言、

閏五月六日　　　　輝虎（花押）

広田式部太輔殿

注目されるのは、越相同盟の進捗状況を伝えつつも、広田直繁の忠信を賞賛していることである。「近年は味方のいずれの国衆も北条氏へ従ったのに、直繁の忠信は比類がない」と述べ

ている。離反が相継ぐ中で、謙信に服属し続ける広田直繁と木戸忠朝の態度はひときわ目立っていたのだろう。裏を返せば、謙信が北条氏と手を結ぶことで彼らの不信感を招かぬよう、取り繕っているようにも読み取れる。成田氏の「馬寄」にすぎなかった広田直繁に対し、謙信が直々にその「忠信」を賞する。もし国衆の多くが離反せず、謙信の関東静謐事業が順調に推移していたならば、このような書状を直繁へ送ることはなかったはずである。

一方で、直繁と忠朝が上杉謙信に対して不信感を抱いている様子はない。むしろ、追い風に感じていたように思われる。孤立無援化していた羽生城にとって、上杉氏と北条氏の同盟は危機を脱する好機として捉えることができよう。そのためか、武田信玄の駿河進攻というこの転換点を、うまく利用しようとしていたきらいさえある。太田資正のように不信感を露わにすることもなく、むしろ越相同盟の締結に向けて尽力するのである。

その一つは、深谷城主上杉憲盛《のりもり》の上杉氏への帰属が挙げられる。当時、深谷上杉氏は北条氏に服属しており、越相同盟が成立しても態度を改めようとしなかった。そこで、直繁と忠朝は憲盛の帰属に向けて奔走するのである。

◆深谷城上杉氏の帰属

深谷城は利根川沿線に位置する。その城を味方に引き入れることは、直繁や忠朝にとっても領地経営の安定化を図るのに大きく関係した。憲盛の帰属は謙信の命令もさることながら、彼ら自身の意志も含まれていただろう。敵対するのではなく、上杉氏と北条氏が手を結ぶことによって新たに生まれる関東の秩序。そして、政治的自立権の安定を図る。在地的基盤の弱い直繁と忠朝は、政治情勢の安定化は切なる願いだった。

直繁と忠朝の説得により、上杉憲盛は謙信へ帰属を決定する。憲盛は河田長親へ宛てて帰属の旨を伝えた（『行田』二四五）。その中に、「木戸伊豆守（忠朝）」及び「広田出雲守（直繁）」の使者が深谷城に来城し、謙信帰属に係ることを申し述べたこと、また木戸氏から「案内者」が差しそえられたため、その者に用件を伝え、申し届けることが綴られている。

去比、木戸伊豆守・広田出雲守、以使被申宣候砌、拙者身体之事、屋形御内証御懇切之由、彼地へ自其方承候段、被申越候、誠以忝本懐候、憲政御家督御与奪、吾等義（儀）、於当国、穢御募候間、相へ被聞候条、一廉有之様御取成、偏憑入候、知行方之義（儀）、存分之透（通カ）、善応寺・渋江大炊助以両使、申宣候、能々被聞召届、御披露任入候、木戸、被差副案内者候間、定自彼方、此等之趣可被申届候、恐々謹言、

七月十五日　　憲盛（花押）

河田豊前殿

なお、これに合わせ、木戸忠朝は同月同日付で河田長親に宛てて次の書状を出している（『行

田』二四六）。

態以使申上候、抑先日深谷之義（儀）、引付可申段、御内意之上、両使差越申、意見申候之処ニ、被任其儀、此度以両使被仰展候、依之、佐藤筑前守為案内者指添申候、深谷之義（儀）、殊ニ古河・栗橋之様子、以条目申上候、此等之旨、可預御披露候、恐々謹言、

七月十五日　　　木戸伊豆守

河田豊前守殿　　　忠朝（花押）

この上杉憲盛と木戸忠朝の書状を合わせて見ると、忠朝がそえた「案内者」は「佐藤筑前守」だったことがわかる。この者は羽生城家臣の一人に目され、主に外交面を担当していた。後年、増水した利根川に阻まれた上杉謙信が、羽生城への兵糧弾薬の輸送を命じたのも佐藤筑前守だった。

なお、注視されるのは、木戸忠朝の伝達は深谷城帰属のみならず、古河や栗橋の様子に関する情報も含まれていた点である。これは、北条氏との同盟交渉の中で、古河公方を改めて足利義氏としたことに呼応するものだろう。忠朝をはじめ直繁は関東における謙信の目となり、情報を逐一越後へ送っていたことがうかがえる。羽生城は情報収集機関の一端をなし、直繁と忠

隣接する富士浅間神社に現存する外濠

深谷城址公園の摸擬石垣（深谷市本住町）

朝はそれを自覚していたはずである。そのため、諜報に長けた者との結びつきを深め、敵地へ送り込むことで、情報収集を行っていたのではないだろうか。

一方、深谷城の帰属を知った上杉謙信は、広田直繁に祝いの言葉を述べている（『上越』七八二）。また、このとき謙信は関東への出陣を予定していたことから、直繁に参陣を求めた。同時に、深谷上杉氏も同陣するよう指示するのである。

かくして、直繁と忠朝は深谷城帰属の成功により、謙信の信任はさらに強固なものとなった。同時に、孤立無援の危機から脱却し、政治的自立権は維持されたままだった。むろん、武田信玄の進攻という懸念は残っているが、越相同盟の締結という突如変わった風向きに乗じて、直繁と忠朝は最初の壁を乗り越えたのである。

◆古河公方足利義氏と木戸忠朝

越相同盟成立に伴う広田直繁と木戸忠朝の動きは、深谷城の上杉氏帰属工作だけではない。彼らは古河公方として正式に認められた足利義氏にも働きかけている。すなわち、忠朝は「木戸」の名字の使用を求めるとともに、太刀と青蚨《せいふ》（銭）を義氏に進上したのである。義氏はその返礼として、「御剣」を贈っている（『行田』二四八）。

名字之儀、御赦免付而、以代官申上候、然者太刀・青蚨進上、目出度候、仍御剣被遣之候、

謹言、

九月廿三日　　　日下（足利義氏）

木戸伊豆守

越相同盟の締結により、「足利義氏―上杉謙信体制」が改めて発足し、忠朝は古河公方に働きかけていたことを示している。そこには、義氏が北条氏と血縁関係であることへのこだわりは読み取れない。元々、木戸家は古河公方の有力奉公衆だった。元徳四年（一三三二）に下野国足利荘木戸郷（現群馬県館林市）を安堵された「木戸宝寿丸」の系統から分かれた一族と考えられている（『館林』一〇一）。木戸家の名跡を継いだ忠朝は、公方にその名字の使用許可を求めたのだろう。

また、公方へ自身の存在をアピールする狙いもあったと思われる。「足利義氏―上杉謙信」という新体制において、古河公方に認められれば、木戸氏は義氏の奉公衆という意味合いを持

つことになる。あくまでも忠朝は上杉方の国衆だが、その謙信も認めた公方とつながりを持つことで、政治的自立権の強化を図ったことが考えられるのである。

一方、広田直繁は木戸家の名跡を継ぐことはなかった。同家の家督を継ぐことは、木戸氏歌学の継承を意味するものだったならば、歌人としての資質は忠朝の方にあったのかもしれない。永禄九年に正覚院へ勝手還俗を禁じる判物を両者それぞれ発給しているが、直繁の文字が力強く、ややバランスの欠いたものであるのに対し、忠朝は「歌人」を彷彿とさせる流麗な筆遣いを見せている。兄直繁が武骨な武人気質であったならば、弟忠朝は合戦よりも文学や和歌に親しむ文化人気質だったのではないだろうか。直繁は羽生城主であり領地経営を行う指導的立場にあった。そのような直繁は謙信から離反せず、その忠信を激賞されているのである。

現在のところ、忠朝へ単独に送られた謙信の書状は確認されない。羽生領を守るのは直繁であり、謙信にとって忠朝はその補佐役という認識だったのだろうか。広田直繁は、謙信から信任され、その立場を強固なものとしていた。

これに対し、木戸忠朝の足利義氏に対する働きかけは、奉公衆に近い立ち位置を獲得するという意図が含まれていた可能性がある。すなわち、「古河公方足利義氏―関東管領上杉謙信」の新体制の発足に伴い、直繁が謙信ならば、忠朝は義氏との関係を深めようとしたのだろう。謙信の軍事的支援を得ると同時に、公方の政治的権力をも取り込み、羽生領の安定化と自身の政治的自立権を万全なものとする狙いがあった。広田と木戸という名字を使い分けているのも、その意味と役割とを明確に意識し、それぞれの立場で「新参者」としての基盤の弱さを埋めようとしたことが推察されるのである。

その意味では、直繁と忠朝は二人で一つだった。兄弟でそれぞれ足りないものを補い合い、協力体制をとる形で自身の持つ才を最大限に生かそうとした。そして、戦国乱世を乗り越えようとする姿が浮かび上がってくるのである。どちからと言えば、直繁は行政的手腕を発揮したのに対し、忠朝は文化的手腕に努めたように思われる。むろん、木戸忠朝自ら出陣し、敵と干戈を交えることもあったが、その背後にある策略や政治的意図は直繁が描いた絵だったかもしれない。兄弟の性質がそれぞれ異なっていたとしても、家督争いなど血で血を洗うような衝突は史料上では確認されない。互いがその才覚を認め、領地を守っていたのだろう。

このように、越相同盟の締結に伴い、広田直繁や木戸忠朝は深谷城の帰属及び古河公方に木戸姓の使用赦免などを働きかけていた。鳥瞰すれば、それは一国衆の小さな動きでしかないかもしれない。しかし、越相同盟という時代の転換期の中、巧みに生き延びようとする国衆の姿が見えてくる。そこには、北武蔵国衆の知恵や奔走、あるいは胸にこめた想いが象徴されているのではないだろうか。

◆上杉謙信の起請文

越相同盟成立後、上杉謙信は北条氏の要望に応えることはなかった。つまり、北条氏に迫る武田信玄の脅威に対処しようとしなかった。謙信が春日山城から出撃しても、北条氏が望む武田氏領国の進攻ではなく、その矛先は下野国唐沢山城（栃木県佐野市）に向かうのである。

関東で年を越した謙信は、永禄十三年（一五七〇。四月二十三日「元亀」に改元）早々に唐沢山城へ出陣する。ところが、前もって参陣要請をしていたはずの国衆が動く気配を見せない。前年から太田資正・梶原政景父子に参陣を要請していたものの、一向に動きはなく、一刻も早い出陣を催促せざるを得なかった（『上越』八三五、八六六）。このとき太田父子は密かに武田信玄と通交しており、すでに謙信から心が離れていたのだろう。実質的な離反であり、北条氏と手を結んだ謙信に不信感を抱き、信玄へ心を傾けていた。結局、太田父子が唐沢山城攻めに参陣することはなく、それのみならず、上杉氏との関係は悪化する。というのも、同年三月に太田資正は謙信の内密の書状を他の国衆に晒してしまうからである。それを知った謙信は、太田資正を「天罰者」と強く非難する（『上越』八九二）。これまで頼もしく思っていたものの、今後の資正の覚悟がわからないとし、両者の関係に亀裂が入ったのである。

なお、忍城主成田氏も曖昧な態度をとっていた。謙信は成田氏の重臣手島左馬助へ宛てて、成田氏長へ使僧を遣わしたが返事がなく心許なく思っていること、また、今後は手島左馬助の父「美作守」（手島高吉）の在世と同様に、尽力するよう伝えている（『行田』二四九）。

越相同盟成立の際、成田氏は上杉方の国衆と取り決められたものの、氏長本人はそれを受け入れるつもりはなかったのだろう。あからさまに反抗するのではなく、曖昧な態度を示すことで、越相同盟に対する国衆としての心情を表したのかもしれない。また、この同盟が長く続かないと判断していたのだとすれば、どちらに転んでもいい態度をとっていたとも捉えられよう。そして、謙信は年が明けた永禄十三年早々、再び手島氏へ書状を送り、成田氏長の唐沢山城への早々の参陣を要請するのである（『行田』二五二）。

こうした動きの中、謙信は永禄十三年一月五日付で起請文を作成しているのが着目される（『叢書』三八四）。

「　　　起請文
今度当口え出馬処、世間不見合則着陳（陣）、先忠之験弥感入候、輝虎存命之内者、忘失有間敷候、然者、任先約、藤岡可出置候、併無拠備ニ候者、相当以替地可申合候、若此旨於偽者、
梵天帝釈、四大天王・惣而日本国中之大小之神祇、別而者日光・月光・摩利支尊天・八幡大菩薩・愛宕山大権現・氏神春日大明神・天満大自在天神之可蒙御罰者也、仍如件、

永禄十三年庚午
正月五日　　　輝虎（花押・血判）
広田出雲守殿
木戸伊豆守殿　」

この起請文は血判である。謙信自らの血液をもって判を捺し、誓いを立てている。では、誰に宛てて出したか。実は、この起請文は宛所を欠いている。しかしながら、その内容からして広田直繁と木戸忠朝へ宛てた可能性が高い。起請文の中に忠信によって新たな領地を与えようとしていること、またその領地は「藤岡」であることから、これまで国衆たちの離反が相継ぐ中、謙信に従属し続けた直繁と忠朝に対し、褒美として領地を与えようとしたことが読み取れる。もし、これに違反した場合は神仏からの「御罰」が下るとしている。

なお、『上越市史 別編1上杉氏文書集一』には、本文を欠いた起請文が収録されている（『上越』一〇一七）。牛玉宝印が用いられ、そこには「広田出雲守殿　木戸伊豆守殿」とある。これこそが先の起請文を補うものだろう。つまり、両文書は元々一枚の起請文であり、唐沢山城攻撃を決行する謙信は、直繁と忠朝の忠信に対し「輝虎存命之内者、忘失有間敷候」と記したのである。二人の忠信は生涯忘れないと述べており、これまでの働きが認められた証そのものだった。また、起請文に滲むその血液からは、従属を貫く直繁と忠朝に対し、その忠信に応えるかのような謙信自身の義が読み取れるのではないだろうか。

ただし、『藤岡町史 通史編』が指摘しているように、この起請文は上杉家文書に残っていることから、実際のところ直繁・忠朝両人には出されなかった可能性がある。そもそも、彼らに与えるとした「藤岡」は、当時上杉氏方の領地ではなかったとみられる。だからこそ、謙信は起請文という形を採ったのかもしれない。後述するが、翌月に謙信は広田直繁に対し、館林城（群馬県館林市）を与える判物を出している（『上越』八八五）。先の藤岡城（栃木県栃木市）を宛て行うとする起請文は何らかの理由で送付されず、翌月になって改めて判物という形で発給されたことが考えられるのである。したがって、直繁と忠朝にとっては幻の起請文と言えよう。

さて、関宿城主簗田持助もまた、永禄十三年（一五七〇）比定一月十六日付で広田直繁へ宛てて書状を送った（『叢書』三八五）。

急度以脚力啓達、抑旧冬輝虎御越山、凌深雪倉内え御着候、定而関東中相調、及春中国中え可有出馬と令校量候処ニ、安外ニ佐野地被取詰、然処不被翻先忠当忠之儀、都鄙寄特言全不及候、我等式者最前ニ馳参雖可走廻候、累年之篭城故、家中之者共不及伝馬無力之体候之間、乍廻延陣之様全雖非如在候、風聞者見合様ニ可思召之儀迷惑迄候、余之無沙汰之様候之間、先々以横肥申達候、此等之趣能々可及御披露之候間不具候、恐々謹言、

　　　　　　　　　　　　　　簗田八助

　　正月十六日

　広田出雲守殿

　　　御宿所

この文書により、関宿・羽生両城が連絡を取り合っていたことがわかる。関宿城は、越相同盟の成立前に北条氏の攻撃を受けていたことはすでに述べた通りである。

右の簗田持助書状によると、戦い続きに兵が疲弊していたらしく、永禄十三年の唐沢山城攻めに際しては、累年の籠城のため家臣たちがうまく働けなかったと述べている。一方、忠節を翻らず唐沢山城攻めに参陣した広田直繁に対し、その働きを賞しているのが注目される。簗田氏の目に、羽生城はどのように映っただろう。北条氏の圧力の中、上杉方の姿勢を貫く羽生城は奇異そのものである。忍城の半分ほどの軍事力しか持たない羽生城が、北条氏に対抗するのは自滅行為と言っても過言ではない。しかし、越相同盟という時代の流れが変わり、謙信から領地を与えられるほどの存在になっていた。あえて逆風に立ち向かい、転じて時代の流れを掴んでいるかのような芸当である。それまで羽生城に着目しなかった国衆の中には、改めて視線を向ける者もいたかもしれない。巧みなのか、それとも無謀なのか、それは後世を生きる我々としても判断が難しいところである。しかし、永禄十三年（一五七〇）二月二十八日、広田直繁は上杉謙信から上野館林城を与えられ、領地を拡大させることは確かである。

◆館林城主広田直繁の誕生

永禄十三年（一五七〇）二月二十八日、謙信は羽生城主広田直繁に館林城（群馬県館林市）を宛て行う判物を発給する（『上越』八八五）。これは羽生城史において大きな転機だった。

今度令越山、向佐城へ出馬候処ニ、同日ニ馳来、殊ニ河辺江打上候時も、被届来候事、先忠・当忠共ニ無比類神妙候、依之、館林城・知行共出置候、併佐野領・足利領除之、扨又、越府迄使成之、令辛労候間、館林領之内羽根田之郷・飯富之郷、佐藤筑前守・小安隠岐守ニ出置候也、仍如件、

永禄十三年庚午

二月廿八日　　　輝虎御居判

広田出雲守殿

館林城主広田直繁の誕生である。唐沢山城城攻めの戦功に加え、昔もいまもその忠義は比類がないため、館林城を与えると記されている。上杉方として従属し続けたその働きが、「館林城知行」という功績をもたらしたのである。

この措置により、広田直繁は羽生城から館林城へ移ることとなった。では、羽生城には誰が入ったか。弟の木戸忠朝を置いてほかにない。忠朝は皿尾城から退出し、新たな羽生城主として着任する。皿尾城に身を置き、成田氏を監視及び抑止してきた忠朝である。越相同盟の成立により、成田氏は上杉方の国衆と定められ、表面上では喫緊の脅威は解消されたことになる。したがって、忠朝は時代の転換期を迎え、皿尾城主としての役目を終えたのだった。

広田直繁と木戸忠朝にもたらされたのは「羽生―皿尾体制」から「館林―羽生体制」への移行だった。これまで彼らは羽生・皿尾両城をもって政治的・軍事的役割を担ってきた。それが館林―羽生体制へと変わったことで、新たなスタートを切ることとなった。が、直繁と忠朝の役割が一新することは意味しない。おそらく、上杉氏を離反した国衆を抑止する楔としての働きを期待されたはずである。つまり、成田氏はもとより、上野国の由良氏や長尾氏、富岡氏などの国衆を視野に入れての配置だったのだろう。彼ら国衆の動きを監視するとともに、上杉方として繋ぎ止める。直繁に新たな領地を与え、館林―羽生体制を敷くことで、かつて謙信から離反した国衆たちを抑止しようとした。それは、直繁と忠朝のどちらかが単独でその役割を担うのではなく、二人で一つの楔だった。他の国衆たちを監視するとともに、越後へ情報を伝える存在として改めて位置付けられたと言えよう。

広田直繁と木戸忠朝が手にした所領は過去最大となった。永禄九年に謙信が作成した「陣立覚書」を基に、館林城主長尾氏の軍役「百騎」を加算すると、その軍事力は二百騎になる。忍城主成田氏の「二百騎」と同等の兵力である。このような結果を見越して上杉氏へ従属し続けていたとすれば、直繁と忠朝の行政手腕は特出していると言わざるを得ない。時代の大きな変化の中にあって、兄弟は所領を拡大させ、有力国衆へとのし上がったからである。

当然、成田氏にとっては好ましくない状況だった。そもそも、前館林城主赤井氏の家臣だった茂呂氏は、成田長泰の兄弟だったという事実がある（『上越』三三九）。また、永禄五年（一五六二）

に謙信の攻撃を受け、開城を余儀なくされた赤井氏が頼ったのも成田氏だった。そのような館林城を広田氏が拝領することが決定し、直繁・忠朝兄弟の政治的独立によって、成田氏は羽生領を失ったときと似た喪失感を覚えたかもしれない。成田氏が館林領を支配下に置いていたわけではないが、苦みを噛み締めざるを得なかったのではないだろうか。

館林城は上野国に位置する城である。直繁と忠朝にとって、再び在地的基盤のない領地経営をする必要に迫られた。館林城は永禄五年（一五六二）に上杉謙信が同城主赤井氏を攻め落として以降、足利長尾氏が配置されていた。ゆえに、当初の長尾氏は上杉方の国衆だったが、永禄九年（一五六六）に離反する（『上越』五四四）。すると、その数年後の同十二年（一五六九）七月十五日、館林城主長尾景長が死去した（『館林』四一八）。跡を継いだのは顕長《あきなが》だった。この者は金山城主由良成繁の二男であり、長尾景長の嫡子が早世したため、由良家から長尾家へ養子に入ったのである。いわば、金山城と館林城は濃い縁戚関係で繋がっていた。一方、広田・木戸両氏と長尾氏には、何ら縁戚関係はない。

足利城（栃木県足利市）への移城を余儀なくされた長尾氏にとって、謙信の措置は実質的な所領の取り上げだった。したがって、広田直繁は顕長の不満を買いながら館林城へ移ったことになる。謙信としては軍事的に必要だったとしても、国衆たちの微妙なバランスは意識されておらず、禍根の残る措置だったと言えるだろう。

このようにして、新たに館林—羽生体制が幕を上げたわけだが、情勢は極めて不安定だっ

館林城城沼と奥に見える善長寺

館林城の土橋門（館林市城町）

た。謙信は北条氏が期待する軍事行動を起こさず、また足利義氏を正式な古河公方としてなかなか認めようとしなかった。国衆たちも懐疑的であり、情勢がどのように推移するのか、ひとまず様子をうかがうというのが実際のところだったのだろう。上杉氏と北条氏の同盟は、長くは続かないと判断する国衆も多くいたはずである。

直繁と忠朝にしても、そのような状況は当然認識していたと思われる。いつか越相同盟が決裂することも予測していただろうか。

館林―羽生体制は直繁と忠朝にとって大きな転機だった。それは領地を拡大させただけではなかった。なぜなら、広田直繁にとって館林領は死地となり、羽生城自落への第一歩となるからである。

◆広田直繁・木戸忠朝の「忠信」

越相同盟の成立により、古河公方を足利義氏とするという取り決めがなされて以来、木戸忠朝は公方家へ働きかけた。木戸姓を名乗る許可を求め、太刀及び青蚨《せいふ》(銭)を足利義氏に贈ったのは永禄十二年(一五六九)比定九月二十三日のことだった。直繁と忠朝にとって、「古河公方―関東管領体制」で関東の秩序を守るという論理が息づき、だからこそ足利義氏や上杉謙信との結びつきを深め、自領の安定化を図ったのだろう。

翌永禄十三年、木戸忠朝は再び動く。今度は足利義氏に対し、受領名の変更を申し出たのである。これに対し、義氏から受領挙状が発給されたのは同年比定四月一日付のことだった(『鷲宮町外文書四八八』)。これまでの受領名が「伊豆守」だった忠朝は、今後は「三河守」の使用が許可されたのである。

三河守は忠朝の曽祖父の木戸孝範の受領名でもあった。孝範は『鎌倉大草紙』には「無双の歌人」と記される武家歌人である一方、太田道灌から軍事に係る意見を求められるほどの武人だった(「太田道灌状」)。この木戸孝範の娘と広田小次郎朝景の間に生まれたのが、直繁・忠朝兄弟の父範実と考えられている(冨田勝治「赤城神社への願主両将とその祖先(菅原左衛門佐為繁・木戸沙弥休波)」一九八六年)。

忠朝が曽祖父木戸孝範と同じ受領名を使用しようとしたのは、木戸家の継承者であることを古河公方及び内外に周知させるのと同時に、新参者としての在地的地盤の脆弱さを固めようとしたためだろう。

それを示すように、直繁と忠朝は謙信に対し、足利義氏を古河公方として認めるようしきりに願っている。謙信はなかなか義氏を公方として承認せず、二の足を踏んでいたからである。そんな彼らの要望に応えるかのように、謙信は義氏を古河公方と認める旨を広田直繁に送ったのは、永禄十三年（一五七〇）比定四月十三日のことだった（『上越』九〇五）。

従去年、様々儀氏《(義)》雖御悃望候、筋目も好も依無之、終ニ不及御請候、乍去其方兄弟頻而歎処、但黙止忠信以相似、此度及御請候、兄弟之者、忠信者不及是非候、偖亦、愚老此芳志名字中之面目、何事歟如之哉、有分別、弥々忠信之心懸肝要候、恐々謹言

卯月十三日　　　謙信御居判

広田出雲守殿

足利義氏は公方としての「筋目」がないことから、謙信には抵抗があったらしい。しかしながら、「其方兄弟」（広田直繁・木戸忠朝）がしきりに嘆くため、義氏を認めることは兄弟の「忠信」に応えるのと同様であるゆえ、正式に承認したという。北武蔵の一国衆でしかない直繁と忠朝が、上杉謙信を動かした瞬間と言えよう。彼らが謙信との信頼関係を築き上げてきたことを象徴するのと同時に、足利義氏の信頼も勝ち得たのではないだろうか。成田氏の影に隠れながらも己の特異性を発揮し、いつしか「古河公方―関東管領」の間で認められる存在になったのである。

ただ、足利義氏を古河公方として認めた上杉謙信だったが、北条家から養子に迎えた景虎の祝儀によって、その正式な承認はいささか遅れたらしい。同年比定五月一日付、謙信は広田直繁へ宛て、遅れた理由を含め改めて承認する旨を伝えている（『上越』九一二）。

その書状を受け取り、広田直繁と木戸忠朝は胸を撫で下ろしたかもしれない。館林―羽生新体制はこれをもって本格始動する。新たな幕開けに、これまで通り二人は協力し合って領地を治めていく。そのような心境だったことが推測される。

ところが、これは羽生城自落に向けての序章だった。この五月一日付の上杉謙信からの書状を最後に、広田直繁は歴史から姿を消してしまうのである。まるで数年後に破却される羽生城を象徴するかのように、暗雲が立ち込めるのだった。

◆消えた広田直繁

館林城を与えられた広田直繁が、いつ同城へ移ったのか記録はない。少なくとも、上杉謙信から館林城を与える旨が伝えられた永禄十三年（一五七〇）二月二十八日以降と推察される。

ところが、館林城における直繁の領地支配を示す史料は、いまのところ一つも存在しない。土地の安堵、社寺への働きかけ、禁制、家臣への所領の宛て行いなどが実在してもよいのだが、そのような史料は確認できず、館林城での広田直繁の足跡を辿ることができないのである。

それだけではない。直繁は忽然と消えてしまう。同年比定五月一日付の広田直繁へ宛てた上杉謙信書状を最後に、その名が歴史上に現われることはなくなる。館林を宛て行われたきり、消息を絶つのである。したがって、いつ、どのようにして直繁が最期を迎えたのか、謎に包まれていると言わざるを得ない。

では、広田直繁が消息を絶ったあと、館林城ではどのような動きがあったのか。それを示すものとして、雷電神社（群馬県板倉町）の造営に係る史料が挙げられる。館林領内に鎮座する同社は、古くから雷電信仰の中心として領民の信仰を集めてきた社である。その雷電神社の社殿が造営されたのは元亀四年（一五七三。七月二十八日「天正」に改元）のことであり、それを伝える棟札が現存している（『館林』四三八）。

その棟札によれば、同年三月十四日に造営に着手し、完成したのは八月二十二日だったという。そして、同月二十五日に遷宮式が執り行われている。元亀四年ということは、広田直繁が「館林城知行」を与えられて以降のことになる。しかし、雷電神社の造営に取り組み、旦那の立場にあったのは「景長」である。広田直繁の名はどこにもなく、前館林城主長尾景長の名が棟札に墨書されているのである。そして、続いて見えるのは「遷宮者御名跡新五郎殿御代也」という銘である。「新五郎」こと景長の名跡を継いだ長尾《ながお》顕長《あきなが》の名前が書き記されていることが注目される。

実は、長尾景長は永禄十二年（一五六九）にすでに死去していた。したがって、雷電神社造営当時は故人であり、実質的に「旦那」となっていたのは長尾顕長だった。棟札からは、山崎兵庫助という大工を中心に、二百十人の番匠によって社殿造営がなされたことがわかる。領民から厚く信仰を寄せられる神社の修繕事業である。それは、長尾氏の信仰心というより、領民に対する政治的意図によって行われたのだろう。

とすれば、元亀四年当時、長尾氏は館林城主に返り咲いていたことになる。棟札には広田直繁の名はなく、長尾氏一族による雷電神社への働きかけであることが強調されている。と同時に、館林城主が長尾氏であることを示す意図としても読み取れる。

雷電神社拝殿（群馬県板倉町板倉）

では、このとき広田直繁はどうしていたのだろう。館林城から身を引いたのだろうか。少なくとも、羽生城へ戻った形跡はない。別の知行地を与えられた史料も確認されない。その足取りは消え、不明と言わざるを得ないのである。上杉謙信から館林城を与えられた永禄十三年（一五七〇）から、長尾顕長が雷電神社を造営する元亀四年（一五七三）まで、広田直繁の身に一体何があったのか。

その謎を解く鍵として、館林に残る記録が挙げられる。それは「館林城城主覚書」等の近世に作成された館林城に係る記録である。それらに共通して記されている事件がある。その時期は長尾氏が館林城主に就く直前のこととなっている。これは「館林善長寺の変」と呼んでよい。なぜなら、善長寺において長尾氏が館林城主を殺害するという事件だからである。

◆館林善長寺の変

善長寺（群馬県館林市）は館林城から程近い場所に建つ寺院である。眼前には天然の沼が広がり、裏手には山王山古墳が横たわっている。

戦国時代、この善長寺を舞台に血生臭い事件が起こっている。同寺で会合が開かれたその隙を狙い、館林城主が襲われるという事件である。この事件は館林城史の転換点であり、そのため近世に成立した「館林城城主覚書」や「館林城主代々」などの記録に共通して取り上げられている（『館林』七〇八、七〇九、七一〇、七一一、七一二、七一三、七一五、七一六）。

記録が伝える事件の大まかな内容は次の通りだ。永禄期（一五五八〜一五七〇）の終わり、館林城主「赤井但馬守」が病気でこの世を去ろうとするとき、家臣に遺言を伝えた。それは、嫡子文六が元服するまで、「諸野因幡守」ら家臣たちが館林城を支えてほしいというものだった。その遺言に異を唱える者はなく、家臣一同は承諾する。

ところが、赤井但馬守の死後、諸野因幡守は叛乱を起こすことになる。嫡子文六を亡き者にしようとしたのである。事前にこれを知った文六は、近習の者たちとともに逃亡せざるを得なかった。かくして、諸野因幡守は館林城主の座に就いた。

赤井氏と縁戚関係があった長尾顕長にとって、この事態は受け入れ難いものだった。赤井文六とともに館林城奪還を図った。「赤井の旗下七騎」を率いて館林城へ攻め入るのだが、「上野国館林城主代々覚書」が「要害堅固ニして落城せず」と記すように、沼に囲まれた同城は難攻不落であり、力攻めにしても落とすことができなかった。

そこで長尾氏は手を変える。諸野因幡守と和議を結ぶ策に出るのである。一旦矛を収め、相手に近付くことで隙をうかがったのだろう。諸野因幡守もその和議を受け入れる。そして会合と称し、長尾氏は諸野因幡守を誘い出すことに成功する。その会合の場所こそが、館林土橋村の善長寺だった。

酒宴の席となり、場は和やかな空気に包まれる。しかし、それこそが長尾氏の狙いだった。油断したその隙を突き、あらかじめ呼び寄せておいた赤井氏旗下の七騎衆とともに、諸野因幡守に襲いかかるのである。場は一転し、善長寺は修羅場と化す。むろん、諸野氏も無警戒というわけではなかったが、多勢に無勢であり、抵抗するものの押し返すほどの力はなかった。そして、ついに諸野因幡守は討死する。かくして長尾氏の協力を得た赤井氏は、館林城奪還に成功するのだった。

史実では、この赤井氏は永禄五年（一五六二）に上杉謙信に攻められ、館林城を退去した国衆である（『館林』三五三）。その後、同城に入ったのが長尾氏だった。しかし各記録は、名前の表記など微妙な異同はあるものの、大筋としては長尾氏が諸野氏を善長寺に招き、同寺で討ち果たすという内容で共通している。こぞって記録されているということは、この「善長寺の変」は館林城における歴史的事件として認識されていたのだろう。

では、事件はいつ起こったのか。「館林根元記」によれば、諸野因幡守の自害を元亀元年（一五七〇）十二月としている。他の記録は具体的な年月日は記していないものの、赤井氏の遺言を永禄後期としていることから、おおよそ元亀年間（一五七〇～一五七三）に起こった事件と考えてよい。

いずれの記録も後世に作成されたものであり、時代が下るほど館林城史に関する文献を参考にしたはずである。諸野因幡守の謀反と赤井氏の追放。そして、長尾氏が起こした善長寺の変。これが永禄後期から元亀年間にかけて起こった館林城史の定説となっていった。

◆諸野因幡守の謎

しかし、明らかな誤記がある。赤井氏が館林城主の座にあったのは永禄五年（一五六二）までである。上杉謙信の攻撃によって赤井氏は降服し、館林城からの退去は「なかなかあわれなる」様子であったことが、長尾政長へ宛てた須田栄定書状に綴られている（『館林』三五三）。

したがって、「館林城城主覚書」等の記録が伝える赤井氏の退去は、諸野因幡守の謀反によるものではない。なお、「赤井但馬守」が病死したのは永禄後期ということだが、当時館林城主だったのは長尾氏である。しかも、永禄後期にあたる永禄十二年（一五六九）七月十五日に病死したのは、館林城主長尾景長であることは間違いない（『館林』四一八）。このことについて、『館林市史 通史編』や『藤岡町史 通史編』は、赤井氏家臣の茂呂氏を諸野因幡守に比定している。赤井文六は永禄五年に館林を去って以降、その消息は不明となっている。しかしながら、その家臣の茂呂氏は、天正年間（一五七三～一五九二）に藤岡城主（栃木県栃木市）として独立しているきらいがある。これにはかねてより北条氏との結びつきがあったことに起因するとされ、上杉謙信が関東へ出陣する以前、元服前の赤井氏に代わって、茂呂氏が立ちまわって動いていたことが注視される（『藤岡町史 資料編 古代・中世』四九、五一、六一）。

どうやらこの人物がキーマンのようである。すなわち、「館林城城主覚書」等の記録の記述者は、茂呂氏をモデルとして善長寺の変を作成した可能性が高い。主君の遺言を守らず城を乗っ取り、自ら城主の座に就いた「諸野因幡守」として描き出したのである。

ただ、茂呂氏は永禄五年以降に消息を絶つものの、のちに藤岡城主となった人物に比定されることから、善長寺で長尾氏に殺害されたのが同氏（諸野因幡守）とするのは考え難い。なお、羽生城主広田直繁が上杉謙信から館林城を拝領した永禄十三年当時、茂呂氏が館林城に在城していた形跡はない。永禄五年の館林城退出後、茂呂氏は騎西城（埼玉県加須市）へ移っていた。同六年（一五六三）に上杉氏が同城を攻めた際、「茂呂因幡守・同兄弟其身出行」と、永禄六年比定四月十五日付の上杉謙信書状に綴られているからである（『上越』三三九）。騎西在城後の消息は不明で、おそらくどこかに潜伏し、機会をうかがっていたのだろう。あるいは、館林城を退去した赤井氏の身の置きどころについて、北条氏照が天徳寺宝衍（佐野房綱）に打診していることから（『館林』三五四）、茂呂氏は佐野へ移った可能性も皆無ではない。

以上のように、善長寺で殺害されたのは茂呂氏ではない。仮に、記録に見える赤井氏を「長尾氏」に置き換えたとしても、茂呂氏が長尾氏を謀って殺害し、館林城を手に入れた形跡もないのである。

では、善長寺で殺害されたのが諸野因幡守＝茂呂氏でないとすれば、誰が凶刀に倒れたのだろうか。善長寺の変は実際にあった事件を題材にしつつ、そこにモデルを当て込んだことが考えられる。近世に記録を作成する段階において、善長寺で起こった事件の記憶はすでに薄くなり、殺害された者の詳細は不明になっていたのではないだろうか。そこで、記録の作成者が白羽の矢を立てたのが茂呂氏だった。赤井氏の元家臣であるため、主君を謀った挙句、のちに善長寺で殺害された者として、茂呂氏（諸野因幡守）にすげ替えたことが考えられる。平たく言えば、善長寺で殺害された者の記憶が曖昧模糊となっていたため、そこに「諸野因幡守」という名が与えられたのである。

善長寺（群馬県館林市当郷町）

とすれば真相は何か。善長寺で殺害された本当の人物は誰だったのか。それを解く鍵として、羽生に伝わる史料が注目される。なぜなら、その史料は善長寺で自害した者がいたことを伝えているからである。

◆伝承羽生城主の自害

館林土橋の善長寺において羽生城主が自害に及ぶ。そう伝えるのは「木戸氏系図」という史料である。作成年代は不明だが、岩松寺四世泉光の手によるものと推定されている（『羽生市史追補』）。

泉光が死去したのは、寛文四年（一六六四）五月二十六日と伝わる。「木戸氏系図」が泉光の晩年に書かれたとしても、慶長十九年（一六一四）の羽生廃城から五十年後、天正二年（一五七四）の羽生城自落から九十年後に作成されたことになる。泉光が何をもとにして「木戸氏系図」を作成したのかは定かではないが、何かしらの情報を掴んでいたとみて間違いないだろう。

「木戸氏系図」に記された内容は、先に見た「館林城城主覚書」や「館林城主代々」などとは異なるものである。赤井氏や諸野因幡守、長尾氏は一切登場しない。あくまでも焦点は羽生城主木戸氏であり、忍城勢との攻防が書き記されている。したがって、「木戸氏系図」が羽生城主とするのは「木戸伊豆守忠朝」である。広田直繁の名前はどこにもない。同史料が作成された当時、羽生領内でも羽生城主と言えば木戸忠朝であり、直繁の名はすでに忘れ去られていた。

「木戸氏系図」によると、忠朝は羽生領と忍領を分ける会の川（利根川）で、成田氏率いる忍城勢を迎え討ったという。果敢に戦ったが、援軍もないまま敗北を喫し、忠朝は撤退する。兵は散り散りとなり、忠朝は羽生城へ戻ることも叶わなかった。そこで落ち延びた先は館林だった。そして、生きる望みを失った忠朝は、同地の善長寺において自害したと「木戸氏系図」は伝えている。

（前略）天正三年亥ノ天、武州忍城之城主成田下総守長康、北条之因下知以大軍押寄、忍羽生領間ノ川隔而及合戦、折節後詰之勢無之、不勢以手勢ヲ防戦トイヘトモ、城終防難、兵散乱伊豆守城中へ難引取、館林土橋於善長寺自害ス云（後略）

この記述は、すでに断片化していた羽生城史の情報（史料）を泉光がかき集め、改めて組み立てたことが推察される。要点は三つある。それは、天正三年に羽生城が落城したこと、次に川を挟んで忍城勢と羽生城勢が激突したこと、そして最後に、善長寺で羽生城主が自害したことである。

成田氏は実際に羽生領へ攻め寄せており、両軍が激突したという合戦場も古くから伝わっている。なお、「木戸氏系図」は天正三年（一五七五）の落城としているが、正しくは天正二年（一五七四）閏十一月の自落である。しかしながら、これは数十年の歳月によって一年の差が出たものと思われ、大きくかけ離れるものではない。

善長寺における羽生城主の自害については、羽生側でも多少記憶が残っていたのだろうか。「天正三年」及び「敗北を喫した木戸忠朝が自害に及ぶ」というのは誤りとしても、羽生城主が命を絶ったという情報は語り継がれており、泉光はそこに「木戸伊豆守忠朝」の名を当てはめたのかもしれない。ちりばめられた羽生城史の情報（史料）を基に、泉光は時系列に並べて「木戸氏系図」を書き記した。歴史の空白部分は想像で補ったとしても、それは根拠のない創作ではなく、何かしらの情報を掴んだ上で筆を走らせたことが考えられるのである。

なお、善長寺で羽生城主が自害したと伝えるもう一つの史料「武陽羽生古城之図」（一七五三年頃作成か）の詞書は、次のように記されている。

（前略）高三万石　武蔵国羽生之城主木戸伊豆守忠朝
小田原北条左京太夫氏政関東領知ノ節右落城天正三乙亥年也、同年ヨリ宝暦三癸酉年迄
百八十年、右伊豆守後入道シテ源斎ト云、館林領土橋村善長寺ニテ自害ト云フ（後略）

この詞書も天正三年の落城としている。「木戸氏系図」の記述と似ていることから、同史料を参考にしたのだろう。いずれにせよ、要諦は羽生城関係者が川向こうの善長寺で自害に及んだという点である。これは館林側の記録には全く見えない情報である。「木戸氏系図」を作成

した泉光は、どのようにしてこの情報を手に入れたのだろうか。

注視されるのは、泉光が住職を務める岩松寺は、本寺が金竜寺（群馬県太田市）ということである。金竜寺は金山城下に所在し、同城主の由良氏の菩提所としても知られる。戦国時代において、金山城主由良国繁と館林城主長尾顕長は兄弟であり、強い結びつきがあった。そのため、泉光は館林の善長寺で羽生城主が殺害された事件を、金竜寺を通して知った可能性がある。事件の細部は薄れても、善長寺の変を耳にした泉光は情報を補いつつ、「木戸氏系図」を作成したのではないだろうか。とすれば、泉光は時の砂に埋もれかかった歴史的事件をすくい上げ、記録したことになる。「木戸氏系図」が史実の一端を語るものであるならば、善長寺において木戸忠朝が自害したという他の史料にはないその情報は、にわかに現実味を帯び、無視することができないのである。そして、館林へ移った羽生城主と言えば、広田直繁をおいてほかにない。すなわち、善長寺の変で長尾顕長に謀殺された者こそ、広田直繁の名が浮かび上がってくるのである。

◆広田直繁の最期

「木戸氏系図」や「武陽羽生古城之図」詞書に見える善長寺で羽生城主が自害したという記述を、「館林城城主覚書」や「館林城主代々」等の記録に当てはめると、自ずと見えてくるものがある。すなわち、善長寺で殺害された者こそ「広田直繁」だったということである。

整理すると、越相同盟の成立により永禄十三年（一五七〇）に広田直繁は上杉謙信から館林城を与えられた。これにより、同城主長尾顕長は強制的に館林城から退去せざるを得なかった。前年に長尾景長が死去したことで、顕長が実質的な指導権を握ったばかりだった。顕長は同城を明け渡し、足利城へ移る。そして、羽生城から館林城へ移り、新たな城主として館林領経営を行うことになったのが広田直繁だった。あまつさえ、館林領の内、羽根田郷及び飯富郷は、広田直繁の配下とみられる佐藤筑前守と小安隠岐守に与えられた。

ところが、元亀二年（一五七一）十月二十一日に北条氏康が死去したのを機に、嫡子氏政は越相同盟を解消する。武田氏と手を結び、上杉氏とは再び敵対関係となった。そこで長尾顕長は上杉氏から離反し、北条氏に帰属。一方で、直繁と忠朝は上杉氏への従属を保持したままだった。そこへ顕長が館林城奪還を企図したとすれば、まさに越相同盟の解消という転換点の隙を突き、善長寺の変は起こったことになる。

館林城は天然の沼に囲まれ、少数の軍勢では難攻不落の城である。そのため、城攻めは行わず、謀略によって直繁を亡き者にしようと企む。そこで選ばれたのが善長寺だった。

「上野国館林城主代々覚書」は、善長寺で「会合」が行われたと記している。広田直繁をはじめとする重臣たちも列席したのだろう。長尾顕長はその機を逃さなかった。記録では、板倉の「間下越前」や飯野の「渕名上野」ら長尾氏の七騎衆が善長寺を襲撃した。羽生から離れ、まだ地盤の浅い直繁には打つ手がなかった。

直繁の最期が自害だったのか、それとも討ち死にだったのか、記録によって異なる。息を引き取るとき、直繁が目にしたのは、善長寺の前に広がる城沼だったろうか。とすれば、その光景に羽生城を重ね合わせたかもしれない。館林―羽生という新体制が始まり、過去最大の所領を有し、いわば絶頂期での死だった。

この「善長寺の変」こと広田直繁襲撃事件は、越相同盟解消後に起こったものと考えられる。冨田勝治氏は元亀元年十一月の事件としているが、広田直繁の館林城拝領は謙信の政治的意図によるものである。その直繁を亡き者とするには、越相同盟が解消し、謙信との間に明確な線引きがされてなければならない。同盟成立中に事件を起こせば謙信に対する謀反となり、上杉氏のみならず北条氏からの攻撃対象となりかねないからである。言い換えれば、越相同盟が解消したことによって広田直繁を襲撃し、長尾氏は反上杉方を表明したことになる。黒田基樹氏は広田直繁が善長寺で戦死を遂げた説に肯定的な見方をし、その時期については、「北条氏に従属する顕長と、上杉氏に従属する広田氏との抗争は、やはり翌元亀二年末における同盟崩壊の後におけるものであったと推測しておくのが妥当と考える」と述べている（黒田基樹「館林長尾氏の研究」一九九七年）。本書においても、この上野国の一角で起こった善長寺の変は、再び勃発した上杉・北条両氏の戦いを象徴する事件だったと捉えたい。

館林側で直繁の名が伝わっていないのは、その政治支配があまりにも短かったためだろう。ましてや、襲撃によってその座を失った城主である。領内で直繁に近付く者がいても、長尾氏が再び城主に就いてからは、その態度を改めたことは言うまでもない。

かくして、広田直繁の名と痕跡は、次第に館林領内から消えていく。記録が作成されるようになる近世の時点で、すでに歴史に埋没していた。例え伝承が残っていたとしても、それを裏付ける史料はすでに失われていたのか、館林側の作成者が直繁を取り上げることはなかった。

羽生領においてもまたしかりである。広田直繁の名は忘れ去られ、『新編武蔵風土記稿』等の記述においても、羽生城主という認識はどこからも読み取れない。ゆえに、羽生城主が善長寺で自害した事件は言い伝えられても、それは広田直繁ではなく木戸忠朝の身に起こったこととして、「木戸氏系図」や「武陽羽生古城之図」に記述されたのである。かつてその忠信を謙信から賞讃された直繁だったが、冨田勝治氏の研究を待つまで歴史に埋没していたことには、憐憫の情を禁じ得ない。

かくして、広田直繁は長尾顕長の謀略によってこの世を去った。善長寺の変で謀殺された者は、本堂の裏に横たわる山王山古墳に埋められたという言い伝えがある。それが史実ならば、直繁の遺骨は善長寺の境内に眠っているのかもしれない。

◆羽生城主木戸忠朝の誕生

善長寺の変から遡ること約三年前、羽生城主に就いたのは木戸忠朝だった。越相同盟の成立に伴い、直繁が上杉謙信から館林城を与えられると、忠朝は兄の後任として皿尾城（埼玉県行田市）

から羽生城へ移ったとみられる。

皿尾城は元々忍城の出城に位置付けられる城である。忠朝が羽生城主となったことで、皿尾城は成田氏に返還されたのだろう。忠朝の移城に関する記録は皆無であり、その具体的なことは定かではない。

ところで、越相同盟が成立した頃、活発な軍事行動を起こしていたのは武田信玄だった。永禄十二年(一五六九)には西上野と武蔵の諸城へ進攻したのち、北条氏の本拠である小田原城を包囲する。北条氏にとっては永禄四年(一五六一)の上杉謙信の襲来以後、二度目の本拠地進攻となった。再び本城攻撃を許したわけだが、小田原城が落ちることはなく、北条氏も反撃の狼煙をあげる。小田原から退出する武田勢を追撃。しかし、三増峠で逆に敗北を喫してしまう。

木戸忠朝にとっても、このような信玄の脅威と無関係ではなかった。羽生城主に就任してまだ間もない元亀二年(一五七一)二月、信玄の別働隊が羽生領に進攻するからである。

これに対して、羽生城がどのような対応を採ったのか、それを示す史料は確認されない。おそらく城に籠り、防戦態勢を採ったのだろう。攻撃を仕掛けたところで自軍の損失は免れない。武田勢も羽生城を落とすことが目的ではなかった。別働隊が城を落とすだけの軍事力を有していなかったとすれば、羽生領内に進攻し圧力をかけることで、武田方への寝返りを促したことが想定される。とはいえ、領地を荒らし、民家や社寺に押し入って金品類を奪うとともに、田畑にも危害を加えたかもしれない。あるいは、生け捕りにした領民を人身売買の対象とする。

そのような濫妨狼藉が横行する乱世だっただけに、忠朝は籠城戦を採り、武田勢の動きを注視したのではないだろうか。

敵勢の進攻で最も被害を受けるのは領民である。領民たちの自衛手段として、高札の購入というものがある。敵に銭を払って濫妨狼藉を禁ずる高札を発行してもらうのである。有力な社寺がこの手段を採ることが多く、山門などにその高札を掲げることで、少しでも敵兵による濫妨狼藉を防ごうとするものだった。

羽生領内の源長寺（羽生市藤井上組）もこの自衛手段を採っている。木戸忠朝の開基とも伝わるこの寺院は、羽生城比定地から北方に位置する。伝堀越館跡（同）とともに、羽生城の北の守りを固める一角だったとするならば、武田別働隊による濫妨狼藉が懸念されたのだろう。同寺には、元亀二年（一五七一）二月二十六日付で発給された武田氏高札が現存している（『埼玉』六七二）。

当手甲乙之軍勢、於彼寺中濫妨狼藉、一切被禁之畢、若有背此旨族者、可被処厳科者也、仍如件、

元亀二年辛未

二月廿六日　　　　土屋右衛門尉奉之

武田勢の寺中における濫妨狼藉を一切禁じ、もしこれに背いた者は厳科に処す、としている。高札を掲げたところで、必ずしも濫妨狼藉を完全に防止できたわけではなかった。実際、この高札が功を奏したのか定かではないが、天正十九年（一五九一）に「大破」の状態だった源長寺が再興されていることから、武田別働隊進軍の影響は皆無ではなかったかもしれない。

ちなみに、この高札は羽生市指定の文化財となっている。高札の発行者が武田家重臣の土屋氏であることから、羽生城が武田信玄に服属した城という説が生じた。江戸期作成の「簑沢一城根元亡落記」などは武田信玄の旗下とし、成田氏や北条氏の攻撃によって天正三年に落城したとしている。なお、古城天満宮の境内には、明治四十二年建立の「古城天満宮縁起碑」が現存するが、やはり武田信玄の旗下とし、武田氏服属説が定説化していたことがうかがえる。

現在のところ、武田勢の羽生領進攻を示す史料はこの高札一点のみである。先述のように、木戸忠朝は籠城して臨戦態勢を採ったものと思われ、武田勢にしても、力攻めを決行した様子はない。しかしながら、領民たちは避難に追われ、緊迫した空気に包まれただろう。羽生に「夜わざ鍛錬之者」（忍び）がいたとすれば、武田勢の動きに合わせて領内を駆け巡り、情報を集めていたのではないだろうか。高札そのものは短い文言にすぎないが、領民を含めて対応に追われた往時の人々の奔走が偲ばれる。

余談だが、羽生から利根川を隔てた群馬県明和町では、同町の神社へ奉納されたとみられる鰐口が長野県南佐久郡川上村の金峰山神社で発見され、話題になったことがある。この鰐口は、享徳元年（一四五二）十二月十三日に「六郎三郎出吉」という者が奉納したもので、「上州佐貫庄大島之郷　厳島神社鰐口也」という銘が刻されている。明和町では、「上州佐貫庄大島之郷」を同町南大島と比定し、同地に鎮座する厳島神社にかつて奉納された鰐口ではないかと推察した。

では、なぜ厳島神社の鰐口が、遠く離れた金峰山神社に存在するのだろうか。『明和村誌』

源長寺（羽生市藤井上組）

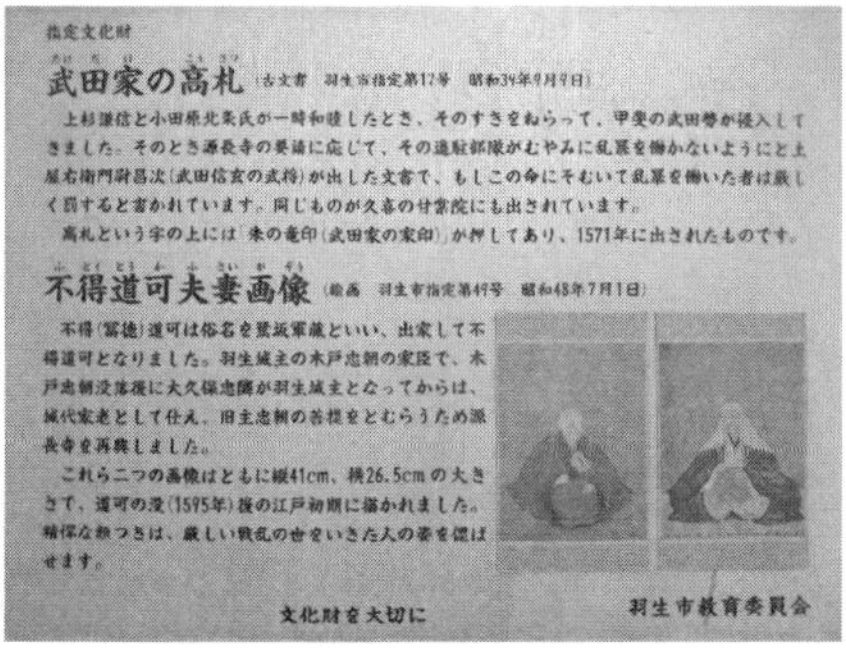

源長寺に建つ文化財説明板

厳島神社（群馬県明和町）

では、金峰山神社の鎮座する川上村がかつて武田家の領地だったことから、武田信玄及び勝頼の上野国進攻の際に奪われ、同社へ奉納されたのではないかと述べている。その年代を永禄九年（一五六六）もしくは天正八年（一五八〇）を挙げているものの、「杳として不明である」と結んでいる。つまり、武田勢は戦利品として南大島の厳島神社から鰐口を奪い、最終的に金峰山神社の奉納したとする説である。

さらには、元亀二年（一五七二）の武田別働隊の羽生領進攻も候補の一つに挙げられるだろうか。元亀二年当時、越相同盟によって南大島を含む館林領は上杉方となっていた。南大島へ進攻するには利根川を越える必要があるが、館林城もしくは金山城に圧力をかけることが可能となる。そこで武田別働隊は村々を押し通り、厳島神社の鰐口を持ち去り、のちに金峰山神社へ奉納したのかもしれない。それを示す史料はいまのところ確認されないが、可能性の一つとして挙げておきたい。

◆羽生城将菅原為繁

木戸忠朝が羽生城主に就いて以降、上杉謙信から同城に届く書状には、「菅原左衛門佐」の名が多く登場するようになる。菅原為繁と言い、広田直繁の嫡子とみなされる人物である。元亀三年比定八月二十二日付の羽生城将宛の上杉謙信書状写には、「菅原左衛門殿」の下に「広田出雲子、木戸伊豆婿」と朱書きされている（『行田』二六七）。すなわち、為繁は広田直繁の子であり、忠朝にとっては婿にあたる。いとこ同士の結婚で、一族の結束を固めるためだったのだろう。

そのような為繁が歴史に名を現わし始めるのは、ちょうど広田直繁が館林城へ移って以降のことである。厳密に言えば、謙信が為繁へ判物を送った元亀三年一月十日が初見となっている（『上越』一〇八〇）。直繁が館林で謀殺された直後であり、以後、為繁はまるで亡き直繁のように、別の言い方をすれば忠朝の兄の代理のごとく、その存在感を強めていくことになる。

為繁は、木戸忠朝羽生城主時代のキーマンの一人と言ってよい。城将という立場だが、為繁は謙信と直接やりとりをしていることから、城内で強い指導権を有していたことがうかがえる。羽生城の舵取りの一端を担う人物だったことは間違いない。

この為繁について、冨田勝治氏は越後へ長年在住していたことを指摘している。『北越軍記』に「玄斎が子木戸監物は越府勤仕」とあることから、「木戸監物」を菅原左衛門佐に比定し、元亀二年五月の初旬に羽生に帰国したとする。そして、「おそらく謙信は、人質として木戸監物なる人物を越後に置いたが、忍城の成田勢に脅かされる羽生城の戦力補強のため帰国させたのであろう」と述べている（『羽生城と木戸氏』）。

当時、国衆たちは戦国大名への服属の証として、人質を差し出していた。成田氏も謙信へ人質を送っており、羽生城も例外ではなかったはずである。幼子を人質に出したことが考えられるが、その者が菅原為繁とする説には疑問を覚える。冨田氏が為繁を人質とする根拠の一つに、

『歴代古案』所収の史料がある。五月十二日付で上杉謙信から菅原為繁へ宛てた書状であり、『鷲宮町史 史料三』はこれを元亀二年（一五七一）に比定している（町外文書四九七）。そこには、為繁が長く越後に在府していたことが綴られている。

態飛脚到来祝着候、路次中無相違帰着之由、目出簡（肝）要候、長ゝ在符（府）二、別而不加入魂無心元候、万吉重而可申届候、恐々謹言、

五月十二日　　謙信

菅原左衛門佐殿

長く越後にいた菅原為繁が、無事に帰国したことを祝う内容である。この史料のみならば、為繁が人質に出されていたと読み取れなくはない。しかし、この内容とほぼ同じものが同日付で上杉景勝からも出されていることに注意を要する（『上越』一一五三）。

去比者被遂参府、仕合能帰路、定而可為大慶候、長之（々）在留候処、別而不能入魂、于今無心元候、猶万吉重而可申候、恐々謹言、

五月十二日　　景勝

菅原左衛門□殿

発給年は欠けているが、上杉景勝が実名を使用するのは天正三年（一五七五）以降のことである。つまり謙信が為繁へ出した書状は、少なくとも天正三年以後に比定されることになる。為繁が城将として歴史に登場するのは元亀三年（一五七二）であり、羽生城は天正二年（一五七四）閏十一月に自落している。したがって、天正三年に人質から解放され、越後から羽生へ帰国することはあり得ない。『歴代古案』所収の上杉景勝書状の存在から、元亀二年に人質だった為繁が帰国するというのは考えがたい。

そもそも、羽生城が謙信に従属する永禄三年（一五六〇）当時、為繁はすでに二十歳前後になっていたことが推測される。元服した者が人質として越後へ赴く可能性が皆無ではないにしろ、北条氏や武田氏の動きが懸念される中、羽生に残り、城を守ることを役目としていたのではないだろうか。

以上のことから、本書では菅原為繁は人質として越後へ赴くことはなかったと捉えたい。人質に差し出された者がいたとすれば、その候補として忠朝の二男 木戸元斎が挙げられる。『米沢地名選』によれば、永禄四年の春当時、元斎は「小七郎」と言い、上杉謙信の命によって歌を詠んだという。幼名を使用していることから、元服前であることがうかがえ、人質として越後へ赴いたとしても無理がない。先に引いた『北越軍記』の記述で、「玄斎」を木戸忠朝、「木戸堅物」を元斎と置き換えれば辻褄が合う。のちの木戸元斎が、羽生城自落後に上杉景勝へ出仕したとき厚遇で迎えられたのは、かつて人質として越後で過ごしたことも影響していたかもしれない。

さて、この菅原為繁は、上杉謙信から元亀三年一月十日付で畠山姓を名乗ることを許可されている（『上越』一〇八〇）。

連々忠信、依之、名字可改由候哉、尤候、併河内・能州畠山者源家ニ候、関東之畠山者平ニ候、菅家之畠山雖不及聞候、任侘言、心当畠山菅原左衛門佐与可然候、仍如件、

元亀三年正月十日　　謙信御居判

菅原左衛門佐殿

為繁の改姓要請に対し、謙信が認めた内容となっている。ただ、謙信にはすっきりしないものがあったらしい。河内や能州の畠山氏は源家であり、関東では平家が名乗っている。「菅家」の畠山は聞いたことがないと述べているが、為繁の忠信に応えるかのように改姓を許可している。為繁としては、畠山姓を名乗ることで、政治的基盤の弱さを固めようとしたのだろう。しかしながら、畠山姓を使用した為繁の文書はいまのところ確認されない。

ところで、上杉謙信の命によって羽生城へ派遣された者がいる。その者の名は斉藤盛秋である。「斉藤家由緒書上」によると、成田氏と激しく衝突する元亀天正の頃、謙信の家臣である

斉藤盛秋以下「侍数十騎」が、越後から羽生城に入ったと伝えている。その記述を素直に受け取るならば、盛秋は越相同盟が解消し、広田直繁が館林で謀殺されたのちに派遣されたことが推察される。むろん、羽生城救援のためだろう。

一方で、羽生城が北条方へ寝返らないための監視役として派遣された可能性もある。斉藤盛秋の具体的な働きは記録に残っていないが、おそらく羽生城の中枢にいたはずである。謙信の代理のような存在として羽生に身を置いたのではないだろうか。少なくとも成田氏や北条氏との攻防や、自落を迎える羽生城を目の当たりにした人物であることは間違いない。

斉藤盛秋らの派遣は、羽生城が激動の時代を迎えることを示唆するものである。元亀二年（一五七一）の暮れ、越相同盟が破綻する。上杉氏と北条氏の和解はほんのひと時にすぎなかった。そのことは、羽生城と忍城との対立にも同様のことが言える。すなわち、同盟解消後、成田氏は上杉氏から離反し、再び北条氏へ帰属するからである。羽生城と忍城の本格的な戦いの幕が上がる。以降、成田氏は北条氏に羽生城攻めを要請し、執拗に攻撃を仕掛けることで忠朝を追い込んでいくのだった。

◆北条氏の羽生出撃

元亀二年（一五七一）の暮れに越相同盟は破綻し、国衆たちは上杉氏と北条氏のいずれかに服属するか、再び難しい判断を迫られることとなった。とはいえ、同盟成立前がそうであったように、多くの国衆は北条氏へ服属する。上杉・北条両氏の間で取り決められた領分は瓦解した。武蔵国で上杉氏に属すのは深谷城と羽生城のみとなり、忍城主成田氏は北条氏に帰属した。深谷の上杉憲盛は、直繁と忠朝の働きによって謙信に帰属した国衆である。元より謙信に心を寄せていたわけではない。言い換えれば、いつ離反してもおかしくなかった。一方、羽生城の態度は同盟成立以前と変わらず、この政治的判断が木戸忠朝によるものならば、兄直繁の指針を踏襲したのだろう。

ただ、北条氏に帰属する国衆が多い中、遠からず危機が迫ってくることは火を見るより明らかだった。北条氏にとって、両城を落とすことは武蔵国平定を意味する。すなわち、両城攻略に向けて北条氏が動くことは必須だった。

上杉謙信もそのような状況に対し、懸念を示している。元亀三年（一五七二）比定五月十四日付で厩橋城主北条高広《きたじょうたかひろ》へ宛てた書状には、「雖無申迄候、羽生・深谷口付堅固簡《（肝）》要候」と、羽生と深谷の備えを厳重にするよう指示している（一度離反した北条高広は、再び上杉氏に帰属した）。そして、両城の忠信が長く続くことを願うのである（『行田』二六四）。

八月になると、いよいよ北条氏が動き始めた。北条氏照が羽生城へ向けて出撃する。近い内に陣を張るという情報が、千葉胤富から豊前孫四郎へ報告されるのである（『叢書』四一五）。

神崎上総介・大須賀信濃守間鉾楯之儀被及聞食、被成　御書（足利義氏）候、即頂載覃御請候、可然之様御披露尤候、仍彼間向互有遺恨之儀如此候、雖然、加異見速押静候、如被仰出候、此上之事尤一入懇切ニ可被指南候、将亦、氏政武州勢遣之儀、内々無心元候之処被露紙面候、向羽生北源（北条氏照）于今張陣ニ候て得其意候、随而当表無替儀候、毎事猶期来信之時候、恐々謹言、

八月十五日　　胤富

豊前孫四郎殿

氏照のみならず、北条氏政自身も羽生城へ出陣した（『行田』二六六）。羽生・深谷両城を標的に定め、武蔵国平定に向けて本格始動したのがうかがえよう。

館林城主広田直繁が謀殺されたのはちょうどこの頃だった。越相同盟成立時に足利城へ移った長尾顕長は、同盟が解消されると北条氏に帰属する。長尾氏は北条氏の武蔵国出撃に便乗するかのごとく、七騎衆を率いて広田直繁を善長寺で襲撃し、亡き者にしたのである。

広田直繁の死はいつ頃羽生城にもたらされたのだろうか。訃報を受け、羽生城内に激震が走ったことは言うまでもなく、晴天の霹靂に近い衝撃だったはずである。戦国乱世とはいえ、そのような直繁の最期を想像していただろうか。広田直繁はこれまで羽生城を牽引してきた人物だっただけに、その存在を精神的支柱とする者も少なくなかったと思われる。直繁の死去は、羽生城にとって半身をもがれたのも同然だった。

しかし、羽生城に迫るのは北条氏の軍勢である。北条氏照及び氏政が羽生に向けて出撃していた。この動きに乗じて忍城が加勢する可能性は高い。そのような危機の前では弔い合戦どころではなかった。防戦の準備に追われざるを得ず、逆に言えば長尾顕長もそれを見越しての善長寺襲撃だったのだろう。

直繁亡きあと、全ては木戸忠朝の判断にかかっている。もはや兄を頼ることはできず、自らの判断で羽生城の舵を取らなければならない。城将として、忠朝の嫡子重朝と甥の為繁がいるものの、彼らが直繁を越える存在でないとすれば、兄の喪失は想像を遥かに上回るほどの打撃だったことが推察される。

直繁の死去により、館林領は自ずと羽生城から切り離された。館林—羽生体制も崩壊し、暗転する。羽生城は再び孤立の道を進み、以後坂道を転がり落ちるかのように苦しい戦いを強いられることになる。そして、元亀三年(一五七二)八月、羽生領に進攻した成田氏長の軍勢は、羽生城自落の序曲のごとく、木戸忠朝の軍勢を打ち破るのである。

◆成田氏長の羽生領進攻

元亀三年(一五七二)八月、北条氏の軍勢が羽生城へ向けて出撃したとき、上杉謙信の身は関東になかった。この頃の謙信の目は越中に向けられており、自身も同地にあった。

しかし、北条氏の動きは逐一謙信のもとへ情報が届けられていた。北条氏の羽生城攻めの知らせを受け、沼田城主河田氏へ宛てた書状には、「力堅固」に防戦するよう羽生城の者たちへの伝言を頼んでいる（『行田』二六六）。その数日後、謙信は直接木戸忠朝及び羽生城将へ宛てて書状を送付する（『行田』二六七）。越中攻めに奔走していたとはいえ、関東の情勢は常に意識の内側にあったのだろう。謙信は羽生の者たちが散り散りにならないよう関東へ出陣し、彼らの進退について「工夫」することを伝えた。それと同時に、羽生の者たちに「譜代之者共」を集めておくよう述べている。

就越中江出馬、態使大慶候、越中悉一変、賀国迄放火、内々暫賀ニ可立馬処、賀州之者共悃《(懇)》望之旨候間、為越山与云、旁々昨日至于春日山納馬候、此人数為不散越山成之、旁々進退をも可工夫候、譜代之者共をも被集置尤ニ候、万吉重而可申候、恐々謹言、
　追而、越中敵地、落居之注文指越候、以上、
八月廿二日　謙信
木戸伊豆守殿
同　右衛門大夫殿
菅原左衛門殿「（朱書）広田出雲子、木戸伊豆婿」

羽生城をめぐる情勢はさらに逼迫する。年月日と宛名は不明だが、同時期に北条氏政も羽生・

深谷両城攻撃に向けて出撃するからである（『川里村史 資料編1』二一七）。

（前略）将亦、氏政向羽生・深谷ニ出張之由、方々同説ニ候、殊更新田・足利・館林・佐野同陣之由候歟、各存分更ニ難計候、被聞召届儀候者、重而御注進可令得其意候、関宿之事者、信玄無二被相談候間、氏政も可為同意候歟、爰元不可過御塩味候、委曲梅江斎可被申越候條、不能言説ニ候、恐々謹言、

※宛名、年月日欠

着目されるのは、北条氏政の羽生・深谷両城の攻撃にあたって、新田（金山城）、足利城、館林城、唐沢山城の兵も同陣する見込みがあったということである。北条方の国衆が結束し、両城を落とす軍略だった。実際に各城の諸将が同陣したのか定かではないが、金山城兵が布陣したという伝承が羽生に残っていることから、このときの戦いを指しているのかもしれない。

このように羽生・深谷両城攻略の機運が高まる中、忍城勢が羽生領へ進攻したのはそれから間もなくのことだった。成田氏長率いる忍城勢が羽生城勢と激突。実際に干戈を交えると、氏長は北条氏照に書状を送った。それを受け取った氏照は、成田氏が望みのごとく羽生の軍勢を打ち散らしたことは喜ばしいと、八月二十八日付で氏長に宛てて書き送るのである（『戦北』一六〇九）。

能〻預脚力、懇書披閲本望候、如承候、此度羽生之勢如御望之被打散候事、可為喜悦候、御同意候了、深谷者廿三日帰陣候、委曲自是も可申入候条、早〻及回音候、恐々謹言

八月廿八日　　　　　　　　　　　　　氏照（花押）

成田左衛門次郎殿

元号は記されていないが、『戦国遺文 後北条氏編』及び『新編埼玉県史 資料編6』、『鷲宮町史 史料三』などは元亀三年（一五七二）に比定している。他方、『行田市史 資料編古代中世』は北条氏繁の羽生領進攻に関わるものとして天正元年（一五七三）としている。

確かに、このとき北条氏照が羽生に向けて出陣し、軍陣を張っていたきらいがある。また北条氏政も羽生へ向けて出撃していた。とすれば、天正元年の羽生領進攻として読み取っても差支えなさそうだが、出撃した両者のその後の行動は不明である。別の言い方をすれば、北条氏の出撃はまだ「情報」の段階であり、氏照と氏政が実際に羽生に着陣したのかは定かではない。氏政の場合、深谷城も射程に入れての進軍だった。このことを勘案すれば、北条氏の軍事力を背景に成田氏長が先陣を切って羽生領へ進攻したと読み取ってもよいだろう。すなわち、元亀三年八月の羽生領進攻である。越相同盟は元亀二年十二月に解消されたばかりであり、この機に乗じて成田氏は一気に羽生城を潰しにかかったと理解してよい。

この合戦に際し、深谷城勢も動きを見せていた。おそらく、羽生城の後詰（援軍）として出陣したと思われる。それを牽制したのが北条氏政もしくは氏照だった。したがって、羽生城への援軍は叶わず、上杉憲盛は八月二十三日に深谷城へ戻ることになる。

北条氏照が「此度羽生之勢、如御望之被打散候事、可為喜悦候」と書き記したところに、成田氏長の羽生城に対する執着が感じ取れる。氏長は越相同盟が成立しても、羽生領進攻の機会を虎視眈々と狙っていたのだろう。とすれば、氏長は一歩も引かず、容赦なく攻め立て、羽生城勢を討ち散らしたことが推察される。

直繁と忠朝は上杉方の姿勢を貫く存在であり、成田氏が勢力伸長を図る上でも、目障りな隣接の国衆だった。いや、元「馬寄」である。積年の鬱憤を晴らすかのような猛攻だったのではないだろうか。

ただし、敗北を喫した羽生城勢だったが、城が陥落したわけではなかった。翌天正元年（一五七三）になると、北条氏繁が羽生領へ進攻するため、元亀三年の戦いは野戦だったのだろう。これは古くから羽生側に伝わる岩瀬河原の戦いに比定され、領地を分ける会の川を挟んでの衝突だったことが考えられるのである。

◆伝承岩瀬河原の合戦

羽生城は天正二年（一五七四）閏十一月まで存続することから、それまで成田氏や北条氏の攻撃の的になり続けることになる。換言すれば、羽生城は厳しい戦いの渦中にあっても、同年まで落城しなかった。ということは、北条氏照が書き記した「被打散候事」とは、羽生城への直接攻撃を意味するものではない。攻城戦ではなく野戦であり、羽生領へ進攻した敵勢に対し、木戸忠朝率いる羽生城勢がこれを迎え撃ったとみられる。

　羽生で古くから言い伝えられている合戦がある。それは、「岩瀬河原の合戦」である。伝説ではあるものの、羽生領と忍領を分ける会の川において、忍城勢と羽生城勢が激突したという。忍城勢の奇襲を事前に察知した羽生城勢が会の川で迎え撃ち、勝利を収めた。その戦勝記念として、桑崎村（現羽生市桑崎）に八幡社を創建したという。

岩瀬河原比定地（2016年撮影）

　なお、この桑崎地区には、岩瀬河原の戦いにまつわる伝説がいくつか残っているのが特徴である。往古は「血洗いの池」と呼ばれるものがあった。岩瀬河原の戦いで討ち取った首や、武具や服に付いた血を池で洗い落としたと言われ、もしくは合戦で亡くなった者を埋葬した場所とも語り継がれていた。遠い戦国時代の合戦を伝えていたが、時代の流れとともに「血洗いの池」は消滅した。

　また、同村はかつて蛍の名所としても知られていた。夜になると多くの蛍が飛び交い、その光景はとても幻想的だったと伝わる。まるで、岩瀬河原の戦いで亡くなった者たちが蛍となって生まれ変わり、古戦場で戦っているようだと述べたのは、明治期の医師で郷土史家だった伊藤道斎である（『埼玉群馬両県奇譚』）。

なお、同村には「堀の内」という地名が残っている。かつて軍事施設があったことを示唆しており、埼玉県教育委員会発行の『埼玉の中世城館跡』では、戦国期の館に比定している。考古学的な裏付けはされていないものの、実際に軍事施設があったとすれば、羽生城の支城の一つと見なされよう。そこに存在する意義としては、付近に会の川の渡河点があったからにほかならない。渡河点の監視かつ敵の進攻を防ぐ陣所として役割を担っていたことが推察される。忍城から羽生城へ向かうルートとして、「館林道」（近世に「日光脇往還」と呼称される道）の一部を使ったならば会の川を渡って羽生領へ進攻するとき、対岸に位置するのは桑崎もしくは上岩瀬である。すなわち、桑崎は敵の軍勢が進行するルート内に位置づけられるのである。だからこそ、同地域には戦勝記念で勧請したという「八幡社」や「血洗いの池」等の伝承が多く残されているのだろう。

さらに、会の川の渡河点付近には、かつて「かなやま」と呼ばれる小山があった。これは援軍に駆けつけた金山城兵が布陣した場所だったため、そう呼ばれるようになったと言われている（現在は消滅）。ここが渡河点であることから、「かなやま」と呼ばれた小山は、川を監視する物見台として使用された跡だったことも考えられよう。

なお、「岩瀬河原の合戦」を文献的に裏付けるものとして、「中岩瀬天神宮縁記《ママ》」（一六四九年成立）や「木戸氏系図」（一六六〇年成立か）、『武蔵国郡村誌』（一八七六年成立）がある。これらの史料は、会の川（岩瀬河原）での合戦について触れている点が注目される。記された合戦年次はいずれも異なるが、共通しているのは、羽生城勢が会の川を挟んで忍城勢と衝突したという点である。

（前略）永禄八乙丑、成田下総守長氏をして羽丹生県を伐たしむ。羽丹生候木戸伊豆守、兵を岩瀬河原に進め、古利根水を前にして挑戦年あり（後略）（「中岩瀬天神宮縁記」）

（前略）天正三年亥ノ天、武州忍城之城主成田下総守長康、北条之因下知以大軍押寄、羽生領間ノ川隔而及合戦、折節後詰之勢無之不勢以手勢ヲ防戦トイヘトモ、城終防難兵散乱（後略）（「木戸氏系図」）

桑崎三神社　（中略）里人云ふ、昔羽生の城主木戸伊豆守忠朝、忍の城主成田氏の勢と岩瀬河原に戦ひ勝つ、是に於て元亀三年三月十五日此地に勧請（後略）（『武蔵国郡村誌』桑崎村の項）

いずれも後世の記述だが、会の川は羽生領と忍領を分ける境界線であることから、ここで忍城勢と羽生城勢が干戈を交えた可能性は否定できない。とすれば、岩瀬河原の合戦は元亀三年八月の北条方の羽生領進攻を指すものではないだろうか。館林道を進軍した忍城勢はやがて会の川にぶつかる。その渡河点において羽生城勢と干戈を交えたのである。

桑崎の堀の内はその橋頭堡的な存在であり、情報収集及び合戦に活用された。『武蔵国郡村誌』は、桑崎村における八幡社の勧請は忍城勢に勝利したことを由来としているが、これは戦勝記念ではなく戦勝祈念のためだったと推察される。越相同盟が解消され、軍事的緊張が高まっていた最中に、勧請されたのではないだろうか。

会の川で敗北を喫した木戸忠朝だったが、羽生城の落城を意味するものではなかった。北条方も深追いはせず、羽生城攻撃には踏み切らなかったとみられる。むろん、北条方が結束して総攻撃を決行することもなかった。このような軍事行動が、のちに「岩瀬河原の合戦」として伝わるようになったのだろう。歳月の流れとともに合戦の記憶は曖昧となっていったが、「血洗いの池」や「かなやま」、「蛍合戦」など地域伝承として断片的に語り継がれてきたのではないだろうか。

先に見た北条氏照の書状には、討ち取った羽生城勢の数は記されていない。羽生城は手痛い敗北を喫したことは間違いない。

たたみかけるように、成田氏長が攻撃の手を緩めることはなかった。翌年になると、岩付城代北条氏繁に羽生城攻撃を要請。そして、北条氏もまた羽生・深谷両城攻略に向けて砦を築き、その攻勢を強めていくのである。

◆羽生・深谷両城攻略の砦と北条氏繁の進攻

羽生城と深谷城。北条氏政の目に、この二つの城はどのように映っただろう。まるで最後の砦のごとく、武蔵国平定を企図する北条氏の前に立ちはだかっていた。が、武蔵国平定は目前に迫っていた。換言すれば、両城を落とせば上杉氏勢力は後退するのである。そこで北条方は深谷城攻撃に踏み切った。金山城主由良成繁は、元亀三年（一五七二）比定十一月八日の時点で深谷城の陥落は近いと捉えている（『叢書』四一八）。そして、利根川沿線にある羽生城についても、攻略に取り掛かるよう鼻息を荒くするのである。

自入小屋罷出候、先被為越候様体聞入申候、彼地押詰十日十五日陣取候者、落居可為必然候、深谷口之御隙今明日之間ニ明儀も可有之候、羽生へ之御調儀、可為不虞候間、其御心懸専一候、縣左京亮方自御陣下帰路候哉、御嶽一昨日南方へ御請取候、先以可為御悦喜候、左京亮方帰路之上、有御工夫御嶽之儀御申専一候、将又屋形去年巳来鷹無御遣候、大聖院殿御一周忌過候□□御鷹令為居候、おほ鷹三御所持之由候、一被進可然候、恐々謹言

十一月八日　　　　信濃守

成繁（花押）

※宛名欠

武蔵国平定を射程に入れた北条氏は容赦なかった。深谷・羽生両城を攻略すべく、砦を築くのはそれから間もなくのことだった（『叢書』四二〇）。十二月八日付の金山城主由良成繁へ宛てた北条氏政書状写によると、栗橋城は十二月二日より昼夜を問わず攻め続けられ、同月七日に落城したという。関宿城の落城がいよいよ迫っていた。そして、栗橋城を普請するとともに、深谷・羽生両城攻略のための砦を築くのである。

この砦の詳細は不明で、どこに築き、その構造についても記録にない。ただ、かつて関宿城攻略のために向城が築かれたように、武蔵国をめぐる戦いは大詰めを迎えていたことがうかがえる。換言すれば、越相同盟解消以来、羽生城を取り巻く情況は悪化の一途を辿っていた。頼るべき広田直繁はこの世にはいない。謙信も越山する気配を見せない。羽生城の落城は時の問題と多くの者が思っただろう。もし、この時点で北条氏の服属へと舵を切ったならば、戦国乱世を生き延びる活路を見出せたかもしれない、という推測を禁じ得ない。仮に、成田氏に政治的自立権を簒奪されても、再び「馬寄」として生きていく可能性は残されていただろうか。

北条氏は元亀四年（一五七三／七月二十八日「天正」に改元）を迎えても羽生・深谷両城攻略の手を緩めなかった。一月には北条氏政自身が羽生へ向けて出馬する。その情報は、再び北条氏と同盟を結んだ武田信玄の耳にも届いている（『行田』二七〇）。

羽生城にとって、北条氏政の進攻は脅威そのものだった。もし北条氏が総攻撃に踏み切れば、武蔵国で味方するのは深谷城だけである。前年に敗北を喫したばかりの忠朝には、北条氏による力攻めは絶望的と言わざるを得なかった。ゆえに羽生城は寝返るのではないか。出撃した北条氏政はそれを狙って出陣したのかもしれない。力攻めにして自軍の兵を損ねることなく、圧力をかけて寝返らせたのならば最も効率的だからである。

岩付城代北条氏繁は、羽生・深谷両城攻略に向けて動き出す。氏繁は元々玉縄城主（神奈川県鎌倉市）だったが、永禄十年（一五六七）に岩付城主太田氏資が戦死したのを機に、同十三年頃から岩付領支配に関与するようになっていた。越相同盟の解消後、深谷と羽生が上杉方として残ったため、氏繁は両城攻略を担わされたらしい。

元亀三年（一五七二）が明けると、北条氏繁は早速両城へ向けて出撃した。しかしながら、氏繁はまだ武蔵国の土地勘が薄かったのか、鷲宮神社の神主及び粟原城主の大内氏へ宛てて次の書状を送っている（『行田』二七二）。

急度令啓進候、仍今般向深谷被動、漸隙明候処、成下頻而調（義脱カ）望被申付而、向羽生一動被致之候、我等事、太田岩付領備、被申付候間、今日赤木迄罷着候、明日者、其口前後迄備ニ出、羽生領打散可申候、然者、案内者可越給候、将亦、其口羽生領・鷲領之傍爾（牓示）等尋候、可被加敗郷村何郷之書立可給候、今夕拙使加敗之一札、可進置候、次

羽生口之説、委細可承候、猶宮□可有演説候、恐々謹言、

二月十六日　　北左

氏繁（花押影）

神民

御答

「案内者」の派遣要請をするとともに、羽生領と鷲宮領の境界を示す「牓示」などを教えてほしい旨を書き綴っている。当時は領地の境に境界を示す目印（牓示）が建っていた。「案内者」を要請したのは、土地勘がまだ薄かったと捉えられるが、永禄四年（一五六一）に羽生城勢の進攻を受けて以降、その勢力圏を侵食されていたことも挙げられよう。「鷲宮神社棟札」に、鷲宮神社の神領にあたる村の一部が「半分」と記載されているのが羽生城の進攻を意味するものならば、羽生・鷲宮の境目は複雑に入り組んでいたことがうかがえる。

なお、翌日の羽生領進攻に際し、濫妨狼藉を禁ずる高札（「加敗之一札」）を受けたい郷村を書き立てて氏繁へ渡せば、夕方には発行するとも書き加えた。この氏繁の書状は、敵地へ進攻する際の手続きや準備を示す史料と言えよう。

そもそも、この度の羽生領進攻は、深谷城攻めに余裕が生じ、成田氏長がしきりに要請したことによるものだった。深谷城攻略が大詰めを迎えるとともに、成田氏の羽生城に対する執着が戦乱を激しくさせていた。

氏繁の書状によれば、翌二十七日に羽生領進攻は決行された。しかし、その後の展開を示す史料は、いまのところ確認することができない。羽生城はその後も存続していることから、進攻したものの、偵察と圧力をかけることを目的とし、本格的な城攻めではなかったことが推測される。羽生側も進攻を伝える記録はなく、木戸忠朝の感状等もないため、果敢に打って出ることはせず、籠城戦を採ったのだろう。例え干戈を交えたとしても、小競り合い程度だったとみられる。

しかしながら、進攻を受けた村々は少なからずの被害を受けただろう。容赦なく北条勢が押し入り、強奪の嵐に見舞われたのではないだろうか。家や田畑は荒らされ、捕らわれた女や子どもたちは連れ去られる。二月二十六日の時点で、そのような危機が羽生領に迫っていたことは確かである。

元亀四年（一五七三）四月、北条氏政は再び動き出す。またもや羽生・深谷両城攻略に向けて出馬するのである。二月の時点で余裕が生じたとされる深谷城攻めだったが、結局は落城もしなければ帰属もしなかったらしい。そのため、氏政は畳みかけるように出撃した。

ちなみに、北条方の動きは川向こうの結城晴朝にも影響を及ぼしていた。晴朝は北条景広に対し、「如旧冬可有越河候哉、当方物近之間、窮屈千万ニ候」と書き送り（『行田』二七二）、北条勢が昨年の冬のごとく川を渡れば自分の城が近いため窮屈であると、不安と疲労をにじませている。北条氏政の狙いが羽生・深谷両城であっても、結城城（茨城県結城市）も攻撃の射程圏内であり、北条勢が利根川を越えて進軍することが懸念されたのである。
実際、北条氏政の軍勢が羽生城に迫ったのは、天正元年（一五七三／七月二十八日改元）八月のことだった。羽生領内へ進攻し、小松に着陣する。このとき、羽生城は大きな危機を迎えることとなった。

◆北条氏政の出撃と「吉清」の起請文

天正元年（一五七三）七月二十八日、北条氏政は羽生城へ向けて出撃した（『行田』二七六）。その情報はすぐに羽生城の知るところとなった。羽生城将菅原為繁は、上杉謙信へ救援を要請する。謙信の一日でも早い救援は、羽生城の切なる願いだった。

要請を受けた上杉謙信は、天正元年比定八月八日付で羽生城へ返事を送る（『上越』一一六九）。救援に来るのか、来ないのか。もたらされた謙信の返書を目にした為繁はどう思っただろう。暗澹とした想いに駆られたかもしれない。なぜなら、羽生城の備えを万全にする指示はあっても、救援に駆けつけるという文言はなかったからである。

就越山之義、重而被申越透、誠々無余義共可申様無之候、抑其方両人忠信第一可畏義勿論ニ候、但後人為忠信ニも亦信・甲之取乱与云、殊東方一変之上者、可然時節争而可弓《（油）》断候哉、爰元ニ人数集置候処、佐藤筑前守并菅左被越候使見届候間、可心安候、越山之内家中

へ付力堅固ニ備被申候付可被相待候、猶筑前守目出重而恐々謹言、

八月八日　　　　　　　　謙信御居判

菅原左衛門佐殿

謙信は、佐藤筑前守や菅原為繁から遣わされた使者から、羽生城に人数（兵）が集め置かれていることを聞き、安心したという。そして、「家中」に力を付けて備えを厳重にして越山を待たれよ、と伝えている。つまり、越山するものの、すぐに救援に駆け付けるわけではなかった。越中攻めに心を砕く謙信にとって、関東へ手を回す余裕がないというのが実際のところだったのだろう。

謙信の越山がなければ、忠朝は自力で羽生城を守らなければならない。頼むべきは、数少ない味方のみである。この返書が届く直前、羽生城関係者は味方の結束を図っていた。元亀四年（一五七三）八月七日付で「吉清」なる人物が次のような起請文を出ているのが注目される（『熊谷市史 資料編2』家わけ文書／嶋田家文書五―六）。

誓詞之事

［　　］［　　］ぬいの助処にもなを□《可》□《申》□《候》間、

［　　］候、然ハいつかたよりも此御事あらハれ申間敷候、其為ニ誓詞をもって申上候、

一、上梵天・帝尺・四大天王、下弥陀□弥陀、惣て日本国中大小神祇・熊三所権現・伊豆箱根両大権現・別て当国当庄天鎮守・鷲大明神・小松大権現・長良大明神・八幡大菩薩之御罰を可蒙候、如件

元亀四年癸酉八月七日　　吉清

この起請文を提出した「吉清」という人物は、実のところ不明である。ただ、ここに記された「ぬいの助」は、羽生城の被官である日向城主嶋田縫殿助に比定されることから、同氏の一族あるいは近しい人物と目されている。また、提出先が羽生城と推定されるのは、書き連ねられた神仏の中に「小松大権現」や「長良大明神」の社名が見えるからである。

起請文が作成された元亀四年（天正元年）八月七日は、ちょうど北条氏政が羽生城へ出撃、もしくは着陣した頃だった。吉清が嶋田一族であれば、北条戦に備えて改めてその「忠信」を明らかにし、起請文を作成したことが考えられる。それは味方の結束を図ろうとした木戸忠朝の意図でもあったのだろう。北条方と雌雄を決する戦いになることを想定していたことは想像に難くない。起請文を作成したところで離反するのが戦国乱世だが、可能な限り心を一つにして、北条氏への抵抗を試みる忠朝の覚悟と焦りが垣間見られるのではないだろうか。

ちなみに、この起請文は栃木県佐野市所在の「嶋田家文書」から発見された（武井尚・新井浩文「栃木県佐野市所在「嶋田家文書」について」一九九四年）。羽生領内に古くから伝わっていたものではな

く、やや複雑な経緯を辿ったようである。起請文の前には「別紙」が貼り込まれ、それによれば、嶋田内匠助が江田四郎左衛門尉という人物に願って正文を受け取ったという。一旦は嶋田氏の手から離れた起請文だったが、のちに願い出て取り戻したことになる。そして長らく保管されていたのだが、一九九〇年代に公に知られることになり、羽生城関係史料の発見となったのである。

起請文作成の背景に木戸忠朝の意図が含まれていたとすれば、むろん北条勢進攻の危機に際して味方の結束を図ることが前提としてある。しかし同時に、嶋田氏の離反を抑止した可能性もある。取り巻く状況の悪化により、嶋田氏が北条氏に帰属することは十分にあり得ることだった。ましてや、上杉謙信の救援も見込まれない最中《さなか》である。迫りくる北条氏政の軍勢を前に、どう対処すればよいのか。起請文を提出させることで嶋田氏をつなぎ止め、北条氏に抵抗を図る羽生城の姿が浮かび上がってくる。元号が「天正」に変わったその夏、北条氏政の軍勢を迎えようとする木戸忠朝や羽生城将たちの流す汗は、熱くもあり、冷たくもあっただろう。

◆北条氏政の羽生進攻

天正元年（一五七三）七月二十八日、出撃した北条氏政は難なく羽生領に進攻する。着陣したのは小松（羽生市小松）だった。そこは会の川の沿線に位置し、熊野白山合社が鎮座する地域である。天文五年（一五三六）にその末社へ広田直繁と木戸忠朝が三宝荒神御正体を寄進したことは前に述べた。

小松と羽生城との距離は指呼の間である。また忍領と羽生領の境目であり、小山秀綱はその書状の中で「忍・羽生之間、号小松与所ニ被陳（陣）取之由」と表現している。したがって、成田氏長も軍勢を率い、氏政のもとへ参陣したことが考えられる。北条氏政の羽生城総攻撃が想定され、軍事的緊張感に包まれたのは羽生だけではなく、他の国衆も同様だったらしい。上杉氏に属す孝哲（小山秀綱）は、北条勢が間もなくして川を越えて進軍することが伝えられたため、那須資胤の子資晴の「御加勢」を望むとともに、北条氏の動向に警戒を強めていた（『行田』二七六八）。

関宿城もまた、越相同盟の解消後に上杉謙信へ従属する姿勢を崩さなかった城である。氏政が小松に着陣した頃、北条氏の攻撃を受けていた（『鷲宮』町外文書五一三）。同城を攻めていたのは北条氏照で、七月二十七日に「総武之衆」を集め、夜襲をかけていた。城方の激しい抵抗にあい、城攻めは失敗に終わる。寄せ手の兵たちは武具を捨てて敗走した。

ところが、彼らは捨てた武具を日ごと取りに来ていることが判明する。不審に思った簗田持助が調べてみると、城内で敵に通じている「かせ者」がいることが明らかとなった。しかも一人だけではなく、少なくとも五人の者が北条氏照に通じていることが判明。簗田氏は内通者たちを一人残らず成敗する。その沙汰は従類にまで及ぶ厳しいものだった。

この内通事件は、関宿城が危機に瀕していたことを意味している。敵は城外だけでなく、城内にも潜んでいた。そのような状況は、羽生城内でも起こっていた可能性は皆無でないだろう。密かに敵へ内通し、情報を流している者。永禄九年（一五六六）当時、広田直繁と木戸忠朝がそれぞれ正覚院に勝手還俗を禁じる判物を発給したのは、内通者を抑止する目的が含まれていたと本書では捉えた。還俗を禁ずることで、敵へ情報が流れることを防いだのである。

天正元年（一五七三）八月は内通者が出てもおかしくない状況だった。上杉謙信は越山せず、救援は見込めそうもない。例え内通者はおらずとも、城内には北条氏への服属を頻りに促す者がいたかもしれない。

逆に言えば、それが北条氏政の狙いだったとも考えられる。小松に着陣し圧力をかけることで、羽生城内部からの陥落をもくろむ。というのも、氏政は小松に着陣したものの、大規模な戦闘が行われたことを示す史料はなく、羽生城はその後も存続しているからである。木戸忠朝も、おそらく籠城戦の構えを採ったものとみられ、果敢に打って出た様子はない。

氏政は無闇に攻撃を仕掛けず、小松で羽生城を睨んだ。同城は三方を沼で囲まれた自然要害であり、力攻めにすれば犠牲者が少なからず出ることは必須だった。それに、武蔵国において羽生城に味方する国衆は深谷城主上杉憲盛のみである。もし深谷城が落ち、関宿城も陥落すれば、孤立無援となるのは必定だった。そのとき北条氏が総攻撃を決行すれば、力尽きることは目に見えていた。したがって、無理して羽生城に攻撃を仕掛けることはなかったのだろう。言い換えれば、精神的圧力をかけることで北条氏への帰属を促し、自軍の犠牲を最小限に抑えようとしたのではないだろうか。

そもそも、羽生城を攻略したところで、北条氏はその領地を直轄領にするとは考えていなかった。なぜなら、羽生城攻略は忍城主成田氏の宿願となっていたからである。望みのごとく羽生城勢を打ち散らし、かつ北条氏繁へ羽生領進攻を頻りに要望したのも、成田氏長の強い気持ちの表れと言ってよい。その執念の根幹に、羽生領の奪還があるとすれば、陥落した暁には成田氏の羽生領接収を認めざるを得なかった。恩賞としての羽生領を宛て行い、成田氏を北条方の国衆としてつなぎ止めることを企図する。成田氏は北条氏と縁戚関係を持たず、いつ上杉謙信に帰属してもおかしくはない国衆だった。北関東へ勢力伸長を図る上でも、成田氏の掌握は必須と言ってよい。したがって、北条氏は羽生城への直接攻撃を行わず、戦わずして攻略することを優先したことが推察されるのである。

ところで、北条氏が総攻撃に踏み切らなかったのは、羽生城に「魅力」がなかったとする見解がある（平井辰雄『羽生の歴史 回顧』二〇〇七年）。小さな城であり、落としたところで北条氏には何の利もないためとする説である。しかし、北条氏は「魅力」の有無で合戦をしていたわけではない。また、氏政自身が出陣していることから、羽生城を過小評価していたとも言い難い。力攻めには相応の犠牲を払わなければならず、攻略したところで成田氏に接収される可能性が濃厚だった。羽生領接収の実現は、成田氏の勢力が拡大することを意味している。そのため、成田氏の勢力拡大は北条氏にとって懸念材料の一つでもあった。そこに、北条氏の武蔵国平定におけるジレンマがあったのである（高鳥邦仁「天正二年の羽生城攻防及び自落をめぐる論考」二〇二四年）。

かくして、羽生領に進攻した北条氏政は城主木戸忠朝の精神を挫く戦略を採る。氏政が小松に着陣したのも、その戦略の一環だったのだろう。なぜなら、そこには羽生城と関係の深い熊野白山合社（小松神社）や小松寺が所在しているからである。

雑兵たちによる濫妨狼藉が横行し、熊野白山合社や小松寺もその例外ではなかった。乱取りの嵐に見舞われ、その中に三宝荒神御正体も含まれていた。御正体は氏政の手によって江戸城を経由し、小田原へ移ったという（冨田勝治「三宝荒神御正体を巡る北条氏と羽生城」一九七六年）。忠朝は元より、羽生城将にも少なからずの精神的苦痛が伴っただろう。

なお、北条氏は特殊技能者に対する攻撃も射程に入っていたと思われる。陣所や情報収集機関の要素を持つ社寺に標的を定め、襲ったのである。氏政の小松への着陣は、そのような拠点を無力化する狙いも含まれていたのだろう。乱取りが横行し、それを伝えるかのように享和二年（一八〇二）作成の「小松神社由緒」には、戦乱によって「当社奉仕ノ住侶モ漸々ニ散去テ、和光ノ神燈モ挑ルニ人ナシ、愈廃蕪ニ垂ントス」と記している。これが事実の一端を語るものとすれば、羽生城は落ちずとも無傷ではなかったことになる。実際のところ、三宝荒神御正体の霊験を失った羽生城は、時代の波に押し流されていくのだった。

◆羽生城への矢銭

元亀四年（一五七三）四月十二日、武田信玄が死去した。周知のように、武田家の家督を継いだのは勝頼《かつより》だった。信玄の死を知った北条氏政は武田氏に働きかけ、勝頼の家督相続を認め、改めて「誓詞」を取り交わしている（『戦北』一六五五）。

天正元年も暮れになると、関東国衆の悲鳴に近い声が謙信の元へ届いた。関東出陣が遅延すれば、関宿の「凶事」は眼前であると、佐竹義斯《さたけよしつな》は謙信に伝える。凶事、つまり関宿城の落城は時の問題であると書状で訴えたのである（『埼玉』七八三）。

「凶事眼前」は羽生城もまた同然だった。謙信の元には、一日も早い越山を願う玉井豊前守からの使者が届いていた。これに対し、謙信は正月五日以内の越山を約束する。合わせて、「矢銭」として黄金二百両を羽生城へ送るのだった（『上越』一一八一）。

重而為使関口被越候、（中略）乍去雪時ニ候間、路次にていつもの土之時分ヨリハ可有逗留由令校量、其内為矢銭木伊父子、菅左へ黄金弐百両申付差置処、彼使関口可請取由申候条、相渡候、可然様ニ心得候て可申候、其方忠信之儀者、何様越山之時分可申候間、可心安候、恐々謹言、

追而、東方如何ニも相調、佐・宮何も飛脚お被越候、此なりおぢおいへ可申候、以上

極月廿五日酉刻　　謙信（花押）

玉井豊前守殿

この書状の送り先である「玉井豊前守」は、木戸忠朝の家臣ではない。謙信は「木伊父子・菅左」（木戸忠朝・重朝父子、菅原為繁）への矢銭を使者である「関口」に渡し、その報告をしていることから、玉井豊前守は羽生城の同盟者とみられている。

少しあとになるが、天正二年（一五七四）比定三月二十八日付で羽生城へ宛てた上杉謙信の書状では、菅原為繁・木戸忠朝・玉井豊前守の三者は上杉勢へ参陣するよう指示している（『上越』一二〇一）。玉井豊前守は当時の羽生城を支え、謙信からの信頼を得た人物だった。また、四月十三日付の羽生城へ宛てた上杉謙信書状の追って書きには、上杉勢が大輪（群馬県明和町）に布陣したとき、玉井豊前守に伝えたくても利根川の増水によって路次が不自由であり、書状でやり取りをするのが厄介であるため、伝言を述べたい旨が綴られている（『上越』一二〇四）。このことから、少なくとも武蔵側に拠点を置く人物であり、羽生城に在城していたわけではなかったことがうかがえる。そのような玉井豊前守を介してか、矢銭こと軍資金「黄金弐百両」が羽生城へ送られるのである。

続けて謙信は述べている。越中攻めで兵が疲弊したため年内は休むということ、また年が明けて五日の内には雪を割って関東へ向かうこと、その証拠として越後の将たちから誓詞をとり、神前で誓いの水を飲ませたから不審に思わないでほしいということ。しかしながら、降雪の時分のため、逗留があることを考えてほしい、と。
このとき、謙信が想定しているのは深雪をかき分けての行軍だった。通常よりも手間と時間がかかることは言うまでもない。本来ならば越山を避けるべき季節だが、それでも関東へ向かう意志を見せることで、玉井豊前守や羽生城の「忠信」に応える態度を示したかったのかもしれない。「雪おわらせ《（を割らせ）》可越山迄候」の言葉には、謙信自身の「義」が滲み出ているのではないだろうか。

ままならない行軍が予想されるため、その間に北条氏の攻撃を受ける可能性があった。また、出陣が延期されることもあり得る。そのため、謙信が越山するまで持ち応えるよう「黄金弐百両」を用意したのだろう。この「矢銭」が無事に羽生城へ届けられたのか、またどのように使われたのか、それを伝える史料はない。おそらく軍備を整え、城内普請等に使用されたものと思われる。

しかしながら、木戸忠朝たちにとって、矢銭よりも上杉謙信の一日も早い越山を望んだはずである。矢銭で当面の窮地を凌げても、根本的な解決にはならないからだ。行き詰った状況を打破するには、まずは謙信の越山が肝となる。北条氏に対抗しうる勢力は上杉謙信を置いてほかにない。木戸忠朝をはじめ羽生城将たちは、一日千秋の想いで謙信の救援を待っていただろう。玉井豊前守や日向城主嶋田氏も同様の想いだったはずである。あるいは、武田信玄の死を機に足利義昭を京から追放した織田信長も、にわかに視野に入りつつあっただろうか。謙信の越山を待ちわびながら天正元年は暮れていき、やがて羽生城は正念場を迎えるのである。

第四章　羽生城最後の戦い

現代の利根川の流れ。羽生から大輪方面を望む

◆木戸忠朝の祈念

上杉謙信の関東出陣が実現しなかった天正元年(一五七三)が暮れ、同二年を迎える。木戸忠朝にとって、天正二年が雌雄を決する年になる覚悟があったのだろう。忠朝は正覚院(現羽生市南三丁目)に祈念を依頼する。それは、羽生城が固く守られることを願うものだった(『行田』二七八)。

此度当地堅固之御祈念、奉任貴寺候、入眼之上、千疋之御寺領、可奉寄進者也、仍所定如件、

天正二年甲戌
正月吉日　忠朝(花押)
正覚院
御同宿中

「当地堅固」を願い、もし叶った暁には、千疋(十貫文)の寺領を寄進するとしている。越相同盟の解消以来、兄広田直繁を失い、北条氏や成田氏長らの攻撃にさらされてきた忠朝である。北条氏にとっても、羽生・深谷両城を落とし、年内には武蔵国を平定するとともに、関宿城の陥落も見込んでいた。そのような緊迫した情勢であり、羽生城内では一日も早い上杉謙信の越山を望んでいた。

正覚院は無上山菩提院と号す新義真言宗の寺院である。至徳年中（一三八四〜八七）の洪水によって「下総国猿島郡木立村」の興福寺から羽生へ移った阿宥上人が、正覚院法流の開祖となったと伝えられている（「正覚院縁記《ママ》」）。永禄九年に直繁・忠朝が同院僧の勝手還俗を禁ずる判物を発給しているように、羽生領内でも力を持つ寺院だった。

ただ、この正覚院は戦国期において、戦火を逃れるために他所へ移転していたと伝わる。移転先は上岩瀬村（現羽生市上岩瀬）だった。『新編武蔵風土記稿』には、「元羽生城辺にありて、数々兵火に罹りし故、其災の避んがため、一旦上岩瀬村に移りしが、文禄三年今の地に復せり」と記され、「上羽生村旧記」（一八六九年写、一八七五年追記）には、「（前略）町場東谷ニ正覚院有、木戸伊豆守ゟ百石之御朱印被下、其後軍之節上岩瀬村江引越」とあり、さらに「正覚院縁記《ママ》」は、「其節者正覚院境地羽生城下ニ在之候ニ付、為兵火度々及焼失候故、同郡上岩瀬村江移住致（後略）」と記されている。なお、『千葉縣史料 中世篇 諸家文書』所収の「成願寺文書」によると、同院はさらに古くから岩瀬に所在していた節もある。これらの記述は「正覚院縁記《ママ》」を基礎史料にしたと思われるが、共通しているのは正覚院が移転したという点である。

奇妙と言えば奇妙な移転である。なぜなら、上岩瀬は会の川に面し、羽生領と忍領の境目にあたるからだ。忍城との最前線であり、もし戦火を回避するための移転ならば、そのような場所を選ぶだろうか。少なくとも、忍領と隣接する地域は避けるだろう。

岩瀬は古くから渡し場の比定地として知られていた。渡河点の「いはせの渡」は古歌に詠

正覚院移転比定地とその周辺（国土地理院をもとに作成）

まれ（『夫木和歌抄』）、さらに時代を遡ると、律令制を敷く政府が、承和二年（八三五）六月二十九日に渡し場へ新たに舟を追加する太政官符を発給している（『類聚三代格』）。官符に記された「武蔵国石瀬河三艘、元一艘加三艘」（傍点筆者）が羽生の岩瀬に比定され、往古から官道の一部であり、税を中央政府へ送る重要な渡船場だったと捉えられる。水陸両方の交通の要衝だった「いはせの渡し」は軍事的にも重視され、羽生城がまず警戒したのは会の川の渡河点だろう。

いわば、そのような地域に正覚院は移転したことになる。これは何を意味するのだろうか。正覚院は重要な渡河点がある地域だからこそ、移転したのではないだろうか。すなわち、渡河点の監視及び橋頭堡としての移転である。さらに言えば、諜報機関や陣所としての役割を担わされていたことが考えられる。

この観点に立ったとき、改めて注目されるのは医王寺（羽生市上岩瀬）である。同寺の創建年代は定かではないが、新義真言宗の寺院で本尊を不動明王とし、自証院と号する。医王寺と会の川との距離は近い。さらには、近接して渡し場と船着場もあった。同寺の北西には「御霊の渡し」が存在し、南西にも「あがっと」という船着場が伝わっている。近隣の荒木（行田市荒木）には、北条氏に仕えた荒木氏が城を築いたという（『増補忍名所図会』）。大物忌神社（羽生市下新田）では、忍城勢と戦って敗死した者を祀ったという伝説が残っており、これが史実の一端を語るものならば、会の川沿いの地域は軍事的緊張を強いられていたことがうかがえよう。

以上のように、上岩瀬は境目の地域であり、医王寺は二つの渡河点が射程に入る距離に位置していた。これは偶然ではなく、羽生城の政治的・軍事的意図による移転とみてよいだろう。同院に入っていたのは、僧のみならず「夜わざ鍛錬之者」のような川に係る特殊技能者だったのかもしれない。天正二年一月の木戸忠朝の祈念も、羽生城を固く維持すべく、特殊技能者に対する期待と指示も含まれていただろうか。

天正二年一月に忠朝が正覚院へ出したその文面からは、切実な想いが読み取れよう。切羽詰まった状況下の中、羽生城の維持を望み、別の言い方をすれば、上杉方として最後まで戦い抜く覚悟の表れと受け取れる。覚悟と意地をもって真っ向から対抗する。不利とわかっていても、変わらぬ意志を貫き通す。むろん、政治的背景から上杉氏への従属は忠信によるものではなかったが、少なくとも気持ちの揺れや迷いは感じられない。

かくして天正二年が幕を開ける。「当地堅固」を胸に、木戸忠朝は北条氏や成田氏との最終決戦に臨むのである。

◆上杉謙信の出撃と木戸忠朝の加冠状

戦国期における羽生城の動向を伝える史料は、上杉氏や北条氏の文書群の中に散見される。とりわけ、天正二年（一五七四）比定の史料が多い傾向にあるのは、羽生城が存続するか否かの瀬戸際だったからだろう。羽生城と上杉謙信との間で頻りに連絡を取り合っており、それだけ緊迫した状況だったことがうかがえる。羽生城は関宿城とともに最後の抵抗を示していることから、天正二年はいわば雌雄を決する年と言えよう。

天正二年一月二十六日、上杉謙信は越山の陣触を出す（『上越』一一八六）。後藤勝元らに送った書状によると、「新田表」（群馬県太田市）で合戦があり、討ち取った敵の首が厩橋城（同県前橋市）へ送られたと知った謙信は、「目付」（密偵）を関東へ送るとともに、何か動きがあれば知らせるよう伝えた（同）。

北条方の国衆にとって、上杉勢の出陣は嵐の襲来に似ていた。北条氏は上杉方の動きを注視し、その対応に追われることになる。越山した上杉勢は上野国へ進攻。その知らせはすぐに北条氏の耳に入り、「北敵」こと上杉謙信がすでに「赤石」（群馬県伊勢崎市）へ進軍したことを知った北条氏照は、一色氏久へ城に立て籠もることを指示する。そして、北条氏への忠信を示すときはいまこのときである、と述べるのである（『叢書』四三三）。

これが、上杉戦に対する北条氏の基本方針だった。上杉勢と直接干戈を交えることを良しとしない。軍神の化身と謳われる謙信である。第四次川中島合戦のごとく、まともに衝突すれば自軍の犠牲は相当な数に及ぶ。そこで国衆たちには籠城を指示し、上杉謙信という嵐が過ぎ去るまで耐え忍ぶことを基本方針とした。

北条氏にとっても、上杉勢の来襲は勢力を保てるか否かの瀬戸際だった。国衆が上杉方になびけば、その勢力は削られることになる。国衆にとっては、本領をかけた岐路だった。だからこそ北条氏は書き綴る。「申迄雖無之候、可被抽御忠信事、此節ニ候」、と（『同』）。

とはいえ、血で血を洗う戦国乱世である。敵の進攻を受ければ田畑は荒らされ、家々は焼かれ、人さえも強奪の対象となった。敵勢の出陣の知らせは人々を震撼させ、少しでも被害を少なくするために自衛手段に奔走するものの、進攻を受ければ犠牲は避けられなかった。そのため、往時は領民がしばしば村から逃亡していた。二月十日付の北条氏邦比定の印判状では、村から駆け落ちした者が出たため、夜に待ち構えて捕らえるよう代官や百姓中に指示を出している（『埼玉』七九三）。

一方、上杉謙信の関東出陣は、反北条の姿勢をとる国衆にとっては追い風だった。待ちに待った越山である。この流れに乗じ、木戸忠朝が「嶋田助十郎」に対して「忠」の字を与える加冠状を出すのは天正二年三月七日付のことだった（『熊谷市史 資料編2』家わけ文書／嶋田家文書五―七）。

元服之事
天正仁年戊三月七日
忠
嶋田助十郎殿

嶋田助十郎の元服により、忠朝の「忠」の字を与えるとしたものである。これにより木戸・嶋田両氏の関係がより深まったことを意味した。

謙信の関東出陣と同時期の元服及び加冠状のため、このタイミングは偶然ではない。北条氏に対抗すべく、忠朝は味方の結束を図ったものとみて間違いない。越山した上杉勢に呼応する働きと、木戸家への変わらない忠信。危機に瀕した羽生城の悲壮と謙信の越山という物々しい雰囲気の中、嶋田助十郎の元服は執り行われたのだろう。

なお、その一カ月後、木戸忠朝は嶋田氏に「山城守」と名乗ることを許す官途状を発給した(『同』／嶋田家文書五―八)。これにより、嶋田氏は南北朝以前の官途名を継承することとなった。「嶋田山城守」とは、三月に元服した「嶋田助十郎」の父とみられる嶋田縫殿助に比定される。加冠状と合わせて忠朝は上位権力者として文書を発給している。決定権はあくまでも忠朝本人が有しており、上杉謙信への従属もおそらくは彼の意志が多く含まれていたのだろう。

三月十三日付、謙信は羽生城へと書状を送付する。そこには破竹の勢いで膳城(群馬県前橋市)、

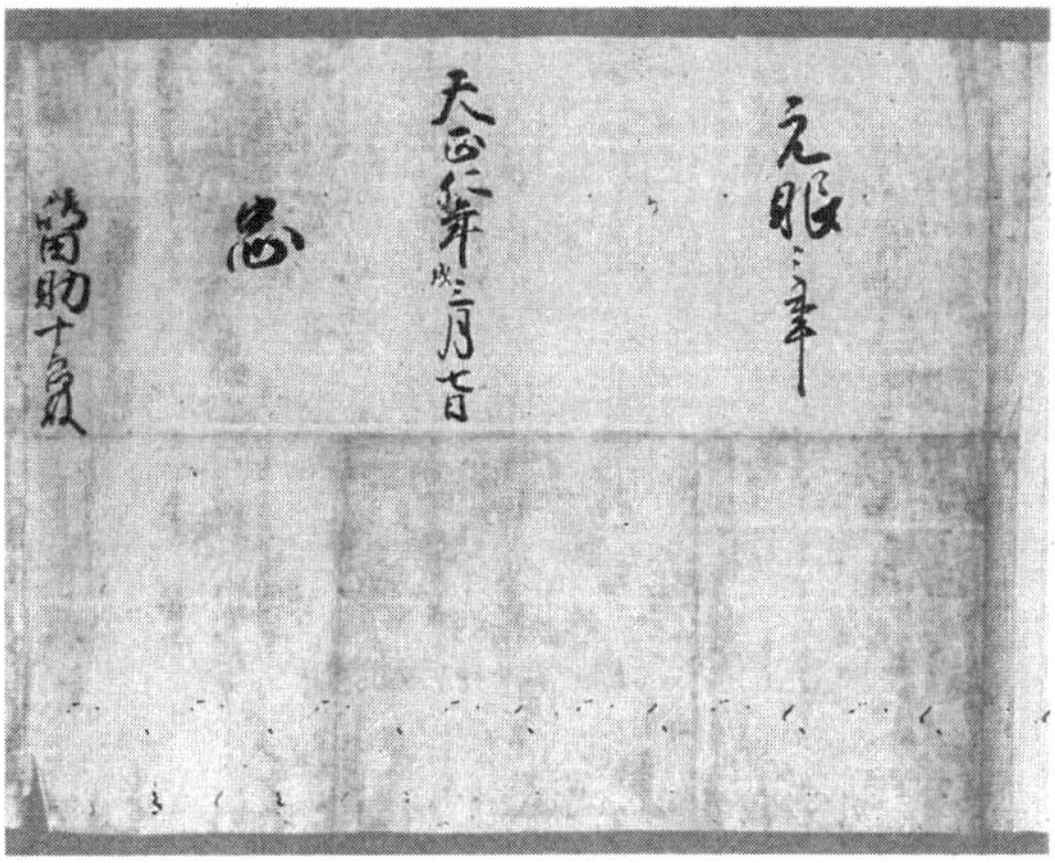

「加冠状」嶋田家文書（個人蔵　佐野市郷土博物館保管）

山上城（同県桐生市）などの上野国の諸城を落とした戦況が報じられていた。そして「此上、其表江可打出迄候」と記し、いよいよ羽生城へ向かう旨が伝えられるのだった（『上越』一一九三）。

この上杉勢の進撃に対し、北条勢は上野国へ向けて出馬する。そして、「赤石」（同県伊勢崎市）に陣を構えた。こうした中、上杉方の小幡氏は「新田」（同県太田市）並びに敵陣に向けて出馬し、足軽を深々と切り込ませた。小幡氏は多くの敵を討ったほか、二十人余の兵を生け捕りにして沼田へ送り、謙信を満足させた（『群馬県史 資料編7中世3』二七五九）。これも、上杉勢の越山によって引き起こされた合戦だった。上杉勢来攻という嵐は各所で合戦を誘発し、戦国大名のみならず、国衆たちも防戦と攻撃を繰り広げていた。

羽生城将たちは士気を高ぶらせただろうか。謙信の書状を読んだ羽生城将らは、果たしてどのような心情だったただろう。むろん、救援のための進撃と受け取ることができる。しかし、それだけだろうか。起死回生を図るにしても、どのような手段があるのか不明と言わざるを得ない。木戸忠朝らの義に応えるための羽生城出陣だったとしても、その救援とは一体何を意味しているのか。

いまを生きる我々は、往時の城将たちの心情を知ることはできない。ただ、謙信の到来が現実のものとなったとき、それが大きな「転機」となることを予感した者がいても不自然ではなかっただろう。中には「終焉」に似た転機となることを直感した者もいただろう。やがて迎える木戸氏羽生城時代の終わりを予知する者がいたとすれば、もしかするとそれは忠朝本人だったかもしれない。

◆上杉謙信と北条氏の動き

上野国の諸城を落とした上杉謙信は、羽生城へ向かう。「赤岩」から利根川を渡る予定だった。赤岩の対岸は葛和田であり、その近隣には羽生城の被官である嶋田氏が日向城に在城していた。この渡河点に強い警戒を抱いていたとすれば、嶋田氏は上杉謙信の進軍の知らせを受けて、奔走していたことが推測される。

しかし、謙信が赤岩を渡ることはなかった。なぜなら、羽生城から金山城攻撃を要請したからである。それを聞き入れた謙信は、三月二十六日に藤阿久（群馬県太田市）に着陣。そして羽生城将に対し、四月一日までの参陣を求めた（『行田』二八二）。

就陣寄、使祝着候、先書ニハ、あがたを・赤岩江可打下由、申候つる、雖然、自其元金山可

押詰事、簡（肝）要之由ニ候間、廿六、当地藤阿久ニ陣取、所々涯分墟為之候、工夫之旨候間、明後朔日必迎動可申候、菅左・木伊・玉井、当陣江越尤候、右衛門大夫者、定而被越度可有之候、併敵城数ケ所差向、殊北条左衛門大夫以下、近辺江打出由候間、先右衛門大夫有其元、留守中用心申付、重而可被越事、専一候、猶万吉面之時分、可申候、恐々謹言、

三月廿八日未刻　　謙信（花押）

木戸伊豆守殿

同　右衛門大夫殿

菅原左衛門佐殿

謙信から参陣を求められたのは、「菅左・木伊・玉井」こと菅原為繁・木戸忠朝・玉井豊前守の三将だった。書状にある通り、忠朝の嫡子重朝は参陣から外されている。なぜなら、「北条左衛門大夫」こと北条氏繁が近辺まで進軍しているとの情報が入っていたからである。そのため、重朝は羽生城に残ることとなった。

なお、参陣を求められた者の中に玉井豊前守の名が書き連なっている。玉井氏は羽生城の被官ではなく、同盟者という立場だった。残念ながら、この人物の詳細は不明だが、上杉氏及び羽生城と連絡を取り合い、北条氏に対抗していたことは確かである。

一方、北条氏も上杉勢の進軍に警戒を払っている。北条氏政は小泉城主富岡氏に対し、上杉

勢の羽生進軍を伝達した（『戦北』一六九七）。氏政自身も三月二十七日に出馬し、翌日には小泉城近辺へ進軍する予定だった。そのため、冨岡氏の加勢及び堅固な防戦が重要であると書き送るのである（『同』）。

北条氏の羽生城出撃の情報は、すぐに謙信の耳に入ったらしい。木戸重朝のみが羽生城に留まるのは心許なく、羽生城将たちの金山城攻め参陣は見送らざるを得なかった（『上越』一二〇二）。

両人招候日限被申越候尤候、乍去、早々招寄、自然其地江南衆取懸候へ者、右衛門大夫計有之、仕置窮屈ニ候間、先以延引申候、定而氏政直ニ越候共、為差儀有間敷歟、利根川水かさニ候間、加様之儀於能見届、水於力ニ南衆打出候由、令校量候、当手へ可乗向儀咲敷候、氏康・信玄自在世、当家之弓箭も互之甲乙実儀ニ候条、其義者可為校量之前候、猶佐藤筑前可申候、万吉重而、恐々謹言、

追而、横瀬知行之儀者、涯分墟ニ申付候、以上、

四月朔日　　謙信（花押）

木戸伊豆守殿

菅原左衛門佐殿

そのほか、謙信のもとには利根川増水の情報も入っていた。北条氏はこの増水を利用して出

撃してくると謙信は推測する。しかしながら、謙信は氏政をどこか下に見ていたらしい。上杉家の武は、北条氏康や武田信玄に対しても一歩も引けを取らないものだった。それを思えば、考え謀るまでもないという趣旨を述べ、直接氏政が攻めてきたとしても、さほどのものではないだろうと、鼻にもかけない態度を示すのである（同）。やがて、上杉勢と北条勢は利根川を挟んで対峙し、一触即発の状況へとなだれ込んでいくのである。

◆夜わざ鍛錬之者

利根川を挟んでの決戦。上杉謙信と北条氏政はそう考えたのだろう。両者ともそれを想定しての行軍だった。

注視されるのは利根川の増水である。この時期、雪解け水によって利根川の水位は上昇していた。これは例年起こる現象であり、天正二年（一五七四）が特殊だったわけではない。「利根川水かさ」ゆえに水を力にするという軍略をめぐらせていた。利根川の増水は大きな力になると同時に、敵に利用されれば自軍に牙を剥く。だからこそ、上杉戦に籠城や防戦を採る北条氏だったが、利根川まで進軍したのだろう。

謙信は水上戦も視野に入れていたきらいがある。四月四日付で木戸忠朝らへ書状を送り、一両日中に羽生へ進軍することを伝えるとともに、船を集めておくよう指示している（『上越』一二〇三）。

義重同陣急速之由候而、従太田美濃守父子所飛脚お差越候間、則返礼相渡、自其方之飛脚ニ差添、其地江越候、可為大儀候得共、同陣為可相急候間、従其方添案内者、美濃守所江被送届専一候、扨亦、当軍之儀一両日中ニ其筋江可打下候条、可心安候、南衆之模様能々被聞届、註進専一候、定而為差儀不可有之由、令校量候、猶万吉令期面之時候間、不能一二候、恐々謹言、
追而、存之旨候間、船お集被置専一候、敵地之船おも、夜わざ鍛錬之者お差越候得共、ねらいとり候て、船数おゝく可被集置候、覚悟之旨候間、如比候、以上、
四月四日　謙信（花押）
木戸伊豆守殿
同　右衛門太夫殿
菅原左衛門佐殿

北条戦に備え、船を集め置くことは必須である、というのが謙信の認識だった。北条勢の動向を知らせるよう指示する。あわせて、敵地の船であっても狙い取り、多く集めておくよう命じている。この書状で注目されるのは、「夜わざ鍛錬之者」という文言である。これは一体何者なのだろうか。

結城城主結城政勝が定めた分国法「結城氏新法度」の第二十七条に、「草夜わざ」の文言が

みえることはよく知られている。「草」とは、「乱波《らっぱ》」や「素破《すっぱ》」とも呼ばれた忍びを指す言葉であり、第二十七条は「忍びの働きは、悪党そのほか走り立つ者を専門とする者が行うことである」という趣旨となる。「夜わざ」が忍びに係る特殊技能を指すとすれば、その言葉自体が乱波や素破を意味していると理解してよいだろう。

謙信はその「夜わざ鍛錬之者」を敵地へ送り込み、船を奪うよう指示していることになる。これを「忍びの技能の熟練した者」と読み取れば、それを専業としないまでも、特殊技能を持つ者が羽生領に存在していたことを示唆している。

このことについて、岩田明広氏は興味深い指摘をしている。「夜わざ鍛錬之者」を特殊武装集団として捉え、その者たちは羽生領ではなく、木戸氏もしくは広田氏（菅原氏）の故地である広田村（現鴻巣市）、または川田谷村（現桶川市）に居住していたのではないかとする。とりわけ、川田谷村を有力視しており、忠朝らが配下とする特殊武装集団を謙信が名指しして指示した可能性について述べているのである（岩田明広「戦国の忍びを追う―葛西城乗取と羽生城忍び合戦―」二〇二一年）。

羽生城史に新たな視座を投げかける重要な指摘と言えよう。氏の説を支持しつつ、本書では「川」に着目したい。謙信が「夜わざ鍛錬之者」に期待したのは、敵地の舟をも奪うことだった。暗闇の中、船を自在に操る技術を有する者ということになる。昭和の時代ではあるが、手漕ぎ船の操船者の話によると、渡河には深い知識と技能が必要されたという（『大利根町史 民俗編』）。水の流れを読み、水底や岸辺の地形を知り尽くし、水練に長け、船を自在に操り、目に見えな

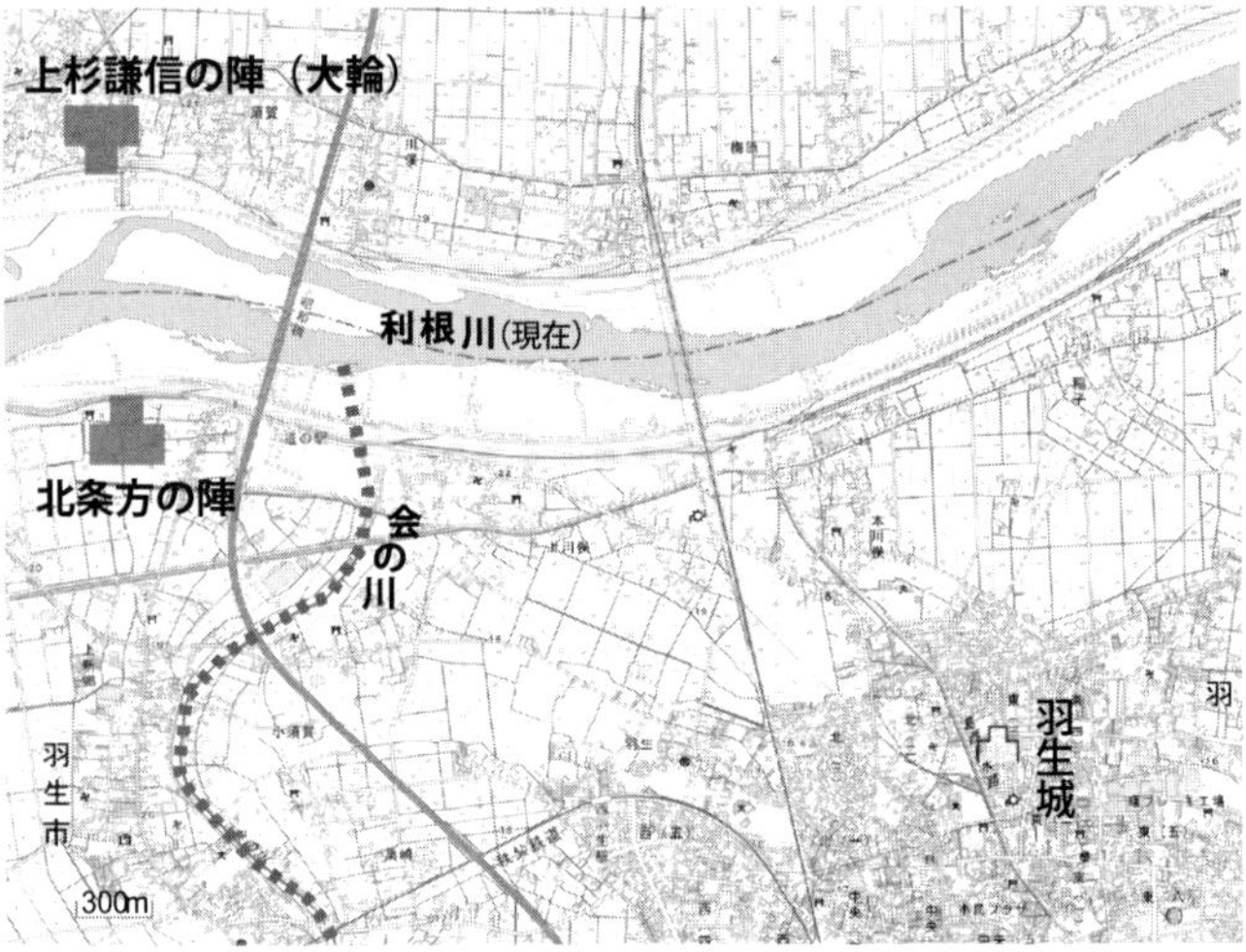

上杉・北条双方の着陣推定と利根川・羽生城
（国土地理院地図より作成）

い水の道を導き出さなければならなかった。むろん、季節によって変化する水位や流れにも対応しなければならず、主要な渡河点とその地形は全て把握する必要があった。

謙信からの指示を実行するには、必然的に高い技術が求められた。誰もができるわけではない。書状に見える「夜わざ鍛錬之者」とは、深く川を熟知するとともに、操船技能に特化した者と捉えられる。その者の中に、羽生領に複数名存在した修験者も含まれていたのではないだろうか。

この観点に立ったとき、にわかに注目されるのは、羽生領内で川沿いに所在し、羽生城との関連を伝える社寺や城館である。熊野白山合社（羽生市小松）や小松寺（同）をはじめ、広田直繁が再興した永明寺（同市下村君）、戦国期に上岩瀬へ移っていた正覚院（同市南三丁目）や、小松から神仏が漂着したという熊野白山合殿社（加須市北篠崎）、合戦の勝利によって創建されたと伝わる八幡社（羽生市桑崎）や、開基者を木戸忠朝の子とする岩松寺（同市上岩瀬）、羽生支城に比定される館山に近接する徳性寺（加須市大越）などが挙げられる。このほかにも、正覚院の末寺である光明院（同市稲子）や、木戸忠朝の旧臣鷺坂軍蔵（不得道可）が開基したと伝わる源昌院（同市稲子）等を含めれば、いずれも渡河点のそばに所在している。

羽生城に関係する城館で言えば、桑崎堀の内（同市桑崎）、内手（同市小須賀）、寄居（同市上川俣）、風ッ張（同市上村君）、名堀の内（同市名）、館山（加須市大越）、倚井陣屋（加須市麦倉）が会の川及び利根川沿いに位置している（『埼玉の中世城館跡』、『羽生市史 上巻』）。さらには、発掘調査によって中世の遺構や大型建築物が発見された北尾崎北遺跡（同市尾崎）や米の宮遺跡（同市下村君）が着目され、羽生城との関連性は不明ではあるものの、新たな視座を投げかけている。同時に、利根川沿いにおける遺構や遺物の発見は、明治期から大規模に始まる土手の改修工事によって消滅した城館が少なくなかったことを示唆しているとも言えよう。

いずれも渡河点の近接地に位置していることから、境目において川を監視し、情報収集に努めていたことが推測される。そして、羽生城主の命を受けた者がそれらに配置されたとすれば、彼らこそ「夜わざ鍛錬之者」の一端だったのかもしれない。史料上でそれが裏付けられるわけではないが、謙信が「夜わざ鍛錬之者」の使役を要求していることや、羽生城と関連のある社寺や城館が渡河点及び水運交通の掌握に好個な場所に位置していること、さらには僧侶自身が渡河に係る特殊技能を持っていたことが認められることから（『松陰私語』）、そのように読み解くことも可能ではないだろうか。

羽生領は四方を川に囲まれていた。いわば、川こそが敵の侵入を防ぐための天然の堀だった。羽生城の城絵図に比定される「浅野文庫蔵諸国古城之図」所収の「先玉」を見ると、同城は東南北を沼に囲まれた自然要害だった。しかし、羽生領を俯瞰すれば、利根川という水の力に防御を固めた城と捉えることができるのである。

すなわち、利根川は羽生城にとって防御力を高める強力な堀だった。水の力を味方につければ、敵勢の進攻を防ぎ、撃退も可能だった。龍神を守り神とし、それを最大の武器に換える。しかし、龍神の加護はときに牙を剥くこともあった。別の言い方をすれば、利根川の力が味方の軍勢に絶対的な利を及ぼすわけではなかった。上野国の諸城を攻め落とした上杉謙信は、いよいよ羽生城へ軍勢を向ける。むろん川向こうで謙信に「忠信」を尽くし続ける羽生城を救援するためである。

ところが、その途中で謙信の前に立ちはだかったものがある。それは戦国大名でも国衆でもなかった。実はそれこそが龍神そのものだったのである。

◆上杉謙信の羽生城救援の失敗

金山城（群馬県太田市）を攻めた上杉謙信は、その後羽生城救援へ向かった。軍を進め、大輪（同県明和町）に着陣する。そこから利根川を渡れば、羽生城は目と鼻の先の距離だった。ところが、謙信の進軍はそこで止まってしまう。これまで破竹の勢いで上野国の諸城を攻め破ってきた上杉勢だったが、大輪に来て突如動きを止めてしまうのである。それはなぜか。軍神と謳われた謙信の前に立ちはだかったものがある。それは、坂東太郎の異名を持つ利根川だった。雪解け水で水位が上昇した利根川が行く手を阻んだのである。

　前述のように、謙信は大輪着陣以前から利根川増水の情報を掴んでいた。そのため羽生城将らに、「夜わざ鍛錬之者」を使って敵地の船をも集めておくよう指示している。川向こうでは北条氏も出撃し、上杉勢と向き合うように利根川を前にして着陣した。おそらく、その中には忍城主成田氏長の率いる軍勢も加勢していただろう。また、北条氏繁も羽生城近辺へ出馬しているという情報もあった。川を挟んで両軍が睨み合う形となったのである。

　増水した川は、本来渡ることのできる浅瀬を消し去っていた。上杉勢は朝から浅瀬を探したが、川の水が全てを覆い、どうしても見付けることができなかった。当然、渡河が想定される地点は厳重警戒が敷かれただろう。

　両岸の川辺には上杉氏と北条氏の軍旗がはためき、一触即発の雰囲気に包まれた。しばらく様子を見ていた謙信だったが、利根川の水位は下がりそうもなかった。いたずらに大輪に帯陣しているわけにもいかない。「既ニ前後左右及百里味方之地一城も無之所江、不痛凶事打下候儀、忠信之不感歟」と、謙信は羽生城将へ書き送っている（『上越』一二〇四）。また、謙信は「自元旁忠信お忘失申ニ雖無之与、陸路不続候へ者、無申事候」とも綴っていた（『同』）。すなわち、前後左右百里において、味方の城が一つもないところへ敵の襲撃を省みず出撃してきたのであ

現在の利根川の流れ

り、羽生城将たちの忠信を忘れたわけではないが、融雪によって陸路が続かずに申すことがない、と述べているのである。羽生城将らをないがしろにしているわけではないことを言いたかったのだろう。いささか言い訳めいた文言として読み取れるのは、これを綴った四月十三日時点で、謙信はやや後ろめたいものを抱えていたからかもしれない。ゆえに、言葉多く書き連ねている印象がある。なぜ後ろめたかったのか。それは羽生城救援に失敗したからである。

渡河できそうな場所は見当たらず、川の水位も下がりそうもない。そこで謙信は、せめて来秋までの兵糧弾薬を羽生城へ運び込もうとする。渡河が絶望的なら救援物資だけでも送り、羽生城の維持を図ったのだろう。その役目は「佐藤筑前守」に託された。この者はかねてより羽生城と上杉謙信の間を行き来していた人物である。おそらく羽生城の重臣であり、主に外交を担当していた人物とみられる。かつて謙信が広田直繁に館林領を宛て行ったときも、その領地の一部を佐藤筑前守に与えたことがあった。羽生城内で発言権を持ち、なおかつ利根川を含めた羽生領の地形を熟知した人物だったと思われる。ゆえに、兵糧弾薬の運び込みが決定したとき、自ずと佐藤筑前守に白羽の矢が立ったらしい。

羽生城は利根川の岸辺から約八キロメートルのところにあった。もしその間に敵の妨害があれば、救援物資は羽生城には届かず、不足を欠いてしまうことになる。謙信が「いかが」と佐藤筑前守に尋ねたところ、「少も敵之可致妨地形ニ無之候」と答えたという（『上越』一二〇四）。つまり、少しも敵に妨げられるような地形ではないと回答したのである。

佐藤筑前守には策があった。それは三十艘の船を使って川を渡るというものだった。三十艘で一気に渡ろうとしたのか、それとも船を一直線に並べて船橋を架けようとしたのか解釈が分かれるところだが、かつて北条氏が赤岩に船橋を架けているように、後者の説で捉えたい。

しかし、この策は失敗に終わる。北条氏の妨害にあったのみならず、羽生城へ運び込むはずだった兵糧弾薬を奪われてしまうのである。謙信の書状には、輸送失敗の原因には触れられていない。ただ、怒りを顕わにする。「佐藤ばかものニ候」と、謙信は羽生城将へ宛てた書状に綴り、筑前守を非難するのである（『同』）。雪解け水で増水した利根川の前で、地団駄を踏む謙信の姿が目に浮かぶような文言と言えよう。「一世中之不足おかき候事、無念ニ候」と、悔しさをも滲ませた。羽生城の忠信に応えることができず、北条氏に一杯食わされたことになる。ややもすれば、佐藤筑前守へ怒りを顕わにすることで、謙信自身には責任がないと仄めかしているようにも読み取れようか。

あるいは、関宿城内における「かせ者」がいた事実を踏まえると、実は佐藤筑前守はすでに北条氏に内通しており、羽生城への兵糧弾薬をわざと強奪されるよう仕向けたとする解釈ができるかもしれない。羽生城が孤立無援に等しい状況だったからこそ、北条氏は秘密裡に佐藤氏を懐柔していた。もし佐藤筑前守が北条方と内通していたとすれば、兵糧弾薬輸送の失敗により、羽生城をさらに窮地へ追い込むことに成功したことになる。実のところ、その後の佐藤氏の消息は不明となっている。四月十三日付の上杉謙信書状を最後に、その名前は歴史から消えてしまう。物資輸送の失敗により羽生城内で失脚したのか、それとも北条氏のもとへ下ったのか、真相は謎に包まれている。

この利根川を挟んでのせめぎ合いは、羽生城将らへ宛てた上杉謙信書状に詳しく述べられている（『上越』一二〇四）。やや長文だが、羽生城史を彩る重要な史料であるため、ここに掲げる。

如啓先書、幾日大輪之陣ニ有之も、水増与大河与云、為如何も其地江助成之儀依不成之、河ニ付押上、自朝至夕迄、瀬々お為験候得共、瀬無之候条無了簡、爰元ニ立馬候、佐藤淵底如見聞、来秋迄之兵粮・玉薬以下迄申付、既ニ前後左右及百里味方之地一城も無之所江、不痛凶事打下候儀、忠信之不感歟、縦令懸引ニ一騎一人敵不慕不出候儀者、年月之以覚如此候、南衆も無水増候て、瀬も候者、如只今其地江之妨可有如何候哉、自元旁忠信お忘失

申ニ雖無之与、陸路不続候へ者、無申事候、まてなるもの壱人被越候者、用所候間、口上ニ申度候、佐藤ばかものニ候、其故者、大河お隔、船ニて兵粮送入候ハヽ、羽生之地自瀬端隔二里由申候間、敵妨候者、兵糧者不入、結句闕不足事ニ候、如何之由尋候へ者、少も敵之可致妨地形ニ無之候、船をも三十艘ニ而一船ニ可越由申候つる条、さかと心得、一世中之不足おかき候事、無念ニ候、併此度ニ限間敷候、何様諸口お取置、当口ニ入念、此可散鬱憤候間、身之備者一向不苦候、信玄・氏康も、無了簡地形者不叶候つる歟、愚老不叶ニも無之候、佐藤地形之様子有儘申候者、別而工夫之旨も候つるものをと、丹後守合手ニ成之申事ニ候、猶重而自是可申候、恐々謹言、

追而、玉井豊前かたへも申度候へ共、路次不自由之間、状数多候へ者造作ニ候間、伝言之由申度候、以上、

四月十三日　　　　謙信（花押）

木戸伊豆守殿

同　右衛門大夫殿

菅原左衛門佐殿

融雪により水位が上昇した利根川の状況がよくわかるのと同時に、季節によって変化することを如実に物語っている。また、謙信が感情を露わにしている点でも注目され、何より羽生城

と上杉氏の関係性や、当時の状況、川に面した地域の地形などがうかがい知ることができる意味でも重要である。

この書状の後半部分で、武田信玄と北条氏康も手の下しようのない地形のため、自分だから叶わなかったわけではない、と謙信は述べている。もし佐藤筑前守が地形の様子をありのまま伝えていれば、別の工夫を考えていたものを、と綴っているが、すでにあとの祭りだった。羽生城救援に失敗した上、兵糧弾薬を奪われ、羽生城将らの期待に何一つ応えられなかった。北条氏政を下に見ていた謙信だけに、このときは敗北に似た苦みをかみしめたのではないだろうか。

◆北条氏の本田移陣

利根川の陣を解いた北条氏は、一旦本庄（埼玉県本庄市）へ陣を移す。そして、本田（埼玉県旧川本町・現深谷市）へ引き上げたという。つまり、先に動いたのは北条氏だった。それを知った謙信は、大輪の陣を解く。赤石へ向かったのち、今村城（群馬県伊勢崎市）を取り立てた。そして羽生城将の菅原為繁に対し、城が維持できるようさまざまな工夫をしたため安心するよう書き送るのだった（『上越』一二〇五）。

重而使無余義候、幾度如申遣候、有其元令対陣候共、其地之不成助成、結句於世間者、氏

政与対陣、合向令押合之様ニ批判可申候間、押上為踏瀬候処、氏政窮屈ニ候哉、当手ニ付而登本庄ニ陣取候つる、漸水可落処校量も候哉、昨日本田江引上由申候、さも候か、今日者武見ニ而も不得見候、偖亦、其地之続之義、様々令工夫候間、可心易候、然者諸軍徒ニ非可置候間、向赤石号今村与地取立候、可心易候、何様逗留之内、まてなる者被越候ハヽ、其時分委可申候、万々其地之上下之劬労案迄候、恐々謹言、

四月十六日　　謙信御居判

菅原左衛門佐殿

今村城の取り立ては、孤立無援に等しい羽生城将たちを安心させるものだったのだろうか。利根川に守られた羽生城は、同時に唯一の頼みの綱である謙信の援軍をも阻んでしまったことになる。

ところで、この上杉謙信書状によると、北条氏の方が先に動いたことになっている。本庄へ移陣後、四月十五日に本田へ引き上げたという。なぜ北条氏は本田へ向かったのか。このことについて、岩田明広氏は「北条氏政は、軍の目的が厩橋城にあると見せかけるため本庄に着陣し、その後、戦に無関係に見える本田に移ることで上杉方に退いたと見せ、羽生城の自落をも避けようとした」という考察を述べている。そして、本田郷にはかつて葛西城を乗っ取った「特殊武装集団」が存在し、「羽生城攻めを再開した北条軍の戦術は、忍びを使った乗取戦術が

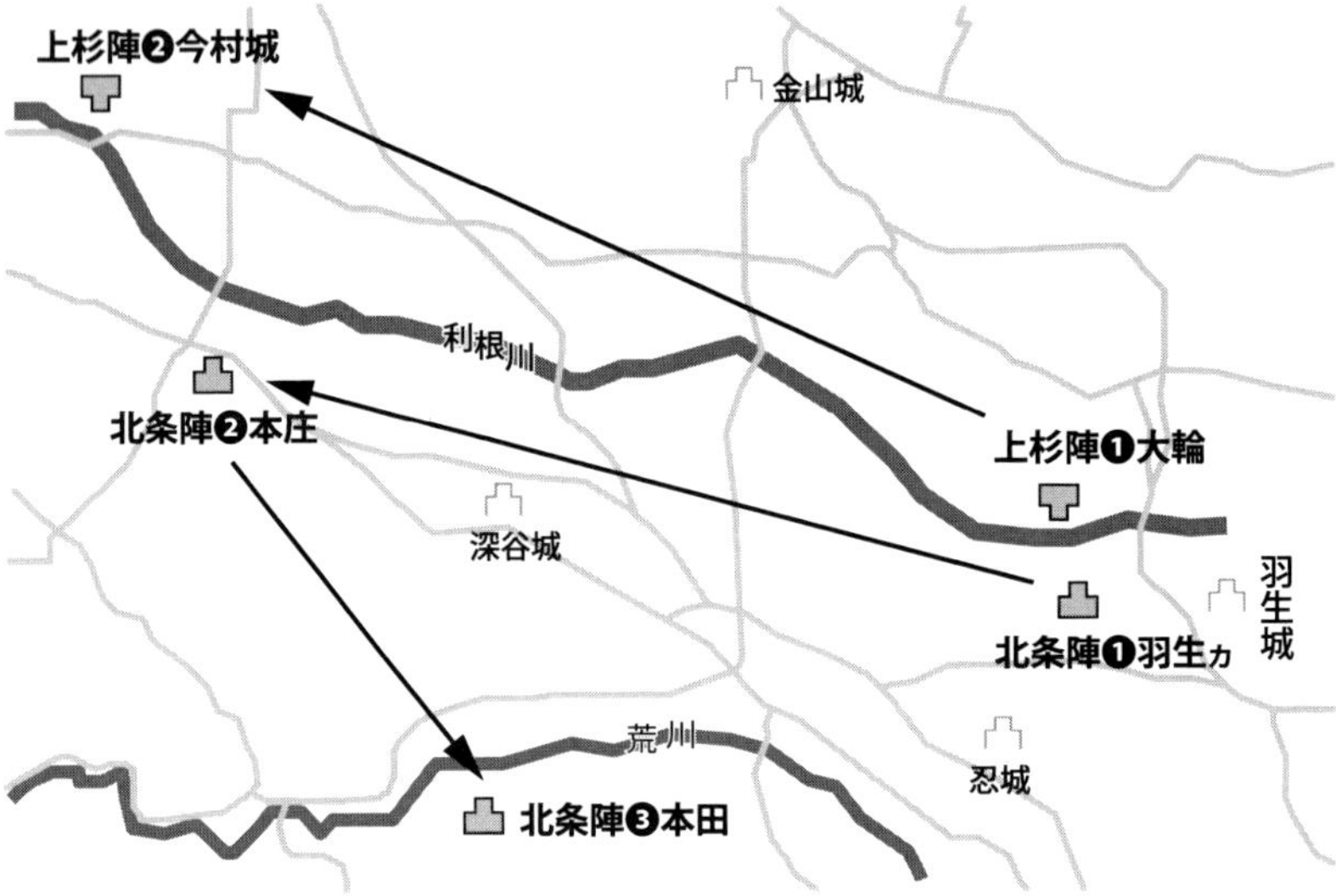

上杉・北条双方の着陣移動の推定図（グレー線は現在の国道）

中心であったと想像する。昼は本軍が囲み、夜は忍びが迫ったのであろう」とする（岩田明広「戦国の忍びを追う―葛西城乗取と羽生城忍び合戦―」二〇二一年）。

つまり、北条氏は本田氏のもとへ行き、指揮下にあった「本田特殊武装集団」（＝忍び）を羽生城攻略のために発動させる。そして、謙信が越後へ帰国したのち、忍びたちによる羽生城乗っ取りを画策した。この策を採れば自軍を損なわなければ、城も無傷も手に入れられるからである。北条氏康は本田氏が「本田特殊武装集団」（＝忍び）を持ち、彼らが城攻略を可能とするほどの戦力を有することを認識していたことになる。

岩田氏の仮説は北条氏の羽生城に対する評価を改めて述べるものでもある。本書は岩田氏の論考を支持するものだが、北条氏の羽生領進攻の背景にある成田氏に目を向けたとき、別の捉え方もできる。つまり、本田への移動は別の意味が浮かび上がってくるのである。北条氏にとって、羽生城を攻略したところで、成田氏への羽生領接収が前提条件にあった。換言すれば、成田氏は羽生領を「奪還」すべく北条氏に服属していた。羽生城攻略によって武蔵国は平定されるが、同時に成田氏の軍事強化を認めることになるのである。

北条・成田両氏の間に縁戚関係はない。ましてや、成田氏は北条氏から離反した過去を持ち、氏康の逆鱗に触れたことがあった（『行田』二一七）。また、成田氏が武田信玄と内通する懸念も抱いていた（『同』二五五）。さらに、羽生領接収が実現されれば、成田氏の北武蔵における所領は最大規模となる。そのような成田氏を服属させるために羽生領接収は認めざるを得ないが、一方で北条氏に敵対しうる勢力を持つことへの懸念もあったのである。とすれば、北条氏が本田へ陣を移したのは、無傷で羽生城を得るためではなく、上杉氏の自落を促すものだったのではないだろうか。すなわち、上杉氏に城を破却させ、兵を引き取らせることで、成田氏のさらなる勢力拡大を抑止したのである（髙鳥邦仁「天正二年の羽生城攻防及び自落をめぐる論考」二〇二四年）。

確かに、岩田氏が述べるように、「本田特殊武装集団」による羽生城攻撃の可能性は高い。天正二年比定一月六日付の簗田晴助書状では、忍びに対する警戒心を露わにしていることから、「特殊武装集団」が暗躍していたのだろう（『鷲宮』町外文書五三二）。北条氏が考える羽生城攻略が「乗っ取り」か「自落」、「落城」を想定していたのかは不明だが、隣接して成田氏が存在し、その勢力が強大化することに強い懸念を抱いていたとすれば、少なくとも同城を軽視していたがゆえの力攻め不実行でなかったことは確かだろう。

上杉謙信は大輪の陣を解き、退去する。それは、木戸氏羽生城時代の最後の分岐点となった。戦国時代を「歴史」として捉える我々の視点から見れば、謙信を阻んだ利根川の流れは、新しい時代を象徴するものだったと言えるかもしれない。時代は旧秩序の回復を拒み、新しい仕組みを求めていた。その流れは勢いを増し、抗いようもなかったとすれば、羽生城は新しい時代から取り残されるような形で落日を迎えていくことになる。謙信の退去は、旧時代の終焉を告げるものだった。忠朝の願いも空しく、木戸氏羽生城時代は間もなく終わりのときを迎えるのである。

◆花崎城の自落と成田氏長の感状

利根川を挟んで対陣した上杉謙信と北条氏政だったが、羽生城は無傷だったのだろうか。五月二十四日付で管原為繁へ宛てた謙信の書状には、「于今堅固之防戦故、先以其地無何事由、誠ニ無比類感入候」とあり、「防戦」の文言から北条氏と攻防戦を繰り広げたように読み取れる（『上越』一二〇七）。しかしながら、史料上で羽生城を攻撃したことを示すものは確認されない。上杉謙信が大輪の陣を解いたあと、氏政は羽生城総攻撃を実施した様子はなく、本庄（埼玉県本庄市）へ移ったとしている。上杉氏側から受け取った情報のため、どこまで事実か不透明な面もあるが、羽生城はその後も存続していることは確かである。城への攻撃が皆無ではなかったにせよ、大規模な戦闘は行われなかったと理解してよい。

既述のように、これは力攻めによる犠牲を避けるためと、上杉勢による「自落」を促すものと考えられる。羽生城を攻略したとしても、その領地は成田氏へ接収されることが前提としてあった。そこで成田氏の勢力伸長を懸念した北条氏は、上杉氏に羽生城を破却させ、城兵を引き取らせることで、城の無傷の引き渡しと、「羽生之衆」の軍事力の接収を回避したのである。

北条氏が総攻撃に踏み切らずとも、羽生城が無傷だったわけではなかった。岩付城代の北条氏繁が羽生へ出撃した際、花崎城（埼玉県加須市）が自落しているからである。このとき花崎城は羽生城の支城に取り立てられていた。永禄年間（一五五八〜七〇）に粟原城とともに木戸忠朝の攻撃を受けており、一度は廃城へ追い込まれた城である。しかし、北条氏繁の書状に「然而羽生被寄馬候処、近年向岩付取立候号花崎地、即時自落」とあることから、天正二年の時点では岩付城の向かい城として、あるいは北条方の粟原城へ対するための拠点として機能していたことがわかる（『戦北』一七〇二）。戦況の悪化に伴い、忠朝が花崎城を取り立てたとすれば、それは越相同盟の破綻後だっただろう。

向かい城ということから、花崎城は皿尾城と同様に政庁としての性格は薄く、軍事施設としての砦だったことが考えられる。この城の特徴は、畝堀や障子堀を有していたことである。ただ、その障壁の低さからして、水堀として排水を抑えるためであり、それによって防御性を高めていたと推測されている（『花崎遺跡』）。この障子堀の造成時期は定かでないが、木戸忠朝の意図によるものとすれば、羽生城も同様の堀を持っていた可能性が浮上してくる。湿地や沼地を利用し、守りを固めていたのだろう。

ただ、花崎城単体で北条勢を迎え撃つことはできなかった。籠城戦を採っても、羽生本城が危機に瀕しているため、援軍は絶望的と言わざるを得ない。そのため、忠朝の命によって自落に踏み切り、兵たちを羽生城に参集させたのではないだろうか。かつて、上杉謙信が騎西城（同県加須市）を攻めた際、その支城の油井城（同）は、緊急の鐘を打ち鳴らしながら落城したと伝えられている。忠朝がそれを目の当たりにしたならば、花崎城の落城は回避し難く、詰めていた兵を引き取るべく自落に踏み切ったのかもしれない。

北条氏繁が羽生方面へ出撃したのは、越山した上杉謙信と対戦するためだった。しかし、融雪によって水位が上昇した利根川に阻まれ、両者は直接衝突することは叶わなかった。氏繁は上杉勢と一戦交えることができず、無念であると述べている（『戦北』一七〇二）。そして羽生城へ出撃したところ、花崎城が自落。氏繁が羽生城へ攻撃に出たのか史料からは読み取れず、かつて小松に布陣した北条氏政のように、圧力をかけたものと推察される。

氏繁は関宿へ軍勢を向けた。五月二日に進軍すると、関宿領内の田畑の作物を残らず刈り取った。これは、敵国へ進攻した軍勢がよく行っていた攻撃手段の一つであり、領内の体力を奪い、士気を砕くにも効果を発揮した。城攻めを決行した様子はないが、作物が刈り取られ、城方にとっては大きな打撃を受けたことは間違いない。氏繁は幸嶋郡でも作物の乱取りを実行した。

さらには、小山や宇都宮へ兵を進め、上杉方の国衆たちに圧力をかける考えだった。このような軍事行動は、白川義親へ宛てた北条氏繁の書状で詳しく報告された（『戦北』一七〇二）。ちなみに、氏繁はその二日前に蘆名盛氏へ書状を送っており、そこには敵地の麦を刈り取るために川を渡り、水海（茨城県古河市）へ陣を取り、田畑はことごとく荒れ地となったことを綴っている（『叢書』四三八）。血は流れていないとはいえ、北条勢の容赦ない進攻がうかがえる。

そのような北条氏政や氏繁の進攻に合わせて、忍城主成田氏も参陣していた形跡がある。上杉謙信が大輪の陣を解いたおよそ一ヵ月後、成田氏長は「正木丹波守」と「青木兵庫（助）」に対し、その戦功を賞す感状を発給しているからである（『行田』二八七、二八八）。これは成田氏と干戈を交え、その刃に倒れた者が存在したことを示している。

今度於羽生、抽而走廻、敵討取義（儀）、戦功無比類候、尚自今以後、可相嗜者也、仍如件、
五月九日　　　　氏長（花押）
正木丹波守とのへ

今度於羽生、抽而走□、敵討取義（儀）、戦功無比□□、尚自今以後、［　　］者也、仍如件、
五月九日　　　　氏□（花押影）
青木兵庫［　　］

また、年月日や宛所は不明だが、羽生での戦功を賞する感状がもう一通確認されるため、ここに掲げる（『行田』二八九）。

今度於羽生無比類高名、共奇特候、猶以至于相稼者、可為祝着者也、

［　　　］　　□長（花押影）

いずれも羽生で敵を討ち取ったその戦功は比類がないと、成田氏長は賞讃している。『埼玉県史料叢書12』では天正元年（一五七三）の発給としているが、本書では『行田市史 資料編古代中世』と同様に天正二年（一五七四）と捉えたい。羽生城を巡る上杉勢と北条勢の睨み合いの中で、忍城勢は羽生城勢と干戈を交えたのだろう。この感状のみでは、合戦の詳細は見えないが、羽生城への直接攻撃ではなく、渡河点における衝突だったと考えられる。佐藤筑前守が兵糧弾薬を運び込もうとした際、それを妨害するときに生じた合戦だった可能性もあるだろう。

正木・青木両氏は、羽生において「敵」を討ち取ったという。この内、正木氏はこの戦功に対する報酬として、従来所領していた栢間（同県久喜市）に加えて、六月二十九日付で郷地（埼玉県鴻巣市）及び笠原（同市）を与えられることになる（『行田』二九〇）。このように、上杉勢と北条勢が利根川を挟んで火花を散らしていた中、羽生城は無傷ではなく、中には血を流す者も

いたのである。籠城戦を採っていたとはいえ、羽生領内において忍城勢と干戈を交えた者がおり、犠牲者を出している。花崎城の自落と合わせ、羽生城が追い込まれていく様がはっきりと見て取れよう。

同時に関宿城も追い込まれていた。前年の十二月五日時点で、謙信の越山が遅れれば、関宿城の陥落は目前であると認識されており、その後、北条勢の進攻を受けている。天正二年比定五月十八日付の某貞秀書状写には、近日中に関宿城は北条氏の手に落ちると記されている（『鷲宮』町外文書五四九）。深谷城においては攻撃がなかったのか、誰も触れていない。このことは、すでに深谷城主が北条氏と通じていたことを意味しているかもしれない。

上杉謙信の利根川渡河失敗と北条氏政や氏繁の進攻。羽生・関宿両城は、まさに風前の灯だった。その「凶事」が間もないことは明らかだったのだろう。それでも、簗田氏や木戸氏は北条氏に寝返ることはなかった。北条方に抗いながら、謙信の越山を待ち続けている。このことは奇異であり、信念と意地を貫き通しているかのようにも見える。しかし、時代の波は彼らをさらい、呑み込もうとしていた。

◆木戸父子の最後の消息

越後へ帰国した上杉謙信に対し、羽生城将が求めたのは再度の越山にほかならない。現状を打破するには謙信の救援なくしてはありえなかった。そこで謙信は羽生城へ書状を書き送る。

綴られたのは、秋まで耐え忍んでほしいという旨だった（『上越』一二〇七）。

急度以飛脚申届候、于今堅固之防戦故、先以其地無何事由、誠ニ無比類感入候、如斯之申事、雖無際限候、子細共候間、とても義ニ候者、来秋越山迄堪忍可有之歟、存分之旨候間、余忠信惜仕合ニ候条、如斯申候、同者為口才者一人被越候ハヽ、精申度候、万吉重而可申候、恐々謹言、

追而、此□（書）中ハ簗中父子へ被届頼入候、

五月廿四日　　謙信御居判

菅原左衛門佐殿

謙信は、羽生城が堅固な防戦ゆえ、無事であることは比類なく感じ入っていると述べ、安堵を滲ませている。そしてこう続ける。越山するつもりはあってもそれは秋のことであり、「堪忍可有之歟」と。火急に関東へ駆けつけるとは一言も書いていない。この文言には、謙信の羽生城将に対する心苦しさが表れているとともに、城の維持を城将の「防戦」に任せているように読み取れる。そして最後に、口才の者を寄越せば、詳しく申したいと結んでいる。追って書きには、関宿の簗田父子へ書状とおぼしきものを届けることを為繁に頼んでおり、当時の謙信の中では、羽生・関宿両城が前線基地として捉えていたことがうかがえる。

菅原為繁はその後も謙信との交渉を続けた。先の書状から約一ヶ月後の内、菅原為繁は「小安隠岐守」という使者を越後へ遣わし、関東の情勢について「条目」をもって口上したという。その中には、一日も早い越山を望む要請があったことは想定できよう。これに対し、謙信は為繁へ次の書状を送っている（『上越』一二二二）。

内々其地之模様無心元候条、厩橋迄使お越如何共見合、深谷其地江可返候由、思案候処、小安隠岐守被越候、彼口上条目聞届上、身之事も同意申含候、扨亦従所々之証文共、彼両使ニ入披見候条、定而可申分候、越山之義者涯分油断有間敷候、万吉重而自是可申候、恐々謹言、

追而、雖不初儀候、御忠信不浅難露筆頭候、

「天正二」（朱書）

六月廿二日　　謙信御居判

菅原左衛門尉殿

この書き出しには、内々に羽生の様子が心配だった、と謙信は述べている。上野国の厩橋（群馬県前橋市）まで使者をやり、深谷や羽生へ出陣するか思案していたところ、小安隠岐守が越後に到来した。まるで羽生城を一日も忘れているわけではないことを伝えるような書き方である。小安隠岐守は佐藤筑前守とともに外交を担当していたとみられ、広田直繁の館林領宛て行

いのとき、その一部の領地を与えられていた。書状の結びには、いまに始まったことではないが、為繁の忠信は浅からず、筆舌に表し難い、とその忠義を讃えていることも忘れていない。なお、この書状では、謙信が各証文を使者に見せていることがわかる。内容には触れていないものの、今後の軍略を練る上で重要な判断材料になりうる性質のものだったとすれば、国衆からとった証文だった可能性が高い。そのことを書状に触れていることから、証文を提示することで使者と羽生城将を安心させ、あまつさえ謙信自身の考えを述べたのだろう。

実際、謙信が関東に関連した軍事行動を起こすのは、その一ヵ月後のことになる。羽生城将らの予想よりも早い行動だったかもしれない。なぜなら、北条氏政が厩橋城（群馬県前橋市）へ向けて出撃したことに対応する出陣だったからである。

厩橋城は上杉氏の関東平定の拠点の一つだった。永禄九年（一五六六）に北条《きたじょう》高広《たかひろ》の離反によって一時上杉氏の手から離れたが、その後間もなく回復した。厩橋城が北条《ほうじょう》氏の手に渡れば、越後国進攻の足掛かりとなりかねない。これまで関東の多くの城を失い続けてきた謙信だったが、今後も越山し続けるならば、厩橋城の維持は必須である。したがって、同城の危機は緊急事態と言っても過言ではなかった。

謙信は七月二十六日に出馬する。そして、先発隊を沼田へ送った。同じ頃、羽生城からは越山催促のため僧侶を越後へ遣わしていた。その羽生城に対し、謙信は春中の鬱憤を晴らすのはこのときか、と返している（『上越』一二二二）。「春中之鬱憤」とは、むろん羽生城救援の失敗にほかならない。利根川に進軍を阻まれた鬱憤は、まだ生々しく残っていたのだろう。越山するまで北条氏政の進攻に耐え、自身は春の鬱憤を晴らす意気込みを羽生城将らに伝えるのである。

越山為催促態使僧、具聞届候、殊氏政向厩橋可出張由、得其旨条、陳触急而申付候処、厩橋江敵相動由候間、今日廿六出馬候、先勢出于倉内為押出候、越山迄氏政相こらゑ候者、春中之鬱憤此時候歟、猶山吉孫二郎可申候、恐々謹言、

「天正二」（朱書）

七月廿六日　　　　　　　　謙信御居判

木戸伊豆守殿

同　右衛門大夫殿

菅原左衛門佐殿

これを読んだ羽生城将たちは心強く感じただろうか。再び謙信が関東へやってくる。春の鬱憤を晴らすべく、怒涛の進撃が予想された。それは、嵐の到来を告げるものと同然だった。

ところで、この書状は木戸忠朝・重朝父子の名が確認される最後の史料となっている。以降、両者の名は歴史から見えなくなり、その後の消息は不明となる。したがって、彼らがどのよう

な最期を遂げたのか、史料からは確認できない。

この度の謙信の越山は、木戸氏羽生城時代の最後の戦いであり、天正二年(一五七四)閏十一月をもって羽生城史は一つの区切りを迎えることになる。そのことと、木戸忠朝・重朝父子が消息を絶つことは無関係ではないだろう。二人の身に一体何が起こったのか。どのような運命を辿ったのか。やがて来る上杉謙信という嵐に、羽生城将たちの運命は大きく揺れ動いていく。

◆羽生城の自落

上杉謙信は先発隊を関東へ派遣後、自身も八月に出馬した。そこから「春中之鬱憤」を晴らすべく、怒涛の進撃が始まることになる。

謙信の越山の知らせは、すぐに羽生城へも届いたのだろう。春の越山では、金山城への出撃や船を集めて置くよう指示があったが、この度はそのような命令は下されなかった。利根川は通常の水位に戻り、渡河が可能な状態だった。換言すれば、北条氏も自在に進軍でき、羽生城は敵軍の進攻を受ける脅威にさらされていた。羽生城は籠城戦の構えを採り、上杉勢の到来を待っていたのだろう。

ちなみに、『上越市史 別編1 上杉氏文書集一』では、年次未詳として十月十日付の管原為繁に宛てた上杉謙信書状が収録されている(『上越』一四五八)。便宜上ここに掲げておく。

態使者口上之趣、委細聞届候、仍彼噯之儀、尤可然候、其地為堅固彼是ニ候間、引詰而被取刷簡要候、惣躰、彼方一類謙信芳志与云、又謙信手透無之儀ニ候間、定而可為分別候、爰元之様子両人見聞候間、定可為才覚候、恐々謹言、

拾月十日　　謙信（花押）

菅原左衛門佐殿

この度の謙信の越山は猛攻を極めた。金山城主由良氏の領地へ進攻すると、仁田山（群馬県桐生市）を攻撃。「彼城ニ籠者共、一騎一人不残、男女共ニ悉なてきりニ成之候」と、謙信が太田資正へ伝えているように、籠城者を一人残らず討ち果たすという猛攻ぶりだった（『上越』一二一八）。なお、「猿窪之地」（群馬県）を攻略後、十一月七日には利根川を渡河する。そして、鉢形城・忍城・松山城へ進攻し、諸城の城下を焼き尽くすのである。

そのとき、深谷城から謙信のもとに知らせが入った。それは、氏政が敗北したという内容だった。つまり、関宿城を攻撃していた北条勢が撤退したという。その知らせを受けた上杉勢は、再び利根川を渡り、息をつく間もなく新田領（群馬県太田市）へ進攻することになる。ここでも謙信は火を放つ。領内を荒らし、金山城へ詰め寄るのである（『上越』一二三二）。

すると、関宿城からの知らせが飛び込んできた。それは、北条勢は退散していないという情報だった。深谷城からの「氏政敗北」の知らせは城主上杉憲盛の早とちりだったのか、それと

もわざと誤った情報を流したのか、解釈が分かれるところである。しかしながら、今度の越山で上杉勢は深谷城下も焼いているため、深谷城主はすでに北条氏に通じており、意図して誤報を流した可能性が高い。これは、武蔵国において謙信に従属する国衆が、羽生城のみになったことを意味している。

謙信は、足利・館林・新田・佐野など数か所の敵地へとなだれ込んだ。そして、ことごとく放火し、その勢いは止まる気配がなかった。十一月二十日に多田木山（栃木県足利市）へ進むと、一日軍を休めた。二十二日には沼尻（栃木県藤岡町）に着陣。二十四日に小山秀綱と簗田晴助を招き、軍事会議を開く。今後の進攻と北条氏との戦いをどう進めていくか、軍議に諮って策を練ったのだろう。

関宿城もまた風前の灯だった。十一月二十七日の時点で、北条氏は上杉氏の援軍はないと踏んでいたらしく、執拗に関宿城攻撃を繰り広げている。そして、二、三日の内に同城は滅亡すると見立てられていた。そのような危機的状況により、佐竹義重の援軍が必要不可欠だった。沼尻で軍事会議を開いた謙信は、十一月二十五日には小山（栃木県小山市）へ進軍するため、義重の同陣を求めた（『上越』一二三三）。

佐竹義重は重い腰を上げてこれに応じた。小山で顔を合わせた両者は今後の戦略について話し合う。謙信は佐竹勢とともに敵地へ乗り込み、雌雄を決するつもりだった。

ところが、これに異を唱えたのは義重の重臣だった。謙信と行動をともにすることを快く思わず、拒否するのである。関宿城救援は佐竹勢に任せ、謙信とは別行動をとることが決定。このことに不満だった謙信は、佐竹家中に「表裏者共」が存在し、「天魔」の所行ではないかと捉えている。そして、敵の策略にかかり無念であると、荻原主膳亮らに述べている（『上越』一二三四）。

かつて、多くの関東国衆を指揮した謙信の姿はどこにもない。同陣を拒み、北条氏へなびく国衆たち。十一月二十七日付で荻原主膳亮へ送った書状には、簗田父子は言うまでもなく、小山秀綱及び宇都宮広綱も滅亡し、太田資正父子も「さげ頚」になると謙信は書き綴っている（『上越』一二三四）。

佐竹義重と行動を別にした謙信は、古河（茨城県古河市）・栗橋（同県五霞町）・館林（群馬県館林市）の各城を押し通る。そして各所に火を放ち、焼き尽くした。利根川を渡ると武蔵国へ乱入する。謙信の進軍は止まらない。騎西（埼玉県加須市）・菖蒲（同県久喜市）・岩付（同県さいたま市）などの敵地へ進攻し、火を放つのである（『上越』一二三八）。まるで嵐のような進攻だった。川が増水し渡河できなかった春とは異なり、下総・下野・上野・武蔵と縦横無尽に進軍している。北条方の城は上杉勢の来襲に備え、情報を集め、身を固くしていたことだろう。騎西城にいたっては、永禄六年以来の二度目の来襲である。上杉勢によって多くの者が撫で斬りにされた記憶はまだ生々しく残っており、逃散する者も少なくなかったのではないだろうか。

ただ、関東各地を蹂躙した上杉勢だったが、それは城を攻略することと同義ではなかった。「足利・館林・新田領悉放火」や「悉武州敵地放火成墟候」と謙信が書状に書いているように、火を放たれた敵地は灰燼に帰し、荒れ地と化したことは容易に推察される。しかしながら、それは落城を意味するものではなく、城は存続していたのである。ましてや、敵将を討ち果たしているわけでもない。謙信へ帰属を表明する国衆もいなかった。北条氏は籠城戦を採っており、無闇に戦いを仕掛けることを禁じていた。城に籠り、上杉謙信という嵐が通り過ぎるのをひたすら耐え忍ぶ戦略だったのである。

したがって、謙信は各地に進攻しているものの、北条氏と直接切り結んではいない。小競り合いはあったらしく、成田氏長は謙信が進攻したときに敵を一人討ち取ったとして、「小倉図書助」という者に感状を与えている（『行田』二九一）。とはいえ、雌雄を決する合戦はなかった。上杉勢は武蔵、上野など四十日にわたって進軍したものの、ついに敵と遭遇することはなく、兵が城から一歩も出撃してくることはなかったのである。このことについて謙信は、隠れているわけではあるまいに、と皮肉めいて書状に綴っている（『上越』一一三八）。

武蔵国の諸城へ攻め入り、各地を放火した謙信が、最後に馬を向けた城が羽生城だった。むろん、救援のためだった。ただ、このとき謙信が考える「救援」は城そのものではなかったのだろう。その対象は、これまで「忠義」を尽くしてきた羽生城将や城兵たちだった。放火しても北条方の城は陥落しておらず、国衆たちが上杉氏に帰属しているわけでもない。状況は何も変わっていなかった。むしろ、上杉氏と国衆との間の溝はさらに深まっていた。

上杉謙信は羽生の地に足を踏み入れる。城の様子を実際に目にし、城将たちと直接言葉を交わしたらしい。その上で謙信はある決断を下さざるを得なかった。それは自落である。羽生城を自らの手で破却する。羽生城将へその決断を伝えたとき、謙信はどのような表情を浮かべていただろう。むろん、それはわかるはずもないが、天正二年比定閏十一月二十日付で蘆名盛氏へ送った書状の中で、謙信はこう述べている（『上越』一二三八）。

（前略）羽生之地、謙信守手前ハ、内々雖為可申付由、能々見届候ニ、第一浅地自味方百里内無之候条、守手前者、不見功所差置、徒ニ可為滅亡儀不便候間、従類千余人引取、羽生之地者越衆諸勢申付令破却、十九日致于当厩橋城、先令帰馬候、羽生之者共於、則向新田構城郭可差置候（後略）

このまま何も手を施さなければ、羽生城の落城は明らかだった。そのため、謙信は城よりも城兵たちを助ける手段に踏み切ることを決断する。すなわち、いたずらに滅亡させるのは不憫のため、城兵ら千余人を引き取り、羽生城は上杉勢に命じて破却させたのである。

上杉方の城として旗幟鮮明にしてきた羽生城だった。謙信は自身に尽くしてきた彼らを無視することはできなかったのだろう。羽生城へ送付する書状の中に、しばしば「忠信」の文言が見られるのは確かである。城は敵に利用される恐れがあることから、破却せざるを得なかった。それを上杉氏の兵に指示し、破却に至ったのだった。

落城ではなく自落。この結末を羽生城将たちはどう受け止めただろう。残念ながら城将たちの言葉を記した史料は確認されない。ただ、天正二年の春に花崎城が自落していることから、その覚悟はあったかもしれない。例え謙信の決断に異を唱えたとしても、上杉氏に従属し続ける限り、城を維持できないことはわかりきっていただろう。城将たちに選択の余地はなかった。そのため、羽生城破却の結末を受け入れざるを得ず、断腸の思いで謙信の言葉に耳を傾ける羽生城将たちの姿を想像しても、あながち的外れではないだろう。

かくして羽生城は自落のときを迎える。謙信の書状によれば、引き取られた羽生城兵は千余人にも及んだという。『成田記』や「簑沢一城根元亡落記」などの記録類が、激戦の末に羽生城が「落城」と伝えているが、史実は「自落」だった。謙信の意志で破却されたのであり、直接手を下したのは上杉勢だった。羽生城将たちは破却されるその様を目の当たりにしたのだろうか。城に火を放ったとすれば、天高く昇る黒煙は、忍城からも目にすることができたかもしれない。

ちなみに、羽生城が自落したちょうど同じ頃、関宿城が崩れた。上杉謙信と分かれ、関宿城の防戦を任された佐竹義重だったが、北条氏に寝返ったのである。関宿城は開城となり、北条氏は「一国を得るに等しい」と評価した城を手中に収めることに成功した。したがって、北条氏政はその喜びを隠せない。小田氏治へ宛てて、次の書状をしたためている（『戦北』一七四七）。

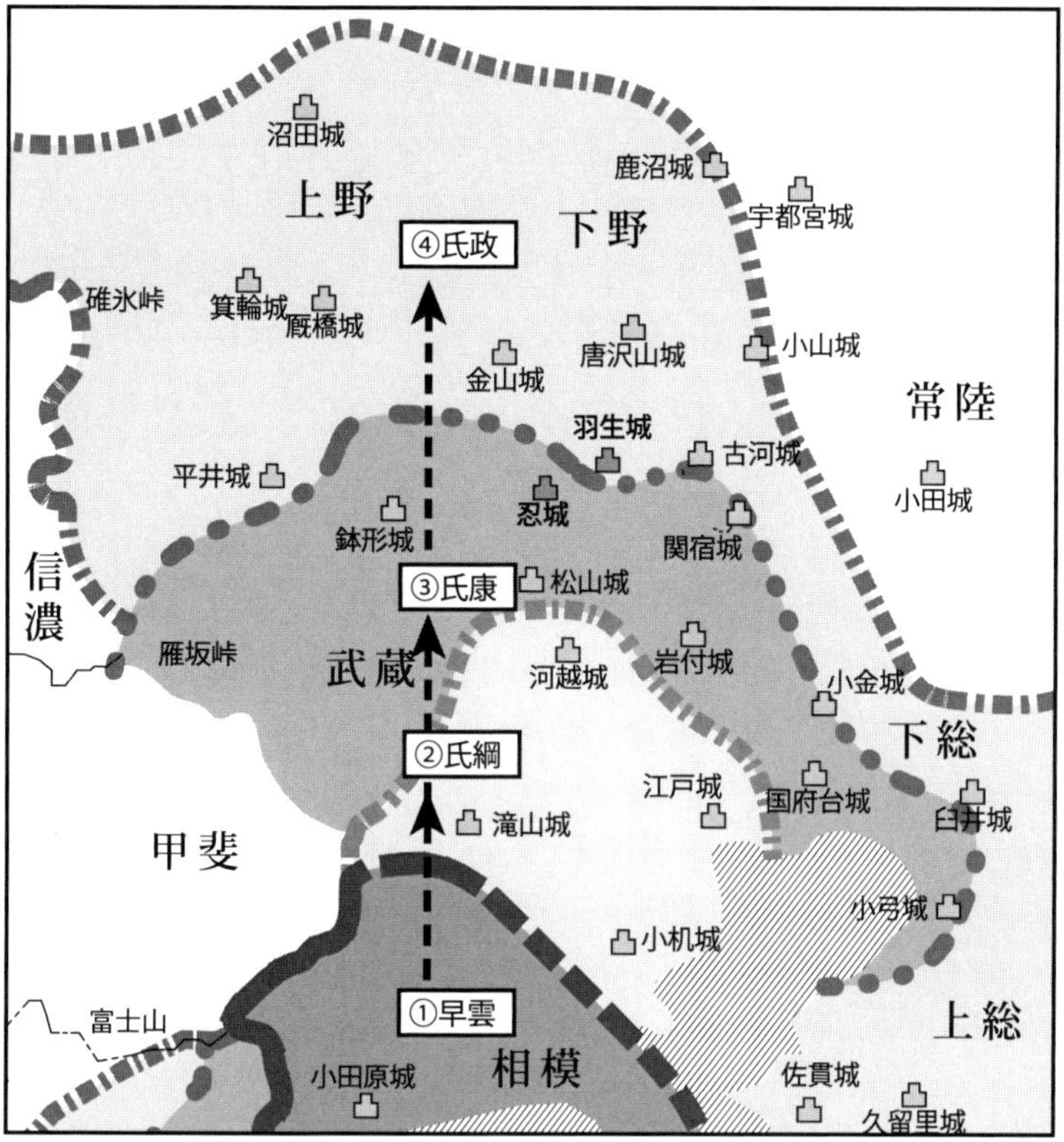

北条氏による関東勢力伸張のおおまかな図

輝虎敗北、剰羽生自落并関宿も明日出城ニ落着、無残所遂本意候、御大慶察存候、随而従佐竹申旨候間、先遂一和、一昨申刻彼陣も退散候、委曲追而可申候、恐々謹言、

閏十一月十八日　　　　　　　　氏政（花押）

小田殿

北条氏政は武蔵国を平定した。「輝虎敗北、剰羽生自落并関宿も明日出城ニ落着、無残所遂本意候」の文言から、氏政の喜びと安堵が読み取れる。羽生・関宿両城を防衛ラインとする上杉氏と、それを崩そうとする北条氏の戦いは、後者に軍配が上がったと言えよう。両城の陥落によって、謙信の勢力は大きく後退せざるを得なかった。その謙信は、羽生城破却後の閏十一月十九日に厩橋城へ戻り、帰国の途に就く。そして、同月二十日にこの度の越山における諸城進攻と羽生城破却などの経緯について、蘆名盛氏へ書状をしたためたのだった（『上越』一二三八）。謙信の「春中之鬱憤」が晴れたのかは定かではないが、少なくとも佐竹義重の家中に対してその表裏は筆頭に尽くし難いとし、不信感を募らせている。ならば、謙信の胸中は穏やかならず、鬱憤をさらに抱え込んでの帰国だったのではないだろうか。

◆飯野城兵との戦い

天正二年（一五七四）閏十一月、上杉氏と北条氏の戦いは一つの区切りを迎えた。開城後、関宿城主簗田氏は北条氏へ帰属する。水海城（茨城県古河市）への移城を強制されたが、北条方の国衆としてその政治的自立権は保たれた。

一方、羽生城兵たちは謙信に引き取られることとなった。その中に、木戸忠朝の次男元斎（範秀）や、広田直繁の嫡男菅原為繁の姿があった。彼らは謙信に引き取られたため、以後も両者の名が散見されることになる。例えば、元斎は天正六年（一五七八）に羽生城回復の願文を三夜沢赤城神社（群馬県前橋市）に奉納している（『群馬県史 資料編7中世3』二八九一）。同八年には、為繁も羽生城回復の祈祷を同社に依頼しており、叶った暁には社領一所を寄進するという願文をしたためるのである（『同』二九七九）。

両者ともに羽生城奪還を祈願していることから、自落時からそれを宿願としたのだろう。同時に謙信に期待したからこそ、羽生領からの退去を受け入れたのではないだろうか。ちなみに、木戸元斎と同年同日に同社へ願文を奉納した安中久繁という者がいる（『同』二八九〇）。羽生城関係史料の中に「安中久繁」の名は確認できないが、「本意」が叶った暁には、元斎と同様に神馬と「三貫文之地形」を寄進するとしている。このことから、安中惣領家とは別系統の安中氏が羽生城に在城し、羽生自落とともに上野国へ移ったとみられる（栗原修「戦国大名上杉氏の東上野支配に関する一考察」一九九六年）。

「従類千余人」が謙信に引き取られたとされるが、むろん全ての兵が羽生を去ったわけではなかった。残った者もおり、『新編武蔵風土記稿』が伝える源長寺中興開基者の不得道可（鷺坂軍蔵）は、天正十八年以降に羽生城代になっている。同書によれば、道可は木戸忠朝の家臣であり、旧城主の追福のために源長寺を再興したということから、自落後も羽生に留まったことになる。また、羽生城に派遣された斉藤盛秋は、自落後は成田氏に仕えたと伝わる。なお、羽生城家臣と伝わる「鈴木与兵衛」は、近世に農作地を開墾したため、のちに「与兵衛新田」という地名が付けられたことから、やはり上杉氏と行動をともにしなかったのだろう。

一方、引き取られた羽生城兵は上野国の城に置かれた。謙信の書状には、「羽生之者共於、則向新田構城郭可差置候」とあり、新田に向けて城郭を構え、そこに羽生の者たちを置いたことがわかる（『上越』一二三八）。具体的には、その城郭は膳城（群馬県前橋市）と山上城（同県桐生市）に比定される。『前橋風土記』（一六八四年成立）の古跡の項に「膳塁　在勢田郡膳村東北隅、相伝、木戸玄斎者居于是」及び「山上塁　在勢田郡山上村、昔山上入道宗久者所居也、後木戸大炊頭者城于是」と記されているからである。ここに菅原為繁の名は見えないが、後者の「木戸大炊頭」が羽生城関係者を指すものと思われ、さらには先に触れた願文が三夜沢赤城神社へ奉納されていることから、為繁は山上城に身を置いていた可能性が高い。両城とも、天正二年春の越山で謙信が落とした城だった（『上越』一一九三）。謙信はそこに木戸・菅原両将を置くことで、新田の国衆たちを牽制するとともに、羽生城奪還の拠点としたのだろう。

しかしながら、天正六年に謙信が死去し、上杉景勝と同盟を結んだ武田勝頼が同十年に自害すると、木戸元斎は一時期北条氏に従属する道を選んだらしい。天正十二年頃とみられる十一月二十九日付の北条氏照書状に、「一、山上之義于今不通之躰ニ候歟、不審存候、自元斎《（木戸元斎）》所一庵之所へ之一札ニハ、先日之返事以使可申由候、然則対大途無相違聞得候、貴辺御父子へ至り、時之述懐一理ヘモ、如何様無相違、先和穆《（睦）》不可過御塩味ニ候」という一条が書き記されている（『上越市史 別編2』二九九八）。元斎のところより一庵（狩野宗円）へ送った書状には、先日の返事について使いをもって述べられており、北条氏直に対し同意すると聞いている、とある。少なくとも、この頃まで上野国に在住していた元斎だったが、同十四年二月二日に春日山城で催された「景勝公御夢想之漢倭」には参列し歌を詠んでいることから（『同』三〇八二）、間もなく越後国へ移ったのだろう。

さて、天正二年の上杉氏による羽生城兵引き取りの際、合戦が起こったことを伝える史料がある。それが「北爪右馬助覚書」で、次のような一条があるのが着目される（『群馬県史 資料編7中世3』三六九二）。

一、ゐんこくよりは■■■《（にやう）》殿御引取被成候時、いゝの入小屋之衆ことゝゝくおし候て、人つき申候時、やかた様御ちしん五藤か衆をめしつられ、御かへし被成候時、御かんせん《（眼前）》ニてさいはいもちこち、くひ取申候間御はうひとして、御はをり《（羽織）》一ツ被下候、此請人さのゝ

太■（夫）殿ニおり申候、市川人やと申者存候

文化九年（一八一二）に間宮士信によって編まれた『小田原編年録』に、ほぼ同様の記述がある。ただし、同書の原本はすでに失われ、一八七五年に書写されたものが現存している。

「北爪右馬助覚書」は、戦国期に数々の武功を挙げた北爪右馬助が、年老いてからその戦績を綴った戦功覚書である。慶長後半期（一六〇六〜一五）頃の成立とみられ、北爪氏はかつて勢多郡女淵郷（群馬県前橋市）周辺で「女淵地衆」を形成していた。将監家、新八郎家、大学助家などがあり、右馬助はこの内の大学助が改称した可能性が高いとされる（黒田基樹「戦国期の女淵郷と北爪氏」二〇〇五年）。武辺者だった右馬助は、戦国期に各戦場を駆け巡り、三十九もの首を討ち取ったという。間宮士信は『小田原編年録』を編むにあたり、この右馬助の戦功覚書を収録したのだろう。『小田原編年録』は原本が失われ、「北爪右馬助覚書」と微妙な異同がある。ただ、『小田原編年録』において、右記同等の欄外に「埼玉郡羽生城吉見御所取立、其後喜戸（木）右衛門太夫後、右衛門城代栗原備前居、夫ヨリ大久保相模守拝領」という註釈が見えることから、「ハニウ殿」を武蔵国羽生城と認識していたことは間違いない。羽生城の兵を遠国（『小田原編年録』では「越国」）より引き取るときに右馬助が武功をたてたことから、天正二年（一五七四）閏十一月の戦いと理解するのが妥当だろう。

このとき北爪右馬助は上杉方だった。謙信は同年三月十日頃に女淵城を攻め落としており、

同城に越後衆を置いた。そして城将として入城したのが後藤左京亮勝元とみられ、右馬助はそのまま同人に従ったらしく、「北爪右馬助覚書」には「一、越国あしかゝへ御はたらきの時分、旦那ニ候五藤左京助」と記されている。ゆえに、右に掲げた史料に見える「五藤」とは、後藤勝元に比定される（栗原修「前掲」）。

「北爪右馬助覚書」によれば、「羽生殿」（羽生城の者たち）を引き取るとき、飯野（群馬県板倉市）の小屋の衆が上杉勢に向かって押し寄せてきたという。これに対し、「やかた様」こと上杉謙信は、後藤氏の軍勢を率いて反撃に打って出る。そして、北爪右馬助は謙信の眼前にて敵の首を討ち取り、褒美として陣羽織を賜った。その証人は、佐野太夫のところにいる市川氏という者である、と記している。

「小屋之衆」とは、飯野城に駐留する兵が比定される。飯野は羽生領から利根川の対岸に位置しており、『上州故城塁記』（一七六〇年頃の成立か）や『上野国志』（一七七四年成立）は、飯野城主として渕名上野介景秀を挙げ、館林城主長尾氏に属した人物と伝えている。

現在の飯野城址は、遺構とおぼしきものは確認されない。が、往古は土塁や堀が残っていたという（山崎一『群馬県古城累址の研究』）。『板倉町史 通史 上巻』では、飯野城について「東西二〇〇m、南北一七〇mの複郭であったと想像される」と記載され、利根川と近距離にあることから、おそらくこの城も渡河点を監視及び管理し、敵の進入を防ぐ役割を担う軍事施設だったことが推察される。

飯野城主渕名氏は、「館林城城主覚書」や「館林城主代々記」などにもその名が確認できる。つまり、館林城主長尾氏の七騎衆の一人に数えられる人物であり、飯野城は同城の支城の一つだったとして理解してよい。とすれば、渕名氏は元亀三年（一五七二）に起こった広田直繁謀殺事件（善長寺の変）の関係者の一人に数えられよう。

天正二年閏十一月当時、館林城は北条氏に帰属していた。同城の支城に数えられる飯野城もその傘下にあり、したがって、先に掲げた「北爪右馬助覚書」が伝える戦いは、上杉勢と飯野城兵との戦いを意味するのだろう。謙信が羽生城兵を引き取って上野国へ入ったとき、対岸の飯野城兵と干戈を交えた。それは、渡河点における合戦と捉えてよいのではないだろうか。北爪右馬助は「五《(後)》藤が衆」の一人として参陣し、謙信の眼前で采配を振るったのである。

管見ではあるが、天正二年閏十一月の羽生城自落時における合戦を伝えているのは、いまのところ「北爪右馬助覚書」及び『小田原編年録』である。大規模な合戦ではなく小競り合い程度だったことが推測される。

◆名堀の内の謎

渡河点における上野国側の軍事施設が飯野城とすれば、その対岸の武蔵国側に存在していたのは「堀の内」と呼ばれる城である。羽生領にあり、現在の羽生市名《みょう》に比定される。江戸期に福島東雄が著わした『武蔵志』の「名村」の項には、「古城　堀内ト云　越後謙信臣渋井越前居跡ナリ」と記されている。

名村は飯野城の対岸に位置し、近世には「名河岸」があった。『武蔵国郡村誌』には、渡し船一艘と漁船が三艘あったことが記され、「名村渡」も存在していた。古くからの渡河点・輸送地であり、それが河岸として発展したとするならば、戦国時代には軍事的に重視された地域の一つだったことが推察される。また、平成二十三年度及び同二十五年度に発掘調査が実施された「屋敷裏遺跡」（羽生市名）においては、古墳時代前期の住居跡や、他地域に由来する土器が多数出土し、平安時代の住居跡からは鉄製の口琴が発見されたことから、さまざまな地域と交流を持つ国境の集落として注目を集めた。そのような地域だからこそ、戦国期に入ると渡河点を監視し、橋頭堡的な軍事施設として堀の内城が取り立てられたのではないだろうか。他方、上野国側の渡河点には飯野城が置かれたのだろう。

『武蔵志』に見える「渋井越前」は、「関東幕注文」の中に「羽生之衆」として名を連ねる「渋井平六良」に比定される。羽生城の被官的な存在であるとともに、渡河点の管理者の一人だった可能性も帯びてくる。その渋井氏が居住していたと推察される堀の内は、羽生市名に所在する不動院及び八幡社付近と考えられる。おそらく、「北爪右馬助覚書」が飯野城を「小屋」と表現しているように、堀の内も小規模な軍事施設だったのだろう。利根川堤防の拡幅工事により、堀の内比定地はほとんど土手下に埋まっているため、詳細は明らかではない。

しかしながら、羽生城に関する伝承がいくつか残っている点において、同地域は注目される。例えば、堀の内比定地に建つ不動院は上杉謙信の祈願所だったという（「当寺本尊不動明王略縁起」）。

　また、名村には羽生城主木戸忠朝の三人の子を祀ったという口碑もある。城主の墓碑ですら伝承の域を出ない史料残存率において、かなり特異な部類に属すと言ってよい。すなわち、落城を余儀なくされた三人の息子は、名村で自害したというのである。村人たちはその死を悼み、忠朝の長男を一位殿社、次男を二位殿社、三男を三位殿社として祀ったという（『羽生市史 上巻』）。

名堀の内比定地の現在。右手に利根川堤防

　その伝承の考古学的裏付けはないものの、中世において何らかの軍事施設があった可能性は高い。そして先に触れたように、「北爪右馬助覚書」では上杉謙信による羽生城兵の引き取りの際の合戦を伝えている。これらを勘案すれば、羽生城兵の一部は、名村の渡し場から利根川を渡河したことが想定される。だからこそ、その対岸に位置する飯野城兵が動いたのではないだろうか。名村で木戸忠朝の息子三人が自害したという伝説も、飯野城兵との戦いで戦死した者の供養塔と考えることもできよう。ただ、神として祀られるほどの人物であれば、その戦死者というよりも、堀の内の一族だったことも考えられる。名村生まれの漢学者渋井太室（孝徳）は、その著書『国史』（一七七一年）で三社について触れており、「谷場吉広」を祀ったという伝説だが、堀の内城主の萱場（栢場）氏であろうと述べている。

何にせよ、羽生城兵の一部は上杉謙信に引き取られ、羽生領を後にした。そのとき対岸の飯野城兵と干戈を交え、渡河点における衝突だったとしても、木戸氏羽生城時代の最後の合戦と捉えることができよう。この戦いを経て、木戸氏羽生城時代は幕を下ろすことになる。武蔵国における謙信の勢力は一掃され、同国は北条氏によって平定された。そして、羽生領は忍城主成田氏に接収されるのだった。

◆木戸忠朝・重朝父子の死

羽生城自落後、上杉氏に引き取られた木戸元斎（木戸忠朝の二男）は膳城に、菅原為繁（広田直繁の嫡男）は山上城に身を置いた。両者は羽生城奪還が宿願となり、のちにそれぞれが三夜沢赤城神社へ願文や判物を奉納した。

完全に消息を絶つのは木戸忠朝・重朝父子である。羽生城自落を境に、木戸父子の足取りは同時代の史料から読み取ることができない。父子は忽然と歴史から姿を消す。彼らの消息が最後に確認されるのは、天正二年（一五七四）比定七月二十六日付の上杉謙信書状となっている。

この書状を見ると、少なくとも七月二十六日時点で忠朝と重朝は存命し、羽生城に在城していた。仮にこれ以前に木戸父子のどちらかが死去していたとしても、その知らせは謙信の耳に入っていないことは確かである。

では、その後木戸父子の身に何が起こったのだろうか。地元羽生に残る記録が伝えているのは、いずれも戦死に近い自害である。「簑沢一城根元亡落記」(一七八〇年頃成立)では、「城中不残火煙の黒煙り立上りければ、運命是迄と観念して主人忠朝を初、家臣従卒百余人一騎も不残相果けり」と、家臣とともに自刃し、壮絶な最期を遂げたとしている。

また、館林の善長寺で自刃したと伝えているものもある。それは「木戸氏系図」(一六六〇年か)及び「武陽羽生古城之図」(一七五三年)であり、前者では「城終防難兵散乱、伊豆守城中へ難引取、館林土橋於善長寺自害ス云」と記している。ただし、これは「羽生城主」でもなければ木戸忠朝でもなく、広田直繁の最期を伝える記述である。

なお、羽生領の稲子《いなご》で自刃したと伝えているのは『埼玉群馬両県奇譚』(明治期中頃成立)である。この史料は医師で郷土史家の伊藤道斎が明治期に著わした奇譚集で、忠朝の最期にまつわる伝説を収録している。すなわち、源長寺にある某家(稲子居住)の墓のそばに木戸忠朝の碑が建つのは、戦国時代に某家で城主が切腹したためであり、小石をもって碑としたと記している。ただ、当時すでに伝説の内容は薄れ、ほかに諸説あったらしく、伊藤道斎が某家当主や源長寺住職に聞いても詳細は不明だったことが書かれている。

一方、嫡子重朝の最期を伝えている史料がある。「木戸氏系図」によると、父忠朝は会の川での戦い（岩瀬河原の合戦）に敗れ、城に戻れず館林で自刃したという。その子息「右衛門大夫重基」は羽生城に籠城するが、多勢に無勢で城を守り切ることができず、切腹したとしている。父子ともに、戦死に近い自刃を遂げたとする説である。

また、「中岩瀬天神宮縁記《ママ》」（一六四九年）もこれと似た内容を伝えている。成田氏らの攻撃を受け、忠朝の嫡子「衛門督」は十八歳にして「戦死」。兜や鎧などを羽生領内の岩松寺に納めたという。ただ、「木戸氏系図」と異なるのは、父忠朝が「北越に奔《はし》る」としている点である。羽生城から落ち延び、越後へ移る。つまり、木戸忠朝生存説を唱えている。これは忠朝のことではなく、膳城配置後に越後へ向かった木戸元斎の足取りを示すものだろう。

この木戸忠朝生存説は、かつて正覚院に存在した鐘も同様のことを伝えていた。そこには「北氏競来戦乱頻起、城主易地移居越州」という銘が刻まれ、北条氏との戦乱によって城主は地をかえ、越州へ移居したという内容である。忠朝は生きて越後へ向かい、そこに居住したことになるが、天正二年七月以降その足取りが掴めなくなることから、やはり次男木戸元斎の足跡を示したのだろう。歳月を経るごとに城史の内容は錯綜し、木戸忠朝を元斎と混合して記す記録が多く見られるようになる。正覚院の鐘銘もその一つと理解してよい。ちなみに、この鐘は太平洋戦時に供出され、境内には鐘楼のみが残っている。

以上のように、記録の多くは木戸忠朝・重朝父子の最期について、戦死に近い自刃を伝えて

正覚院鐘楼（羽生市南）

いる。しかし、木戸氏羽生城時代の終焉は、記録が伝える「落城」ではなく「自落」である。北条氏や成田氏の猛攻を受けたわけではなく、謙信の命を受けて破却されたのだった。したがって、戦死に近い自害という見解には疑問を覚えざるを得ない。

　ところで、上杉謙信の命を受けて越後から羽生に派遣された者がいる。斉藤盛秋という人物である。盛秋は天正二年の羽生城自落後も羽生に残り、そのまま土着した。戦乱が終結すると、嫡男内左衛門は今泉村の名主となり、二男喜右衛門は新田を開拓したため、現在も「喜右衛門新田」という地名が使用されている。

　その斉藤家が宝永四年（一七〇七）に書き記した由緒書上がある。これは羽生領今泉村所在の長光寺から勧められ、三代目斉藤喜右衛門が自家の由来を書き上げたという。そこには斉藤家が羽生に派遣されたことも触れられている。すなわち、先祖「斉藤民部盛秋」は謙信の旧臣だったものの、元亀・天正の成田氏との戦いの折、加勢のため侍数十騎を率いて羽生城に入城した。ところが、城主の死によって城兵は退散し、盛秋は帰国の機を失ったという内容である。「斉藤家由緒書上」で注目されるのは、羽生城主の死について触れられている点である。

（前略）下拙曽祖父齋藤民部盛秋与申者長尾謙信公之旧臣ニ而、生国越後国者ニ候、羽生之城主木戸右衛門事、元亀天正之乱與成田長安合戦矣、其為加勢民部以下之侍数十騎羽生之城被越、後城主病死、軍兵尽退散畢、於是民部失帰国之期、（後略）

由緒書上では、羽生城主を「木戸右衛門大夫」としているが、これは木戸忠朝に比定される。「城主病死」。すなわち、この史料では木戸忠朝が病で亡くなったことを伝えているのである。斉藤氏は越後から羽生城へ派遣されたため、おそらく城内では謙信の代理のような立場にあったのだろう。したがって、斉藤氏は城主の死を近くで知り得た立場にあったとみて間違いない。

この由緒書上を作成した「三代目　斎藤喜右衛門」は、斎藤盛秋の曾孫に当たる。おそらく、斉藤家で言い伝えられた由来を改めて筆に起こしたのだろう。由緒書上が作成された宝永四年（一七〇七）は、羽生城自落から百三十三年後にあたる。多少の風化や記憶違いがあったとしても、一族の由来は語り継がれてきたことが察せられる。何より、天正二年閏十一月に「千余人」が謙信に引き取られた羽生領において、斉藤氏は城史を知る貴重な羽生城関係者であり、ほかの者が知り得ない情報を有していたとしても不可解ではない。

さて、この城主病死が事実とすれば、おそらく木戸忠朝は天正二年七月以降から閏十一月の自落以前に逝去したものとみられる。病の詳細は由緒書上には触れられていない。想像の域を出ないが、突然死ではなく、かねてから患う病があったのではないだろうか。とすれば、天正二年（一五七四）正月に羽生城が守られるよう正覚院へ祈念を依頼したのも、切実な意味合いを帯びてくる。自身の命が長くはないことを悟っていたがために、羽生城が固く守られるようその加護を得ようとしたのかもしれない。いささか想像をたくましくすれば、上杉謙信の羽生城救援失敗を知った忠朝は失望し、秋の越山を待たずして、静かに息を引き取ったのではないだろうか。

一方、木戸重朝は父忠朝の病死後、羽生城主に就任したはずである。しかし、それは半年も満たない短命の城主だった。羽生城の自落は木戸重朝の同意の元であったとしても、城破却とともにその身を自ら滅ぼしたのだろう。すなわち、自落によって生きる望みを失い、自刃したのである。もともと、孤立無援になっても上杉方の姿勢を貫いた人物である。重朝が義に厚い武将だったとすれば、羽生城を棄ててまで生き延びるという選択肢はなかったのだろう。城と運命を共にするかのごとく、重朝は羽生城の破却を見届けたあと、自ら命を絶った。その場所は、羽生城主の自刃伝説が残る羽生領稲子だったのかもしれない。この伝説は重朝の死を伝えるものではないだろうか。木戸家の嫡子として、あるいは羽生城主として、最後の意地を通した。重朝の発給した文書は現在のところ確認されないが、羽生城が最後まで上杉氏から離反しなかったことから、父忠朝と同様に、揺らぐことのない信念を持つ人物だったことが類推されよう。

ちなみに、稲子には源昌院《げんしょういん》という曹洞宗の寺院が所在している。木戸氏の菩提寺と伝えられる源長寺の末寺で、本尊は地蔵菩薩である。史料上では慶長十年（一六〇五）の創建となっているが（『鷲宮』町外文書八七八、八七九）、一方で開基したのは、天正十八年（一五九〇）以降に羽生城代を務め、文禄四年（一五九五）に死去する不得道可（鷺坂軍蔵）とも伝わる（『新編武蔵風土記稿』）。道可は忠朝の旧臣だったという。この旧臣説が事実ならば、斉藤盛秋と同様に重臣層に位置し、木戸父子に仕える立場だったことが推察される。そして、木戸父子の最期を知る数少ない羽生残留者だったはずである。その道可が稲子に源昌院を建立したのは、同地で自刃した重朝を供養するためだったのではないだろうか。それが史料上で確認できるわけでないが、羽生城主自刃伝説と合わせて史実の一端がそこはかとなく匂う地域である。

かくして、木戸忠朝・重朝父子の名前は歴史から消えることとなった。同時代に城主の死を伝える史料が確認されないのは、羽生城関係者が上杉氏に引き取られたことが影響しているのだろう。館林で謀殺された広田直繁と同様、木戸父子の埋葬地は謎に包まれている。菩提寺と言われる源長寺が可能性の一つとして挙げられるが、その具体的な場所については不明である。ただ、源長寺の境内には、羽生城主の墓碑と伝わる石塔が歴代住職の無縫塔とともに建ち、静かに時を重ねている。

◆成田氏の羽生領接収

羽生城自落後の羽生領は忍城主成田氏に接収された。忍領の一部に組み込まれ、成田氏の支配下となった。当然、領民は成田氏の取り決めに従い、敵の進攻を受ければ忍城を守る義務が課されたはずである。

羽生城は破却されたが、短期間だったこともあり、堀や土塁には手がまわらなかったとみられる。おそらく同位置に軍事施設が再建されたのだろう。いわば忍城の支城が誕生する。羽生領内における税の徴収や軍事等の公的管理を担い、忍城からの伝達事項は羽生城を通して各村へ達せられたと思われる。木戸氏時代に比べ、城は軍事施設としての要素が弱まり、行政機関としての側面が色濃くなったのではないだろうか。

成田氏は羽生城に「城主」を置くことはなかった。同城の管理を一任したのは成田一族である。その立場は「城代」であり、龍淵寺所蔵の「成田系図」に見える「某」の一人に、次の記述がある（『新編埼玉県史 別編4』二六）。

某
善照寺　後号向用斎
仕長泰・氏長、与田中加賀・野沢信濃、同為武州羽生城代、善照寺為其最（後略）

善照寺という人物はのちに「向用斎」と名乗り、成田長泰・氏長に仕え、「田中加賀」及び「野沢信濃」とともに羽生城代を務めていたという。成田氏は羽生領接収後、羽生城再建と同時に善照寺らを城代として派遣し、管理させた。善照寺の詳細は不明だが、系図によると成田親泰の子としている。ちなみに、龍淵寺所蔵の系図では「某」として名前を伝えていないが、『士《し》林《りん》泝《そ》洄《かい》』収録の成田系図では、「釈」と記されている。

かくして羽生領には城代が配置され、成田氏の支配下となった。このことは、北条氏が成田氏の勢力拡大を認めたことを意味している。あたかも広田・木戸両氏によって失われていた所領を奪還した感さえある。成田氏にとって羽生領接収は宿願だった。謙信の軍事力を背景に羽生領は直繁や忠朝の領地に塗り替わり、成田氏は上杉・北条両氏の狭間で揺れ動いていた。同領を巡る謙信の措置に不満があったため、関東管領就任式で成田長泰ただ一人下馬しなかったという逸話が生まれた。

そのような政治的背景があったからこそ、北条氏は羽生城を攻略しても、羽生領支配に直接関与する考えは最初からなかったとみられる。羽生城が四面楚歌に陥っても、力攻めを実行しなかった北条氏である。羽生領進攻の多くは成田氏の要請を受けての軍事行動だった。羽生城攻略は武蔵国平定を意味するものであり、北条氏にとってもそれは望むところだった。必ずしも消極的な理由によるものではない。

北条氏にせよ上杉氏にせよ、国衆の従属は彼らの領地支配権を奪うことではなかった。国衆の政治的自立権を認め、代わりに軍事協力を求めるというものである。関東を巡る戦国大名の戦いは、いかに多くの国衆を従属させ、その軍事協力によって、どのように有利に進めていくかと言っても過言ではない。いつ離反が起きてもおかしくはない戦国乱世ゆえ、従属した国衆をいかにつなぎとめるかが要《かなめ》だった。

成田氏は北武蔵において独自の勢力圏を持つ国衆であり、軍事力も小さくはなかった。北条氏の武蔵国平定において、間違いなく避けて通れない有力国衆である。そのような成田氏と北条氏との間には縁戚関係はない。血族の誼を盾にして相手の権力を包摂する外交戦略は最初から存在しなかった。

そこで有効手段として浮かび上がったのが羽生領問題だった。羽生領接収が成田氏の宿願ならば、それに沿う軍事協力をすることで、彼らを北条方につなぎとめようとしたのだろう。ただ、成田氏が必要以上に力を持つことは、北条氏にとって懸念すべきことだった。だからと言って、攻略しなければ武蔵国平定は果たせない。成田氏が北条氏を見限る可能性は皆無ではなく、実際上杉氏に属した過去を持っている。北条氏にとって、そのようなジレンマを抱えながらの羽生領進攻だった。

したがって、成田氏へ羽生領接収を認めたのは、北条氏が単に羽生城を下に見ていたわけではない。力攻めを実施しなかったのも、取るに足らない存在として捉えていたからでもない。その背景には、少なくとも天文十五年（一五四六）の河越合戦以降から続く忍城との微妙な関係や、上杉氏との戦いにおける複雑な駆け引きと思惑が絡み合っていたのである。

なお、成田氏が接収した「羽生領」は、広田・木戸両氏がかつて掌握した最大の領地ではなかった。広田直繁は謀殺され、館林領はすでに長尾氏の所領となっていた。また、木戸忠朝が攻め落としたとされる倚井陣屋（倚井館／埼玉県加須市）も、長尾氏が掌握していたとみられる。長尾顕長の家臣を列記した「足利長尾顕長家来」（長尾分限帳、一八二六年写）の中に、「長尾但馬守顕長領分」として、「羽生　一万石」と記されているが、これは天正二年（一五七四）比定十二月二日付の「芳春院周興・寿首座昌寿連署状写」に見える「向古河近辺　いゝつみ　町野備中守　此郷去年迄従羽生致押領候、唯今長尾成綺候間、諸郷並ニ此節可被相改候」に呼応するものと思われる。すなわち、かつて羽生領の支配下にあった「向古河近辺いゝつみ」はすでに長尾氏が掌握しており、成田氏に接収されなかったことを意味している。羽生領はおおよそ会の川・利根川・浅間川に囲まれた範囲と考えられる。そのため、自落当時に木戸氏が有していたそれらの領地が、成田氏の手に渡ったのだろう。以後、豊臣秀吉が北条氏を征伐し、徳川家康が関東へ入府する天正十八年（一五九〇）まで、羽生領は成田氏時代を送るのである。

◆上杉謙信の死と関東の動乱

羽生・関宿両城が陥落し、羽生領における北条氏進攻の脅威は解消された。利根川以南は北条方となり、上杉氏の影響力はさらに低下した。上杉氏と北条氏の戦いは、上野国や下野国を中心に展開されていくことになる。天正四年（一五七六）に比定される上杉謙信の越山では、赤石・新田・足利の地の田畑を荒らし（七尺返）、渡瀬川から新田や足利に引く用水の堰を四つ切り落とした。「給人」（所領を与えられた家臣）までもが妻子を連れ、利根川の南へ落ち延びるほどだったという（『上越』一二九〇）。

このときの越山は、謙信にとって天正二年に羽生・関宿両城を失った鬱憤を晴らすかのような進攻だったのだろう。謙信自身、「関東越山数年ニ候得共、如今般之敵々詰候時分ハ無之由各申候」と書き綴り、関東進攻において今般ほど敵を追い詰めることはなかったと述べている。少なくとも生半可な進攻ではなかったという認識である。しかし、関東における上杉氏の勢力は変わることはなかった。

天正六年（一五七八）一月十九日、謙信は関東出陣の陣触を出す（『上越』一三七四）。それは下総国の結城晴朝の度重なる越山要請に応えるためであり、能登、越中、加賀を経略したことにより、改めて関東へ目を向けていた。ところが、この関東出陣が実現することはなかった。なぜなら、謙信は同年三月九日に春日山城内で倒れ、同月十三日に死去するからである。「関東御静謐」を大義名分に越山し続けてきた謙信は、出陣を目前にして息を引き取ったのである。四十九年の生涯だった。

おそらく、謙信自身にとっても予期せぬ死だったのだろう。それは、上杉家の後継ぎを正式に決めていなかったことからもうかがえる。越後では関東出陣どころではなくなり、新たな争いを招くことになる。謙信は生涯独身で実子がおらず、後継ぎを明確にしていなかったことから、上杉景勝と上杉景虎が鎬《しのぎ》を削る「御館の乱」が勃発することは周知の通りである。この戦いは北条氏や武田氏も関係するため、関東の情勢に大きく影響が及ぶことになる。

上杉謙信の死後、関東において北条氏に立ちはだかったのは、佐竹義重ら北関東の国衆だった。義重は一時期上杉氏から離反し、関宿開城に一役買った人物だったが、勢力伸長を図る北条氏に危機感を覚えたらしい。再び反北条の姿勢をとり、対抗することになるのである。

また、北条氏の前に新たな敵として現われたのは、甲斐の武田勝頼だった。御館の乱の際、上杉景勝が新たに同盟（甲越同盟）を結んだのは武田勝頼である。景勝は勝頼の上野国支配権を認めることで武田家を味方に引き入れ、上杉景虎に対抗しようとした。この同盟の締結により、景虎を支援する北条氏は自ずと勝頼と敵対関係となった。したがって、上杉景勝から上野国支配権を認められた勝頼は、関東へ出陣する。そして、北条方の城へ攻め込むのである。

北条氏政から見れば、謙信の死去を機に勢力拡大を図るどころか、武田氏という新たな対抗勢力との戦いを余儀なくされることになる。同時に、関東国衆たちもまた北条氏への従属か否かの選択を迫られた。特に、境目に位置する国衆は苦慮したらしく、上野国の金山城主由良氏や館林城主長尾氏は、従属と離反を繰り返している。彼らの離反を知った北条氏政は、「此分に候者、当方終ニハ可向滅亡候哉」と述べており、この分では我等は滅亡に向かうのではないか、と弱気な感情を洩らしている（『館林』四六〇）。

武田勝頼は天正八年九月二十日に関東へ出馬すると、上野国に進軍し、再び北条氏に服属した金山城を襲った。その城下である「太田宿以下之根小屋」を悉く撃破し、城中から出撃した百余人の兵も討ち捕らえたという。さらに、小泉城・館林城などの領地へ進攻し、「民屋」を残らず焼き尽くした。また膳城へ乗り込むと、籠城兵千余人を討ち果たすほどの猛攻をみせている（『館林』四六七）。

羽生城も無関係ではなかった。後年になるが、豊臣秀吉が作成した天正十八年（一五九〇）比定の「北条家人数覚書」に、「一成田　武州をし《（忍）》の城　千騎」の記述がある（『行田』三三六）。その「千騎」の中には、羽生城兵も含まれていたことは言うまでもないだろう。成田氏は騎西領や菖蒲領、本庄領も支配下に置いていた。独自の勢力圏を持ち、永禄九年に課された「二百騎」の軍役から、五倍もの軍事力を持つ国衆に変貌していた。もし北条氏からの出陣命令が下れば、武装して駆け付けなければならない。羽生領の者たちも、武田氏や反北条の国衆たちの動きを注視し、神経を尖らせていただろう。

このように、羽生・関宿両城の攻略によって上杉・北条両氏の戦いが一区切りついたとはいえ、動乱そのものがなくなったわけではなかった。関東では北条氏に抵抗する勢力は存在しており、新たな戦いが勃発していた。血が流れ、傷つき、それぞれの思惑が絡み合っていた。すでに戦国時代末期を迎えていたが、その時期においても国衆や領民たちは戦渦に巻き込まれざるを得なかったのである。

◆忍城の水攻めと羽生城

羽生城が忍城の軍事力に組み込まれても、北武蔵が主戦場と化すことはなかった。どちらかと言えば、兵站地として北条氏の軍事的進攻を支えていたのだろう。近隣の粟原城では、鷲宮神社の神職を兼ねていた大内氏に対し、北条氏は同地に集めた「諸小荷駄」を陣中へ送るよう指示している（『鷲宮』町内文書三二二）。同城が兵站地として機能しており、その働きを期待されていたことがうかがえる。利根川に面す忍城や羽生城も、これと同様の働きをしていたと思われる。沼尻の合戦の一環で天正十二年（一五八四）、由良国繁と長尾顕長による小泉城（群馬県大泉町）攻めが実施されたとき、北条氏は忍領から巨海（古海／同）への兵糧運搬を図った（『館林』五二二）。忍領からの運搬であるため、成田氏も関わっていたとみてよいだろう。ただ、巨海(古海)は重要な渡河点であり、同地へ出撃した由良・長尾両氏に対し、北条氏直は大藤政信を送り込み、干戈を交えた。そして大藤氏が撃退に成功するが、このとき北条方の忍城と羽生城も何らかの軍事行動を共にしたのではないだろうか（『館林』五二〇、五二六）。

忍城と羽生城は共通の敵を見据え、北面からの進攻に備えていたのだろう。羽生領も渡河点が複数存在するため、成田氏の指示のもと、監視やそれを担う施設を強化したことが考えられる。両城は本城と支城の関係から、「連携」という表現は語弊があるかもしれないが、ともに行動していたことがうかがえる史料がある。それは、天正十三年比定十月二十四日付の北条氏政書状写である。その中に、「忍・羽生之留守居之衆」の文言が確認される（『行田』三三五）。

敵至于逆川陣寄之由、申来候、然則向御当地候、万々無御心元令存候、五日以前敵可為入陣由、風聞候間、万一其表へ打寄候共、忍・羽生之留守居之衆、其外川辺ニ此間陣取候足軽共、即刻可罷移由、申付候条、定而参陣可申候、其上今日小机衆与申付為懇申候、委細模様御報待入候、此趣能様ニ御披露頼入候、恐々謹言、

十月廿四日　　氏政（花押影）

芳春院

北条氏政は、敵が古河へ攻め寄せたときの備えとして、忍と羽生の留守居の衆たちに即刻駆け付けるよう命じたと、芳春院に伝えている。指示の段階とはいえ、羽生の者たちが忍城と軍事行動をともにしていたことがうかがえよう。また、忍・羽生両城が古河城の危機に駆け付ける距離にあり、その防衛に組み込まれていたことも注視される。なお、「騎西」や「菖蒲」の地名が見えないのは、羽生城が最後まで北条氏に抵抗した城だったことと、氏政の中では「羽生領を接収した成田氏」という認識が強かったからかもしれない。

関東では、天正十年の神流川の戦いや、その後の沼尻合戦といった時代の転機点となる合戦が勃発した。忍城もそれらの合戦に巻き込まれ、北条方として軍事協力を行っている。そのため、羽生の者たちも忍城勢として加わった可能性が高いが、直接それを語る史料は、管見なが

ら見当たらない。

北武蔵で独自の勢力を誇った成田氏も、やがて没落の危機を迎えることとなる。豊臣秀吉が北条氏討伐に向けて小田原へ出撃したのは、天正十八年（一五九〇）のことだった。これにより、北条氏に与する関東の諸城は豊臣方の攻撃の的となる。その中に忍城も含まれ、石田三成や浅野長吉らの軍勢が押し寄せてくるのである。このとき、成田氏長は小田原城を守るべく、同城に入城していた。忍城は城主が不在だったことになるが、激しい攻防戦が繰り広げられ、あまつさえ城の周りに堤を築き、利根川と荒川の水を引き込んで水攻めにされたことはよく知られている。

このとき忍城に隣接する羽生城はどのような動きをとったのだろうか。史料上、石田三成ら豊臣勢が羽生城を攻めた形跡はない。濫妨狼藉を目的とした雑兵が入り込むことはあったとしても、本隊が羽生領に進攻することはなかった。したがって、羽生城において合戦は起こっていない。ましてや水攻めを受けるはずもなかった。羽生の者たちは成田氏の下知のもと、忍城へ入り、豊臣勢と干戈を交えるからである。

忍城攻めが始まる直前、唐沢山城主で石田三成の旗下として先導役を務めた天徳寺宝衍（佐野房綱）は、羽生城の抱え込みを図った。その旨を記した文書が羽生へ送付されている。これに対し、羽生の「城代衆」は宝衍の抱え込みに応じることはなかった。忍城へ入り、豊臣勢と戦う覚悟をすでに決めていたという。宝衍は「是非もない」と、月輪院へ書き送るのである（『叢書』九二五)。

愚札両通羽生へ被指越候訖、然者彼城代衆覚悟相違之由、無是非候、其分ニ而可被指置候、仍木戸右衛門尉・菅原左衛門尉彼表へ一動候歟、累年遺恨者、為可散々候哉、是節事ニ而候、奉対　殿下様、身命御赦免之儀至于、可申木戸、自分之動者、少跡之事ニ候、彼刷之儀、浅弾へ為内談、近日者打過候、余事閣筆候、恐々謹言、

五月廿七日　　宝衍(花押影)

月輪院御報

羽生城代は忍城から派遣された成田氏一族だった。ゆえに、豊臣方になびくはずもなかった。そこで羽生城を棄却し、兵《つはもの》どもを連れて忍城へ入城するのである。龍淵寺蔵の「成田系図」にはそれを伝える記述がある。前節でも掲げた史料だが、後略した箇所を含めて再掲する。

某

善照寺　後号向用斎

仕長泰・氏長、与田中加賀・野沢信濃、同為武州羽生城代、善照寺為其最、天正十八年小田原之役、承氏長之旨、棄羽生城楯籠忍城、

成田氏長の意思により、羽生城を棄てて忍城に立て籠もったと記されている。羽生城代は迫りくる豊臣勢を前に、忍城へ移り決戦に挑んだのである。圧倒的軍事力を誇る豊臣方を相手に、忍城の支配下における戦闘員は招集され、徹底抗戦の構えを採ったのだろう。なお、同様の内容が『成田記』にも見られる。

まづ本丸に八室家三女（を）始として後見肥前守泰季・善照寺向用斎、此人泰季（の）弟にて武州羽生の城代なりしが、氏長の命に依て同所（を）捨て田中加賀・野沢信濃等を相伴ひ当城に篭けり

一方で、『忍城戦記』は、羽生勢が「降人」として忍城を攻撃したとしている。正木丹波守ら四百三十名が守る佐間口において、寄手は「長束大蔵太輔・中島式部少輔・速水甲斐守並羽生・津久井・関宿之降人四千六百人」が包囲したという。そして、同口での激しい戦闘が描かれている。後世に成立した軍記物ではあるが、「善照寺向用斎」とともに忍城へ移る者がいる一方で、領民の中には豊臣方へ付く者もいたのだろう。忍城内においても、豊臣方が水攻めの堤を築いている最中、褒美に目がくらんだ一部の城兵が提作りに協力したことが伝わっている。むろん、全員ではないにせよ、常に戦いに巻き込まれ、敵の進攻の際に濫妨狼藉を受けなければならな

かった領民の中には、流動的な立場をとる者も少なくなかったのだろう。

よく知られているように、小田原合戦で忍城は最後まで抵抗し続けた城だった。本城の小田原城が陥落したにも関わらず、降服しなかったのである。水攻めを受けても落ちず、そのため「浮城」の異名が付けられたほどだった。そのような徹底抗戦の構えをとる忍城には、かつての広田直繁や木戸忠朝の旧臣たちも加わっていたのだろうか。孤立無援となっても最後まで抵抗し続けるという意味において、天正二年当時の羽生城を彷彿とさせるものがある。それは、北武蔵の城が堅固であったことと、そこに住む領民の気概のようなものを表しているのではないだろうか。

忍城もやがて終わりのときを迎える。天正十八年七月十四日、最後まで抗い続けた忍城は、ついに開城のときを迎える（『行田』三七三）。それは落城でも自落でもなく、開城だった。豊臣方の圧倒的軍勢に対し、北武蔵の者たちが見せた意地と強さだったと言えよう。忍城の開城は、北武蔵の戦国乱世の終わりを告げるものだった。羽生城の者たちは、忍城の開城をどのような想いで受け止めただろう。敵対し、ときには味方同士となり、絶えず意識せざるを得なかった存在である。想像の域を出ないが、一つの時代の終焉を感じたのではないだろうか。

忍城及びその領地は全て没収となる。成田氏長は切腹を免れたものの、蒲生氏郷の預りの身となり、名門成田家の忍城時代は幕を閉じるのである。

やがて、関東に入府したのは徳川家康だった。上杉謙信もいなければ武田信玄も過去の武将となった天正十八年八月のことである。関東統一を夢見た北条氏も、すでにその姿はない。豊臣秀吉によって小田原城は落城し、北条氏政・氏照兄弟は切腹して果てる。小田原城主北条氏直は助命されたが、紀伊高野山（和歌山県高野町）に蟄居の身となった。それから間もなくして死去しており、北条氏の夢は露と消えたのだった。

北条氏勢力は一掃され、新たな時代を迎えることとなる。それは、広田直繁や木戸忠朝が想像しなかった未来だっただろう。成田氏が退去した忍城には、城代として松平家忠《まつだいらいえただ》が入ったのち、家康の四男松平忠吉《ただよし》が入城した。羽生城は徳川家の重臣大久保忠隣に与えられ、騎西城には松平康重《やすしげ》が入る。上杉氏・北条氏・武田氏のいずれかが支配する世界ではなかった。熾烈な三つ巴合戦を繰り広げていた頃には全く名前が出てこなかった者たちが、新たな城主に就いているのである。広田直繁や木戸忠朝の名はすでに遠く、彼らと対立した成田氏も忍城を明け渡している。遺子の菅原為繁や木戸元斎は、羽生城回復を宿願としていたが、それが実現することはなかった。為繁は騎西に土着したと言われ、元斎は上杉景勝に仕える身となった。

余談だが、武家歌人として活躍した元斎は、京都においてかつての宿敵成田氏長と歌会で顔を合わせるという奇妙な機会を得ている。小田原合戦後、蒲生氏郷の預かりの身となった氏長は、のちに秀吉から許され、烏山城主の座に就いた。しかし、氏長は京へ上り、そこで余生を送ることになる。一方、元斎は上杉景勝とともに上洛すると、歌会において氏長と対面するの

現在の羽生市空撮写真（写真中央付近が羽生城址がある市街地：羽生市写真提供）

である。両者が言葉を交わしたのか、それを機に交流を持つようになったのか、残念ながら定かではない。武蔵から遠く離れた京において対面した両者は、例え言葉を交わさずとも、戦乱に明け暮れた過去に想いをめぐらせたのではないだろうか。沼地に囲まれた水の城とも言うべき忍城や羽生城の光景が思い浮かんだのかもしれない。元斎の墓は山形県米沢市の昭陽寺にあると伝わるが（『米沢地名選』）、氏長は京の地で亡くなったという。

新たな時代を迎えた羽生城だったが、忠隣は一度として同城に赴くことはなかったという。城代を務めたのは木戸氏旧臣と伝わる不得道可《ふとくどうか》（鷺坂軍蔵）である。厳格な性格だったらしく、田畑の善悪を細かく調べ上げては年貢の割合を定め、いい加減な仕事をした者には折檻したという記録が残っている（『石川正西聞見集』）。城代の身として、その責任を果たしたのだろう。そのような道可は文禄四年（一五九五）に死去する。その後は徳守伝次《とくもりでんじ》らが城代を務めた。

大久保氏羽生城時代は、忠隣が改易となる慶長十九年（一六一四）まで続いた。城主の改易は廃城を意味していた。羽生城は軍事的機能を失い、守りを固めていた周囲の沼も新田開発が徐々に進んだようである。廃城後の城址がどのような変遷を辿ったのか具体的には不明だが、『新編武蔵風土記稿』によれば、土塁や堀跡がわずかばかり残るだけとなっていた。「城」は「古城」となり、兵《つはもの》どもの記憶は忘れ去られていった。広田直繁や木戸忠朝たちが命を燃やした時代は遠く離れ、特に直繁については、羽生城主だったことさえ忘れられてしまう。そして、城の歴史は、諸説入り乱れるようになるのである。

その城址が「羽生陣屋」と新しく生まれ変わるのは幕末のことである。しかし、陣屋の役割をほとんど果たすことなく、完成から間もなくして官軍によって焼失する。粘り強く抵抗を続けていた羽生城に比べ、あまりに呆気ない最期だった。ただ、炎に包まれる羽生陣屋は、約三百年前の天正二年（一五七四）に自落を余儀なくされた羽生城を彷彿とさせるものだったのではないだろうか。陣屋焼失後に明治という新しい時代を迎える。城の遺構は消滅し、時代の流れとともに、その景観は大きく変わっていった。同時に、羽生城の歴史は次第に忘れ去られていくが、戦国時代に燃やした人々の命と軌跡が刻まれていることは確かである。

主要参考文献

浅倉直美「滝山領・鉢形領の成立と「関東幕注文」」（戦国史研究会「戦国史研究 四〇号」 二〇〇〇年）
新井浩文『関東の戦国期領主と流通 ―岩付・幸手・関宿―』岩田書院 二〇一一年
石渡洋平『シリーズ・実像に迫る014 上杉謙信』戎光祥出版 二〇一七年
市村高男『戦国期東国の都市と権力』思文閣出版 一九九四年
井上恵一『後北条氏の武蔵支配と地域領主』岩田書院 二〇一四年
今福匡『上杉謙信「義の武将」の激情と苦悩』星海社 二〇一八年
岩田明広「戦国の忍びを追う―葛西城乗取と羽生城忍び合戦―」（埼玉県立さきたま史跡の博物館・埼玉県立嵐山史跡の博物館「埼玉県立史跡の博物館紀要 第14号」 二〇二一年）
梅沢太久夫『武蔵戦国歴史年表』まつやま書房 二〇二三年
大井教寛「在地領主の拠点開発と展開 成田氏を事例として」（地方史研究協議会「地方史研究 第三九六号」 二〇一八年）
奥野高廣「『小田原旧記』考」（武蔵野文化協会「武蔵野50巻 第3・4号合併号」 一九七一年）
小此木輝之『中世寺院と関東武士』青史出版 二〇〇二年
金子太治『戦国の栄光―上杉謙信は何を目指したか―』さきたま出版会 二〇二四年
行田市郷土博物館編「開館20周年記念・第21回企画展 忍城主成田氏」二〇〇七年
栗原修『戦国期上杉・武田氏の上野支配』岩田書院 二〇一〇年
黒田基樹『戎光祥研究叢書第4巻 増補改訂戦国大名と外様国衆』戎光祥出版 二〇一五年（元版『戦国大名と外様国衆』文献出版 一九九七年）

黒田基樹『太田道灌と長尾景春 暗殺・叛逆の戦国史』戎光祥出版　二〇二〇年
黒田基樹「忍成田氏の国衆化をめぐって」（地方史研究協議会「地方史研究 第三七〇号」 二〇一四年）
黒田基樹「戦国期の女淵郷と北爪氏」（群馬県立文書館「ぐんま史料研究23号」二〇〇五年）
黒田基樹編『論集 戦国大名と国衆7 武蔵成田氏』岩田書院　二〇一二年
國學院大學地方史研究会編集部「史翰 第九号」國學院大學地方史研究会　一九七三年
齋藤慎一『中世東国の道と城館』東京大学出版会　二〇一〇年
佐藤博信『古河公方足利氏の研究』校倉書房　一九八九年
戦国の忍びを考える実行委員会・埼玉県立嵐山史跡の博物館編『戦国の城攻めと忍び　北条・上杉・豊臣の攻防』吉川弘文館　二〇二三年
千野原靖方『関東戦国史（全）』崙書房出版　二〇〇六年
武井尚　新井浩文「栃木県佐野市所在「嶋田家文書」について」（埼玉県立文書館「文書館紀要 第七号」一九九四年）
中世太田領研究会『太田資正と戦国武州大乱 実像と戦国史跡』まつやま書房　二〇一九年
冨田勝治「三宝荒神御正体をめぐる後北条氏と羽生城」（後北条氏研究会『関東戦国史の研究』収録　名著出版　一九七六年）
冨田勝治「赤城神社への願主両将とその祖先（菅原左衛門佐為繁・木戸沙弥休波）」（群馬県地域文化研究協議会「群馬文化２０８」一九八六年）
冨田勝治『羽生城と木戸氏』戎光祥出版　二〇一〇年（元版『羽生城 ―上杉謙信の属城―』私家版　一九九二年）

乃至政彦『上杉謙信の夢と野望』洋泉社　二〇一一年
乃至政彦『謙信越山』ＪＢｐｒｅｓｓ　二〇二一年
平井辰雄『羽生の歴史 回顧』羽生市古文書を親しむ会　二〇〇七年
平山優『戦国の忍び』ＫＡＤＯＫＡＷＡ　二〇二〇年
増田育雄著　島田道郎監修『【郷土史】道竿の大蛇退治を伝承する　長井神社（日向八幡宮）と社家島田家』私家版　二〇一九年
松村憲治「戦国期北武蔵地域の交通―忍領を中心として―」（地方史研究協議会『北武蔵の地域形成―水と地形が織りなす歴史像―』雄山閣　二〇一五年）
間仁田勝「武州羽生城の興亡」（在野史論編集委員会「在野史論16巻」二〇一九年）
盛本昌広『境界争いと戦国諜報戦』吉川弘文館　二〇二一年
簗瀬大輔『関東平野の中世―政治と環境―』高志書院　二〇一五年
簗瀬大輔「戦国期史料にみる「利根川端」の考察」（利根川文化研究会「利根川文化研究40」二〇一六年）
山田邦明『上杉謙信』吉川弘文館　二〇二〇年
湯山学「武蔵菅原氏試考―「正能氏系図」をめぐって―」（埼玉県地方史研究会「埼玉地方史 十七号」一九八四年）

あとがき

これまで羽生城に関して二つの衝撃があった。

一つは、同城の存在を初めて知った衝撃である。一九九一年より羽生市立郷土資料館で開催されていた特別展「羽生城展」に偶然足を踏み入れ、生まれ育った町に城が存在していたことを初めて知った。学校の教科書で見るともなく、誰かの口からその名を聞いたこともなかった城である。いまでこそ、インターネット等で羽生城に触れられる機会は多くなったかもしれないが、当時はパソコン自体が非日常的だったし、城の遺構は消滅しているため、出会うには図書館の奥で埃のかぶった本を手にすることくらいしかなかった。別の言い方をすれば、「羽生城展」が開催されていなければ、同城の存在を知るのはずっとあとになっていたかもしれない。

二つ目の衝撃は、羽生城研究者の冨田勝治氏との出会いである。今日羽生城史を知ることができるのは、八十年近く研究を続けた冨田氏の功績にほかならない。四方八方を蔵書で埋め尽くされた南東の書斎で、いつも机に向かっていた。私が冨田氏と出会ったのは二十五歳のときだったが、氏の持つ世界は、その後の人生に影響を及ぼすのに十分なほど広大で深遠だった。二十代で冨田氏と出会わなければ、羽生城に多少の興味は持っても、その奥へと入り込むことはなかったと思う。

冨田氏が鬼籍に入られたのは二〇〇八年だった。その前後、冨田氏をモデルにして書いた小説「放課後の羽生城」が評価を受けたこともあって、羽生城や氏をテーマとする講演や執筆の依頼を受ける機会があった。恐いもの知らずの二十代だったせいもあり、生前は気楽に親しくし、城の歴史は単純に面白さしかなかった。が、自分が年を重ねるにつれ、冨田氏の背中がどんどん大きくなり、城は険しいものとしてそびえたつようになった。少しは追いついた気がしても、氏の論文を再読するたび突き放される思いがする。沼の向こうに広がる羽生城も遠い。今後もその繰り返しなのかもしれない。

本書は、冨田氏が明らかにした羽生城史を基に、以前より考えていたことや新たに発見された史料から、私なりの城を描き出したつもりである。氏の説を全面的に支持することは避け、時には批判的な姿勢で臨んだ。むろん、本書を読まれる方には肯定も批判もあるだろうが、まずは冨田氏の墓前に捧げたい。

また、冨田氏が立ち上げた羽生史談会にも感謝の念に堪えない。色々と御教示下さり、時には文献を手渡して下さった。その一つ一つの優しさと御好意により、本書を形にすることができた。改めて御礼申し上げます。

ところで、管見ではあるが、私が羽生城に興味を持ち始めた頃より同城は現在注目を浴びつつあるように思う。天正二年（一五七四）比定の上杉謙信書状より、「忍び」の観点から攻防戦を見る動きがあるし、インターネットなどで羽生城址を訪ねる人の記事を読むことができる。これも時代の移り変わりなのかもしれない。冨田氏や「羽生城展」の時代にはなかった動きと言っていい。本書が羽生城の史実に近付き、また謎に包まれた部分を少しでも照射する機縁となれば幸いである。

今回、草稿の段階で原稿用紙にして八百枚を超えていた。病気による休養も挟み、まつやま書房の山本正史・智紀両氏にはお手を煩わせた。辛抱強く編集して下さり、御礼申し上げます。

また、末筆になるが、いつも支えてくれる妻尚子と、我が子の嗣仁・史奈に改めて感謝の気持ちを伝えたい。

令和六年八月吉日

髙鳥邦仁

著者略歴
高鳥 邦仁（たかとり くにひと）

著者近影

<略歴>
1979 年 埼玉県羽生市生まれ
2008 年「放課後の羽生城」で
彩の国・埼玉りそな銀行第 39 回埼玉文学賞小説部門正賞受賞
2024 年現在、羽生市教育委員会勤務
埼玉県郷土文化会・戦国史研究会会員

主な著書
『羽生・行田・加須　歴史周訪ヒストリア』（まつやま書房）
『古利根川奇譚　古利根川沿いに眠る伝説と史話を歩く』（同上）
「上杉謙信の「夜わざ鍛錬之者」から探る羽生城の忍び」
（『戦国の城攻めと忍び　北条・上杉・豊臣の攻防』吉川弘文館）
「羽生城主木戸氏の最期に関する一考察」
（「埼玉史談」66 巻 3 号　埼玉県郷土文化会）
「戦国期における上川俣の寄居に関する考察」（「同上」68 巻 1 号　同上）
「天正二年の羽生城攻防及び自落をめぐる論考」
（「同上」69 巻 1 号・2 号　同上）

羽生城をめぐる北武蔵争奪戦

2024 年 10 月 23 日　初版第一刷発行
著　者　高鳥　邦仁
発行者　山本　智紀
印　刷　日本ワントゥワンソリューションズ
発行所　まつやま書房
〒 355 － 0017　埼玉県東松山市松葉町 3 － 2 － 5
Tel.0493 － 22 － 4162　Fax.0493 － 22 － 4460
郵便振替　00190 － 3 － 70394
URL:http://www.matsuyama － syobou.com/

ISBN 978-4-89623-224-0　C0021